穿梭于刑事诉讼法学与证据法学之间

褚福民 著

Crossover Research on Criminal
Procedure Law and Evidence Law

中国政法大学出版社

2023 · 北京

图书在版编目（ＣＩＰ）数据

穿梭于刑事诉讼法学与证据法学之间/褚福民著. —北京：中国政法大学出版社，2023.8
　ISBN 978-7-5764-1138-6

　Ⅰ.①穿⋯　Ⅱ.①褚⋯　Ⅲ.①刑事诉讼法－研究　②证据－法学－研究
Ⅳ.①D915.304 ②D915.130.1

　中国国家版本馆CIP数据核字(2023)第184360号

出　版　者	中国政法大学出版社
地　　　址	北京市海淀区西土城路25号
邮寄地址	北京100088 信箱8034分箱　邮编100088
网　　　址	http://www.cuplpress.com (网络实名：中国政法大学出版社)
电　　　话	010-58908289(编辑部) 58908334(邮购部)
承　　印	固安华明印业有限公司
开　　本	650mm×960mm　1/16
印　　张	15.25
字　　数	220千字
版　　次	2023年8月第1版
印　　次	2023年8月第1次印刷
定　　价	79.00元

序　言

　　刑事诉讼法与证据法是我进行学术研究的两个主要领域。在攻读硕士和博士期间，我的研究方向是刑事诉讼法学，刑事诉讼法、司法制度领域的相关问题是研究的重点；由于北大的刑事诉讼法专业包含了证据法学方向，因此证据法学领域的问题也常常成为我关注的研究课题。进入中国政法大学证据科学研究院工作以后，证据法学领域的研究成为我的本职工作。

　　近些年，我的研究思路在证据法学、刑事诉讼法学领域中不断穿梭，而本书就是部分研究成果。本书定名为《穿梭于刑事诉讼法学与证据法学之间》，一方面是因为，本书是我在刑事诉讼法学和证据法学领域往返穿梭研究的部分成果。其中，前半部分的文章主要围绕"以审判为中心"的诉讼制度改革展开，偏重刑事诉讼法学。包括"以审判为中心"的诉讼制度改革对侦查制度改革的影响，案卷笔录与庭审实质化的关系，"以审判为中心"的诉讼制度改革与监察体制改革、认罪认罚从宽制度的关系，以及"以审判为中心"的诉讼制度改革对证据制度的影响。后半部分的文章则主要是围绕证据法学问题进行研究的成果，包括证明模式问题、证明困难的解决问题、电子证据的真实性问题、证人出庭问题及法官庭外调查问题。两部分文章各自有所侧重，又互有交叉，体现出刑事诉讼法学与证据法学两条研究线索上的穿梭。

　　而且，我在研究一个问题时，往往也会从刑事诉讼法学、证据法学的不同角度进行交叉研究，体现出一种研究视角的穿梭。例如，

《如何完善刑事证据制度的运行机制？》一文，实际上是从"以审判为中心"的诉讼制度改革的角度，对刑事证据制度带来的影响进行分析，具有刑事诉讼法学与证据法学的交叉特征。其实，证据法学问题的研究在很大程度上是根植于诉讼制度的，证据制度的选择和证据规则的制定背后，往往离不开诉讼制度的影响。无论是描述证据制度的运行现状，还是解释证据规则的制定理由，诉讼制度的影响基本都是一个不可或缺的考虑因素。因此，对于证据制度的研究势必会涉及诉讼制度，甚至司法制度的问题，使用交叉研究的方法和视野，也是一种必然，而研究中的穿梭在很多情况下也是一种常态。

当然，目前呈现给各位读者的成果还有这样或者那样的问题，所谓"穿梭"研究的领域和深度都有待进一步提升，这依赖于未来我的学术研究能够不断深入，也督促我对实践有更加准确的把握、对理论有更多创新性的发展。

本书的出版，首先要感谢我的导师陈瑞华教授。虽然我已经毕业多年，但是陈老师仍然时刻关心我的学术进展；每次与陈老师讨论学术问题，都会有醍醐灌顶般的收获，更重要的是受到陈老师执着追求学术、创新发展理论的感染，提醒自己不要懈怠。中国政法大学张保生教授对我而言亦师亦友，为我的学术和个人发展提供了很多宝贵的机会；张老师对于证据科学问题的研究视野与成果，为我打开了研究证据法学问题的一扇扇大门。证据科学研究院的常林、王旭、张中等诸位领导和同事为我的学术研究提供了诸多支持，促使我更加安心地做好教学、科研工作。中国政法大学出版社的编辑为本书的出版提供了大量帮助。在此，对于帮助我的各位老师、同事、朋友和同学一并致谢！

褚福民

2023 年 4 月

目　录

第一章

侦审关系视野下的侦查制度改革

自党的十八大以来，我国的司法体制改革迅速铺开。最高人民法院、最高人民检察院出台了一系列改革措施，不少改革举措已经得到一定程度的实现，[1] 关于侦查制度的改革方案，[2] 虽然在司法改革文件和公安体制改革的相关文件中有所涉及，[3] 但是从目前来看还比较简单。因此，侦查制度的未来改革方向备受瞩目。

综观日前出台的相关文件，侦查制度的改革有一个非常重要的方向，即将"以审判为中心"的诉讼制度改革作为侦查制度改革的

---

〔1〕 周强：《最高人民法院关于人民法院全面深化司法改革情况的报告》，载 http://www.court.gov.cn/zixun-xiangqing-66802.html，最后访问日期：2022 年 2 月 25 日；曹建明：《最高人民检察院关于人民检察院全面深化司法改革情况的报告》，载 http://www.spp.gov.cn/zdgz/201711/t20171102_204013.shtml，最后访问日期：2022 年 2 月 25 日。

〔2〕 根据目前的侦查权力配置体制，享有侦查权的主体包括公安机关、检察机关、军队保卫部门、监狱、海关缉私部门等，其中公安机关是行使侦查权的主要部门。因此，本书所说的"侦查机关"，以公安机关作为分析对象。

〔3〕 2015 年 2 月，《关于全面深化公安改革若干重大问题的框架意见》及相关改革方案经审议通过；2016 年 9 月，中共中央办公厅、国务院办公厅印发《关于深化公安执法规范化建设的意见》；2018 年 3 月 28 日，中央全面深化改革委员会第一次会议审议通过了《公安机关执法勤务警员职务序列改革方案（试行）》《公安机关警务技术职务序列改革方案（试行）》。参见《〈关于全面深化公安改革若干重大问题的框架意见〉及相关改革方案已经中央审议通过》，载 http://www.mps.gov.cn/n2255079/n4876594/n4974590/n4974591/c4976144/content.html，最后访问日期：2022 年 4 月 8 日；《中共中央办公厅、国务院办公厅印发〈关于深化公安执法规范化建设的意见〉》，载 http://www.xinhuanet.com/politics/2016-09/27/c_1119634702.htm，最后访问日期：2022 年 4 月 8 日；《习近平主持召开中央全面深化改革委员会第一次会议》，载 http://www.gov.cn/xinwen/2018-03-28/content_5278124.htm，最后访问日期：2022 年 4 月 8 日。

重要背景和要求。也就是说，侦查制度的改革需要符合"以审判为中心"的诉讼制度改革的总体方向。其实，从"以审判为中心"的诉讼制度改革的角度来看侦查制度改革，背后涉及一个重大的理论问题——侦查和审判的关系。那么，如何从理论上梳理侦审关系的脉络及其对侦查制度的影响，如何解释我国司法实践中的侦审关系，并对我国的侦查制度改革进行反思和展望，将是本书讨论的核心问题。

所谓侦审关系，是对一系列概念的抽象和概括，包括侦查权与审判权的关系、侦查职能与审判职能的关系、侦查行为与审判行为的关系、侦查程序与审判程序的关系、侦查人员与审判人员的关系、侦查机构与审判机构的关系。[1] 从刑事诉讼法学研究的角度来说，通常更多地研究控诉与审判、公诉与审判之间的关系；前者聚焦于刑事诉讼中控审两种职能的关系，后者则是以诉讼程序中的公诉程序与审判程序间的关系作为分析基础。然而，基于我国刑事诉讼中纵向构造的特殊性，[2] 以及侦查阶段、侦查主体对于审判阶段、审判主体的重要影响，笔者认为研究侦审关系在我国具有重要意义，它是理解我国侦查制度实践现状和问题的重要视角。

一、分析侦审关系的两条逻辑线索

（一）侦审关系的两条逻辑线索

对于侦审关系问题，目前已经有不少学者进行了论述。笔者认为，对侦审关系的分析需要注意两个问题：一是对侦审关系的分析应当是双向的，既包括从侦查到审判的分析，也包括从审判到侦查的分析；二是对侦审关系的分析，需要明确其落脚点，也就是说，分析侦审关系的目的何在。

将两个问题结合在一起，笔者认为分析侦审关系存在两条逻辑

---

〔1〕 参见门金玲：《侦审关系论纲》，载《河北法学》2010 年第 12 期。

〔2〕 关于刑事诉讼纵向构造的问题，可参见陈瑞华：《刑事诉讼的前沿问题》（第 3 版），中国人民大学出版社 2011 年版，第 250 页以下。

线索：第一条逻辑线索是侦查对审判的影响，主要是指侦查阶段的结论在审判阶段发挥何种作用，如何发挥作用。从理论分析的角度来看，侦查对审判的影响需要重点关注侦查阶段的结论是否会对审判结论造成预断，这是从审判结论是否正当的角度分析侦审关系，也是从此角度分析侦审关系的目的。

以此作为区分标准，侦查对审判的影响可以分为两种情况：一种是侦查结论会对审判结论产生预断。侦查结论对审判结论形成预断的具体方式是侦查阶段形成的案卷笔录在审判阶段能够使用，并且成为审判阶段裁判的依据。另一种是侦查结论不会对审判结论产生预断。法官在庭审中根据控辩双方提交的证据独立地作出裁判，侦查阶段形成的案卷笔录原则上不能移交给法院作为审理的基础，以防止法官对裁判结论形成预断。

第二条逻辑线索是审判对侦查的影响，即审判主体对侦查活动，包括强制性侦查行为和审前羁押，能否形成有效的制约和控制。基于侦查阶段的任务和侦查活动的性质，其具有侵犯嫌疑人权利、自由的极大可能性，因此应当建立特定的制度加以制约和控制。以审判主体对于侦查活动是否具有司法控制机制为标准，可以确定侦查活动是否具有正当性。这是从侦查活动正当性的角度讨论侦审关系，也是从此角度分析侦审关系的目标。

据此，审判对侦查的影响可以分为两种情况：一种是审判主体对于强制性侦查行为和审前羁押具有法定的控制机制。具体来说，审判主体对于强制性侦查行为和审前羁押存在司法审查和司法授权机制，侦查机关采取强制性侦查行为、实施审前羁押措施前，应当向法院提出申请、证明符合法定条件，获得法官的司法授权，否则侦查机关的强制性侦查行为和审前羁押措施就是违法的。另一种是审判主体对于强制性侦查行为和审前羁押措施没有制约和控制机制。在这种情况下，侦查主体实施强制性侦查行为、采取审前羁押措施，不需要经过法院的审查和授权，即使可能存在一定的内部审批程序，甚至是由检察机关实施的审查程序，但是整体来说，侦查活动不受审判主体的制约。

穿梭于刑事诉讼法学与证据法学之间

（二） 对两条逻辑线索的理论分析

比较以上两条逻辑线索可以发现，无论是从现代刑事司法的基本理论进行推演，还是从比较法的角度进行考察，减少、阻断侦查结论对审判结论的预断，加强审判主体对侦查活动的制约和控制，在正当性方面得到学界的普遍认同。

从刑事司法基本理论的角度来说，无罪推定原则是现代刑事司法的基石，法官拥有认定被告人是否有罪的决定权，除此之外其他主体都不能行使该项权力。因此，从刑事诉讼程序的角度来说，审判阶段是整个刑事诉讼程序的中心环节，侦查和公诉都是为审判活动进行准备、提供证据；从法庭审理方式的角度来说，法官基于庭审中控辩双方出示的证据、发表的意见和法律规定，独立地认定案件事实、适用法律、作出裁判，确保庭审活动的实质化。[1]

在审判过程中，侦查机关收集的证据，是作为指控证据的一部分在法庭上出示；经过举证、质证等活动，法官最终对指控证据是否具有证据能力、证明力，能否作为定案依据等作出裁判。因此，侦查机关收集的证据并不具有天然的证据能力和优先的证明力，对于法官裁判结论的形成不具有决定性影响。为了防止侦查结论对审判结论产生预断，一个重要措施是原则上禁止侦查案卷笔录在审判阶段的使用，否定控诉方所作的证言笔录、被害人陈述笔录、侦查人员情况说明等书面材料的证据能力。[2] 只有这样才能真正保障审判结论的独立性和公正性，防止侦查结论对审判结论产生预断。

从比较法的角度来说，减少、阻断侦查结论对审判结论的预断性影响体现在多个方面。例如，从证据规则的角度来说，大陆法系国家普遍规定的直接言词原则，与英美法系国家广泛使用的传闻证据规则，尽管在具体规则、诉讼制度等方面存在差别，但是其均不

---

〔1〕 关于审判在刑事诉讼程序中的地位以及庭审实质化问题的分析，可参见陈光中、步洋洋：《审判中心与相关诉讼制度改革初探》，载《政法论坛》2015 年第 2 期；龙宗智：《论建立以一审庭审为中心的事实认定机制》，载《中国法学》2010 年第 2 期。

〔2〕 参见陈瑞华：《审判中心主义改革的理论反思》，载《苏州大学学报（哲学社会科学版）》2017 年第 1 期。

承认证人在法庭之外所作的陈述具有证据资格，不论这种证言是以书面还是以他人转述的方式在法庭上提出。[1] 从侦查和审判的关系来说，上述证据规则排除了在审判过程中使用侦查笔录的可能性，切断了侦查对审判的影响。

除此之外，很多国家在诉讼程序方面采取必要的措施，防止侦查卷宗对审判结论的预断性影响。例如，美国采取起诉状一本主义，检察官起诉时只能向法官提交起诉状，而侦查卷宗只能对预审法官发挥作用，庭审中不具有可采性；在德国法中，职业法官阅卷、案卷笔录不具有预设的法律效力，以及集中审理原则的保障，使得侦查卷宗只能发挥非常小的影响。[2]

再来看审判对侦查的影响。基于"司法最终裁决"的基本要求，对于涉及公民基本权利、自由的强制性侦查行为、审前羁押措施，都应当由法官最终作出决定，而不能由在诉讼过程中处于控诉一方的侦查机关自行决定、实施，否则会出现"原告抓被告"的逻辑悖论，无法保障嫌疑人、被告人的基本权利。基于此，对于强制性侦查行为的实施、审前羁押的适用，应当建立司法审查和司法授权机制，从而实现审判对侦查的控制和制约。

从侦查活动的角度来说，侦查机关实施的大多数强制性侦查行为都会涉及公民的基本权利和自由。例如，搜查、扣押等强制性侦查行为可能侵犯公民的人身权、财产权，而技术侦查行为则会更多地涉及公民的隐私权。对于可能严重影响公民基本权利、自由的强制性侦查行为的实施，应当由侦查机关向法院提出申请，并且提供证据证明强制性侦查行为的实施具有必要性和正当性，由法院根据法定的条件进行审查，作出是否准予实施的授权，以此体现出审判对于侦查的制约。

同样的道理，审前羁押措施直接与嫌疑人、被告人的人身自由相关，侦查机关若要对嫌疑人、被告人适用审前羁押，从程序正当

---

〔1〕 参见陈瑞华：《刑事证据法》（第4版），北京大学出版社2018年版，第67页。

〔2〕 参见刘译矾：《对侦查卷宗的法律限制——比较法视角下的考察》，载《苏州大学学报（哲学社会科学版）》2017年第1期。

性和保障嫌疑人、被告人基本权利的角度来说，都不应当将此权力交由侦查机关独立实施，而应由法院进行审查和授权。这既是保障嫌疑人、被告人权利的重要措施，也体现出审判对于侦查的有效控制和制约。

从比较法的角度来说，对强制性侦查行为和审前羁押措施建立司法审查和司法授权机制，体现在很多国家的具体制度之中。例如，不少国家建立了由法官颁布许可令的"令状制度"。无论是逮捕、搜查、扣押、窃听，司法警察或者检察官都要事先向法官或者法院提出申请，后者经过专门的司法审查程序，认为符合法定的条件后，才能许可进行上述侦查活动。对于审前羁押的适用，各国的司法控制机制同样严格。法官对审前羁押的决定，需要按照法庭审理的方式加以确定，审前羁押的适用应当符合比例原则、必要性原则等。[1] 这些具体制度的背后，体现出审判对侦查的制约和控制。

二、我国刑事诉讼中的侦审关系现状

基于分析侦审关系的两条逻辑线索，对照我国的司法现状可以发现，我国刑事诉讼中侦查结论对于审判结论具有预断性影响，而审判对侦查缺乏基本的控制和制约。

（一）侦查结论对审判结论的预断性影响

根据学者的概括，我国刑事庭审呈现出案卷笔录中心主义的基本特征。[2] 具体而言，侦查机关在侦查过程中会形成各种案卷笔录，并在侦查终结时将案卷材料移送给检察机关；经过审查，检察机关在向法院移送审查起诉时，会将侦查阶段形成的案卷笔录作为基础的指控材料，在庭前全部移送给法院。负责审判的法官在庭审前会查阅包括侦查案卷笔录在内的卷宗。在庭审过程中，检察机关

---

〔1〕 参见陈瑞华：《刑事诉讼的前沿问题》（第3版），中国人民大学出版社2011年版，第283页以下。

〔2〕 参见陈瑞华：《案卷笔录中心主义——对中国刑事审判方式的重新考察》，载《法学研究》2006年第4期。

会大量出示侦查机关制作的案卷笔录；而法庭审查的对象，也主要是以侦查案卷笔录为基础的指控证据。

因此，我国的刑事法庭审理方式无法体现直接言词原则的要求。大量言词证据的提供主体，包括证人、鉴定人、被害人等不出庭作证，证言笔录、被害人陈述笔录、书面鉴定意见大行其道；为证明侦查取证的合法性等问题，控诉方在法庭上出示侦查取证时形成的各种笔录、文书，作为取证主体的侦查人员等很少出庭作证。而且，在庭审中即使被告人、证人等出庭，其庭前供述笔录、证言笔录仍然具有证据能力；即使在庭审中被告人当庭推翻庭前供述笔录，让人当庭推翻之前的证言笔录，除非有非常确定的证据能够压倒性地证明被告人的当庭辩解、证人的当庭证言能够成立，否则法官仍然会采信被告人的庭前供述笔录、证人的庭前证言笔录。

可以说，我国的刑事法庭审判在很大程度上就是对侦查案卷笔录的确认程序。在该过程中，侦查结论对审判结论的预断性影响体现得非常明显。具体而言，在审判结论形成过程中，由于法官在庭审前已经全面审查了以侦查卷宗为基础的控方的案卷材料，因此在开庭之前已经对案件结论具有预断。在这种情况下，法庭审判活动基本上就是对侦查案卷笔录的确认过程；法官对于案卷笔录的倾向性，导致其裁判结论在绝大多数案件中是对侦查结论的认可。其实，目前我国刑事审判的一审判决无罪率极低，[1] 这从侧面体现出侦查结论对于审判结论的预断性影响。

侦查对审判的预断性影响，除了通过案卷笔录的方式在诉讼程序内实现，还通过多种程序外的方式呈现出来。例如，在司法实践中，侦查机关在侦查终结、法院尚未作出有罪判决之前，时常会召开公捕大会；对于参与办案的侦查人员，在法院的有罪判决尚未作出前，公安机关就作出嘉奖的决定；近些年来，一些案件尚处于侦查

---

〔1〕《中国近 3 年无罪判决率仅为 0.016% 学者：低得不正常》，载 http://news. so-hu. com/20161107/n472523348. shtml? qq-pf-to＝pcqq. group，最后访问日期：2022 年 2 月 27 日。

阶段，媒体就通过多种方式对嫌疑人认罪等情况进行报道。[1] 这些做法，对于法院的审判而言是非常强大的来自侦查机关的程序外的影响，它们对于法院的裁判结论会产生直接的影响。

通过以上分析可见，在我国刑事诉讼中，通过案卷笔录等程序内的方式，以及多种形式的程序外方式，侦查结论对审判结论具有预断性的影响。

（二）审判主体对侦查活动缺乏制约

在我国，审判主体对于侦查活动缺乏进行控制和制约，这种现状在我国《刑事诉讼法》和相关的法律规定中有明显的体现。

从职权配置来说，审判主体若要对侦查活动进行控制，需要按照"司法最终裁决"的原则享有司法审查权力。也就是说，审判主体享有的司法审查权力，是对侦查活动进行控制和制约的权力保障。然而，从我国法律规定的角度来说，审判机关拥有的权力中并不包括司法审查权力。具体而言，我国《刑事诉讼法》第3条规定了公安机关、人民检察院和人民法院的具体权力。其中，第1款中规定："审判由人民法院负责。"根据学界的解读，我国法院享有的审判权是对案件进行审理并定罪量刑的权力，并只具有相关的职权。[2] 这意味着，我国法院享有的审判权被限定在审判阶段，而且只是针对定罪量刑等问题作出裁判的权力。因此，法院对于侦查主体实施的侦查活动和审前羁押措施，并没有进行控制和制约的职权基础。

现行《刑事诉讼法》第108条中规定："'侦查'是指公安机关、人民检察院对于刑事案件，依照法律进行的收集证据、查明案情的工作和有关的强制性措施。"其中，专门调查工作包括讯问嫌疑人，询问证人、被害人，勘验，检查，侦查实验，鉴定，辨认，技术侦查措施等；而这里的强制性措施，除了法定的强制措施之外，还包括具有强制性的侦查措施，如搜查、扣押、查封、冻结等。按照现

---

　　〔1〕 关于侦查机关的程序外影响，可以参见陈瑞华：《论侦查中心主义》，载《政法论坛》2017年第2期。

　　〔2〕 参见陈光中主编：《刑事诉讼法》（第7版），北京大学出版社、高等教育出版社2021年版，第64页。

行《刑事诉讼法》和相关司法解释的规定，强制性侦查行为的实施，都是由侦查机关自行决定，即使存在一定的审批，也是由侦查机关进行内部审批。

例如，2012 年《刑事诉讼法》确定了技术侦查措施。对于这种可能严重影响公民基本权利的侦查措施，《刑事诉讼法》规定其适用要经过严格的批准手续，但是如何批准，并未具体规定。2020 年修正的《公安机关办理刑事案件程序规定》第 265 条第 1 款规定，需要采取技术侦查措施的，应当制作呈请采取技术侦查措施报告书，报设区的市一级以上公安机关负责人批准，制作采取技术侦查措施决定书。由此可见，即使对于可能严重影响公民基本权利的技术侦查措施，其审批也是在侦查机关内部审批，而且很可能是同级公安机关负责人批准。那么，对于侦查活动的实施，根本没有审判主体的制约问题。

再来看审前羁押的运用。我国的审前羁押措施主要包括拘留、逮捕。按照法律规定，拘留由作为侦查机关的公安机关、人民检察院决定实施，因此拘留的决定权由公安机关、人民检察院自行实施。而逮捕则由人民检察院批准，或者由人民法院决定实施。当然，人民法院决定逮捕，是在案件审判过程中，人民法院根据案件的需要自行作出逮捕决定，这与侦查活动无关。可见，对于侦查阶段实施的审前羁押措施，法院无法参与其中，不能对其加以控制或者制约。

通过以上分析可见，在我国刑事诉讼的侦查阶段，是不存在司法控制的，侦查机关独立地实施侦查活动，法院既不参与其中，也无法对强制性侦查行为的合法性进行司法审查。在侦查阶段，法院既无权对那些涉及限制或剥夺公民人身自由的强制措施发布许可令，并接受有关公民的申诉，也无权对一些涉及侵犯公民隐私、财产权的侦查措施发布许可令，更无权就审判前阶段出现的程序事项进行开庭听审活动。[1] 由此可以看出，我国的审判主体对侦查活动没有任何控制的权力，对侦查活动缺乏制约。

---

〔1〕　参见陈瑞华：《刑事诉讼的前沿问题》（第 3 版），中国人民大学出版社 2011 年版，第 289 页。

三、对我国侦审关系现状的理论反思

通过以上两条线索的分析可以发现，我国刑事诉讼中的侦审关系，呈现出侦查结论对于审判结论具有预断性影响，而审判主体对侦查活动缺乏控制机制的现状。与上文分析的理想状态相比，我国刑事诉讼中侦审关系的现状可能带来一系列问题：

（一）审判活动流于形式

按照现代刑事审判的基本理念和制度，法庭审判过程中，法官应当按照直接言词的方式进行审理。在该过程中，证人、鉴定人、收集证据的侦查人员等应当尽可能出庭，接受控辩双方的调查和询问，侦查主体在庭前制作的案卷笔录不应具有在法庭上出示的证据资格。只有这样，法官才能真正按照证据裁判原则的要求作出裁判。这是刑事审判活动发挥实质作用的基本机理，也是我国推行"以审判为中心"的诉讼制度改革、强调庭审实质化的理论根据。[1]

然而，根据前面的分析，我国的庭审呈现出"案卷笔录中心主义"的特征。也就是说，侦查过程中形成的案卷笔录，成为刑事审判的主要对象。证人、鉴定人、收集证据的侦查人员等在庭审过程中基本不出庭，导致控辩双方无法对证据进行有效的审查、质证；法官无法接触到证据的原始形式，控辩双方尤其是辩护一方无法有效发表质证意见，使得法官的裁判结论只能来自案卷笔录。最终，法庭审判活动无法实现实质化，只能是对侦查案卷的审查和确认。那么，这种情况下审判活动已经失去了实质性和存在的意义，不再是案件结论的实质形成程序，而沦落为侦查结论的确认程序。

（二）侦查活动缺乏制约

按照刑事诉讼中侦查权力运作和控制的基本原理，为了防止侦

---

[1] 对此，学界和高层基本达成了共识，十八届四中全会作出的《中共中央关于全面推进依法治国若干重大问题的决定》明确提出：全面贯彻证据裁判规则，严格依法收集、固定、保存、审查、运用证据，完善证人、鉴定人出庭制度，保证庭审在查明事实、认定证据、保护诉权、公正裁判中发挥决定性作用。

查权的滥用，需要对侦查权采取必要的制约措施。从刑事诉讼职权配置的角度来说，侦查机关和检察机关均属于控诉一方，由检察机关对侦查权进行制约，在权力制约的效果方面会大打折扣。因此，审判机关对侦查权进行控制，是制约侦查权力的有效途径。

　　然而，我国刑事诉讼中的侦查机关，除了适用逮捕这种强制措施需要检察机关的批准外，其他强制性侦查行为和审前羁押措施的运用，都可以自行实施；即使存在所谓的"批准"，也是在侦查机关内部的审批程序，由本公安机关的负责人或者主管者或者上级侦查机关负责人进行审批，而无法受到外部的监督和制约。这种制度安排之下，侦查活动基本不受制约，审前羁押措施的适用、强制性侦查行为的实施，完全由侦查机关自行决定。由此可见，我国目前的侦审关系现状，导致审判机关难以真正有效地制约侦查机关，而侦查机关可以根据自己的需要行使侦查权、实施强制性侦查行为、适用审前羁押措施，侦查活动存在失控的风险。

　　（三）审判主体纠错机能的缺失

　　审判是实现社会正义的最后一道防线。通过开庭审理，法官了解控辩双方的证据和理由，并以此认定案件事实；与此同时，该过程也是法官纠正控诉一方错误指控的关键环节。通过法庭审理，如果法官认为检控方的指控在实体定罪、诉讼程序和证据方面存在问题，无法定罪，则通过判决无罪、排除非法证据、宣告程序违法等多种方式纠正检控方的错误。这种纠错机制的存在，是审判阶段的重要功能定位，也是真正有效防止错误裁判的制度基础。

　　然而，我国现行的侦审关系，导致审判阶段的纠错功能无法完全发挥作用。具体来说，通过案卷笔录体现出来的、侦查对于审判的影响，导致审判活动在一定程度上流于形式，侦查结论对审判结论具有预断性影响；法官无法接触到大多数证据的原始形式，较难通过庭审的方式了解控辩双方的意见，因此无法真正对控诉一方的证据等进行审查，也无法真正审查指控主张在实体法、程序法方面的问题，就更谈不上纠正其中的错误了。从这个角度来说，我国的侦审关系现状导致了法院纠错机能的缺失。

（四）嫌疑人、被告人的权利较难得到有效保障

如前所述，分析侦审关系的两条线索需要明确分析的目的。防止侦查结论对审判结论的预断，是为了确保审判结论的公正性，而建立审判主体对于侦查活动的控制机制，则是为了保障侦查活动的正当性。无论是侦查活动还是审判活动，其与嫌疑人、被告人的权利保障息息相关。具体来说，只有审判主体能够做到公正审判，根据案件的证据和相关法律规定作出独立的裁判，才能切实保障被告人的权利；而如果审判结论无法摆脱侦查结论的预断性影响，对于以侦查案卷笔录为主的指控证据无法进行实质性的审查判断，无法进行有效的纠错，则最终必然损害被告人的权益。侦查活动的控制问题同样如此。强制性侦查行为和审前羁押措施在很大程度上是针对嫌疑人实施的，出于侦查机关和嫌疑人在侦查阶段的对立状态，以及成功侦破案件的需要，侦查机关具有侵犯嫌疑人权益的内在动力和可能性，而侵犯的具体方式就是强制性侦查行为和审前羁押措施。只有审判主体有效制约侦查主体的侦查活动，才能保障嫌疑人的权利。

我国刑事诉讼中，侦查案卷笔录对审判结论具有预断性影响，在这种情况下，被告人获得公正审判的程序权利也就无法获得全面保障。与此同时，审判结论大多是对侦查结论的确认，这导致被告人获得公正裁判结果的权利存在受到侵犯的情况。对于可能直接侵犯、剥夺嫌疑人权利的强制性侦查行为和审前羁押措施而言，只有受到有效的制约才能防止侦查权的滥用。我国刑事诉讼中，审判主体无法全面有效制约侦查活动，这导致嫌疑人的权利受到侵犯的可能性升高。

四、侦查制度改革的反思与展望

（一）侦查制度改革的理论反思

自党的十八大以来，我国司法体制改革中有关侦查制度的改革举措主要包括两类：一类是中央关于司法改革的整体措施中涉及侦

查制度的部分。其中，最重要的是"以审判为中心"的诉讼制度改革。十八届四中全会作出的《中共中央关于全面推进依法治国若干重大问题的决定》（以下简称《决定》）首次提出"以审判为中心"的诉讼制度改革："推进以审判为中心的诉讼制度改革，确保侦查、审查起诉的案件事实证据经得起法律的检验。全面贯彻证据裁判规则，严格依法收集、固定、保存、审查、运用证据，完善证人、鉴定人出庭制度，保证庭审在查明事实、认定证据、保护诉权、公正裁判中发挥决定性作用。"关于该《决定》的说明进一步解释，"全会决定提出推进以审判为中心的诉讼制度改革，目的是促使办案人员树立办案必须经得起法律检验的理念，确保侦查、审查起诉的案件事实证据经得起法律检验，保证庭审在查明事实、认定证据、保护诉权、公正裁判中发挥决定性作用。这项改革有利于促使办案人员增强责任意识，通过法庭审判的程序公正实现案件裁判的实体公正，有效防范冤假错案产生。"

另一类是公安机关改革举措中专门关于侦查制度的举措。例如2015 年 2 月《关于全面深化公安改革若干重大问题的框架意见》及相关改革方案，以及 2016 年 9 月《关于深化公安执法规范化建设的意见》。其中，前者主要针对刑事诉讼中证据的收集、非法证据排除、听取辩护律师意见、涉案财物的处理、责任追究等问题提出了改革方向；而后者主要集中在证据收集、非法证据排除，以及保障律师执业权利等问题。需要关注的是，这两份文件中均提到"以审判为中心的诉讼制度改革"。

从上述文件的表述来看，目前的侦查制度改革应该在"以审判为中心"的诉讼制度的背景下进行。从逻辑推理来说，这意味着侦查制度的改革会涉及侦审关系问题。那么，"以审判为中心"的诉讼制度改革对侦查制度的改革有何要求？侦查制度的改革能否实现"以审判为中心"的诉讼制度改革的要求？从理论角度来说，完善我国侦审关系的理论课题，需要侦查制度进行哪些方面的改革？目前的改革方案是否涉及？以上问题均需要进行理论反思。

1. 侦查制度改革方案无法落实"以审判为中心"的诉讼制度改革要求

目前出台的侦查制度改革方案，在落实"以审判为中心"的诉讼制度改革要求方面存在很多问题。

首先来看"以审判为中心"的诉讼制度改革对侦审关系、侦查制度改革的要求。总结《决定》中有关"以审判为中心"的诉讼制度改革的表述，对侦审关系和侦查制度改革提出了三方面要求：

第一，该项改革的基本目标是侦查的案件事实证据要经得起法律的检验。尽管在语句表述上使用了"法律"的检验，而非"审判"的检验，但是从前后文的语境来说，这里的"法律"应该是强调审判的作用。由此可见，"以审判为中心"的诉讼制度改革，基本目标是保障案件事实的准确性，侦查的案件事实应当接受审判的检验，而不能脱离审判自行评价。

第二，对侦查活动提出了证据方面的具体要求。从侦查制度改革来说，"以审判为中心"的诉讼制度改革的目标要落脚到侦查的案件事实、证据方面。为实现该目标，改革方案对于侦查活动中的证据问题提出了具体要求，包括"全面贯彻证据裁判规则，严格依法收集、固定、保存、审查、运用证据"。与此同时，"完善证人、鉴定人出庭制度"与侦查机关的取证具有一定的联系，对于侦查取证工作也有一定的影响。

第三，强调庭审的作用，从侧面推动侦查取证工作。《决定》明确指出："保证庭审在查明事实、认定证据、保护诉权、公正裁判中发挥决定性作用。"这意味着，查明事实、认定证据的权力属于审判机关；侦查机关是收集证据的主体，但是收集的证据能否作为定案根据，最终需要审判机关认定。因此，在侦查制度改革中，应当进一步明确侦查活动是否成功的标准，即应当最终由审判机关通过审判加以决定。

再来看侦查制度改革方案。尽管公安机关的改革措施中明确提到"以审判为中心"的诉讼制度改革，但是具体措施不多。根据《关于全面深化公安改革若干重大问题的框架意见》《关于深化公安执法规范化建设的意见》这两份文件，与侦审关系相关的侦查制度改革措施，主要涉及证据的收集要求，非法证据排除规则的适用，以及辩护律师工作、权益的保障。

对于证据的收集要求，包括"坚持全面客观及时收集证据"，"完善适应证据裁判规则要求的证据收集工作机制"。对于非法证据排除规则的适用，则包括"完善严格实行非法证据排除规则和严禁刑讯逼供、体罚虐待违法犯罪嫌疑人的工作机制，建立健全讯问犯罪嫌疑人录音录像制度和对违法犯罪嫌疑人辩解、申诉、控告认真审查、及时处理机制"，"进一步明确非法证据排除、瑕疵证据补强的范围、程序及标准"。对于辩护律师工作、权益的保障要求是"完善侦查阶段听取辩护律师意见的工作制度"，"健全公安机关保障律师执业权利的制度措施，落实告知辩护律师案件情况、听取辩护意见、接受律师申诉控告法律要求等"。

将上述侦查制度改革措施与"以审判为中心"的诉讼制度改革要求相对比可以发现，公安机关出台的侦查制度改革措施中，有两个最为关键的问题没有涉及：一是查明事实、认定证据的权力由审判机关而非侦查机关所有；二是侦查机关对于案件事实、证据的认定，要接受审判的检验。可以说，公安机关制定的侦查制度改革措施只涉及具体的证据制度、保障辩护权等问题，而对于侦审关系的相关问题并未提及。

例如，关于证据的收集要求，其实在原来的侦查制度中已经存在，只是目前基于"以审判为中心"的诉讼制度改革方向再次提出要求。然而，从较为模糊的改革方案中无法看出为适应"以审判为中心"的诉讼制度改革而对证据收集制度提出特殊的要求。这个问题在非法证据排除规则方面同样存在。侦查制度改革中对于非法证据排除规则的强调，并未体现出"以审判为中心"的诉讼制度改革的独特影响；而且，由于我国的非法证据排除规则在侦查阶段同样适用，这在很大程度上削弱了非法证据排除规则的改革措施与侦审关系的关联性。总体来说，目前的侦查制度改革方案没有充分体现"以审判为中心"的诉讼制度改革要求，从侦审关系的角度来看存在很多问题。

2. 侦查制度改革方案并未触及一些实质性问题

从理论角度分析，我国侦审关系中存在的核心问题，在目前的改革方案中并未得到体现，侦查制度改革措施并未触及一些实质性问题。

从前面的分析可知，我国侦审关系中存在两大问题：一是侦查对审判具有预断性影响，包括侦查机关在侦查阶段形成的案卷笔录等对法庭审判方式的影响，以及侦查结论对审判结论的预断性影响；二是审判对侦查缺乏监督和控制，具体体现为审判主体对侦查机关实施的强制性侦查行为和审前羁押没有司法审查的权力。从目前的侦查制度改革方案来看，这两大问题基本未得到体现，更不用说解决，详述如下：

（1）侦查对审判的预断性影响。关于该问题，与上述改革方案中关于庭审的相关规定有关联。《决定》规定，庭审应当在若干活动中发挥决定性作用，而"完善证人、鉴定人出庭制度"是发挥庭审作用的重要保障。然而，正如前文中所分析的，基于我国的司法现状，案卷笔录对于审判活动具有重要影响，如果不消除案卷笔录对于审判活动的影响，所谓"发挥庭审的决定性作用"根本无法实现。即使证人、鉴定人出庭作证，如果侦查案卷笔录仍然能够在庭审中出示、使用，依然能够作为否定证人、鉴定人当庭发表的证言、意见的根据，法官的裁判结论还是能够以侦查案卷笔录为基础，那么法庭审判在一定程度上流于形式的问题必定无法消除。对于如此关键的问题，"以审判为中心"的诉讼制度改革方案中根本未涉及，这无疑是一个重大缺憾。

最高人民法院《关于全面深化人民法院改革的意见》（法发〔2015〕3号）对"以审判为中心"的诉讼制度改革也只是局限于强调庭审的地位，对于侦审关系问题同样未涉及。《关于全面深化人民法院改革的意见》规定："确保庭审在保护诉权、认定证据、查明事实、公正裁判中发挥决定性作用，实现诉讼证据质证在法庭、案件事实查明在法庭、诉辩意见发表在法庭、裁判理由形成在法庭。到2016年底，推动建立以审判为中心的诉讼制度，促使侦查、审查起诉活动始终围绕审判程序进行。"基于我国法院在政法体制中的权力配置与地位，其改革方案只能强调庭审自身的作用，只能简单提及"促使"侦查活动始终围绕审判程序进行，因为其没有监督、控制侦查活动的权力。然而，缺少权力基础和有针对性的具体制度，法院的这种"促使"缺少实质意义。

（2）审判对侦查的监督和控制。根据前面的分析，从《决定》的表述来看，"以审判为中心"的诉讼制度改革主要包含三方面要求：改革的目标、证据制度的体现和强调庭审的作用。然而，《决定》对一个关键问题并未涉及，即未对审判机关是否能够审查和制约侦查活动作出规定。从权力设置的角度来看，目前的改革方案并未涉及审判权力的范围，以及相应的司法审查权限，这就使得审判制约侦查缺乏权力基础。从具体制度设计的角度，强制性侦查行为和审前羁押措施没有被纳入改革的范畴，因此对于审判制约侦查的制度，也不可能得到体现。对于如此关键的问题，"以审判为中心"的诉讼制度改革方案并未涉及，这无疑是又一重大的改革方案缺憾。

（二）侦查制度改革的展望

通过以上分析我们可以发现，侦查制度的改革不仅要关注侦查制度本身，还要关注与侦查制度相关的其他问题，如侦审关系；侦查制度的改革不能只放到侦查阶段考察，还需要置于整个刑事诉讼流程甚至司法体制的范围内进行评估。本书通过侦审关系的角度对我国目前的侦查制度改革方案进行了理论反思，提出了其中的问题。对于未来侦查制度改革的方向，笔者认为以下几个层面的问题需要关注：

1. 侦查制度改革中应当建立司法审查机制

众所周知，多数强制性侦查行为以及关系公民人身自由的审前羁押措施，都可能侵犯公民的基本权利及自由。如果仅由侦查机关，或者同属于控诉一方的检察机关对上述活动进行审查、作出决定，较难有效规制侦查活动的任意实施及审前羁押措施的滥用。

因此，未来的侦查制度改革应当建立基本的司法审查制度。也就是说，对于侦查机关采取的审前羁押措施，以及实施的强制性侦查行为，原则上应当由法院进行审查，经过法定程序、在符合法定条件的情况下，对审前羁押措施和强制性侦查行为进行授权。当然，基于侦查活动的时效性要求，在特定条件下，侦查机关可以自行采取部分紧急的侦查活动和羁押措施，或者可以先进行侦查活动、采取强制措施，由法院进行事后审查。

侦查阶段的司法审查制度，还体现在非法证据排除规则的适用方面。某种程度上说，非法证据排除规则的适用，是审判机关对于侦查活动是否合法的事后审查，通过排除侦查机关违法所得的证据，对侦查活动中的违法问题给予审查和裁判。因此，未来应当进一步强调、贯彻非法证据排除规则的适用，法院通过此种方式对侦查机关进行司法审查。从这个角度来说，笔者认为非法证据排除规则应当主要在审判阶段适用，侦查阶段缺少非法证据排除规则适用的基本条件。

2. 侦查制度改革遵循司法最终裁决的要求

在侦审关系的视野下，可以发现我国侦查制度的另一个重大问题是侦查机关对审判活动具有决定性影响，侦查阶段形成的案卷笔录预断性地影响着法庭审判的形式和结局，这导致法庭审判在一定程度上流于形式。

为应对该问题，侦查制度的改革应当遵循"司法最终裁决"原则。具体来说，为配合庭审实质化的要求，指控一方在庭审中应当尽量出示原始证据，要求证人、鉴定人、侦查人员等出庭作证；侦查机关制作的案卷笔录在审判中原则上不能使用，不再具有证据能力。因此，侦查机关在搜集证据方面，应当抛弃制作案卷笔录的老思路，根据庭审的需要调整侦查取证的方式，为证人、鉴定人等出庭作证进行准备；侦查人员也应当做好出庭作证的准备，提高接受交叉询问的能力。

其实，遵循"司法最终裁决"原则，要求侦查机关彻底转变观念，即对于侦查活动的成败，最终由审判的裁判结论认定，而不再是侦查机关内部认定。因此，侦查制度的改革应当按照审判的要求加以推进，贯彻"司法最终裁决"原则，以此真正削弱甚至阻断侦查对审判的预断性影响。

3. 侦查制度改革所需要的制度环境

从侦审关系的角度来看，侦查制度改革的总体方向是加强审判对侦查的控制和制约，减少侦查对审判的预断性影响，建立符合现代刑事司法规律的侦审关系。因此，侦查制度的改革需要制度环境的保障。

笔者认为，我国侦审关系现状背后的深层次影响因素是公检法三机关的权力对比关系，以及公检法三机关尤其是法院在刑事诉讼中的基本定位。也就是说，如果不改变公检法三机关的权力配置现状，以及在刑事诉讼中的基本定位，那么侦审关系中的问题就较难得到有效应对。然而目前"以审判为中心"的诉讼制度改革是围绕防止错案而提出的具体制度改革，对于公检法三机关的权力对比关系和基本定位问题并未涉及。

因此，从刑事诉讼中权力配置的角度来说，特别是从我国政法体制中公检法机关权力配置的情况来说，降低侦查机关所拥有的权力和地位，是侦查制度改革的一个基本要求。在公检法三机关的权力关系中，侦查机关不应当拥有主导检察院、法院的影响力，否则所谓司法审查、司法最终裁决等原则及相应的制度无法实现，侦查制度的改革措施也无法落实。

第二章

案卷笔录与庭审实质化改革

　　庭审实质化是我国现阶段刑事诉讼制度改革的核心内容之一，是以审判为中心的诉讼制度改革的重要组成部分。[1] 为了落实该改革要求，最高人民法院在 2017 年颁布了一系列文件，包括《关于全面推进以审判为中心的刑事诉讼制度改革的实施意见》（法发〔2017〕5 号，以下简称《实施意见》），以及《人民法院办理刑事案件庭前会议规程（试行）》《人民法院办理刑事案件排除非法证据规程（试行）》《人民法院办理刑事案件第一审普通程序法庭调查规程（试行）》（以下简称"三项规程"[2]）。该系列文件从庭前会议、排除非法证据、一审的庭审调查等角度，对庭审实质化的改革方案作出了规定。[3] 司法实践中，一些地方法院从不同角度对庭审实质化的落实措施进行试点，例如四川省成都市中级人民法院从证人出庭作证、庭前会议、非法证据排除规则等角度展开庭审实质

---

　　[1]　参见李敏：《"三项规程"背景下的庭审实质化——"庭审实质化模拟审判暨高峰论坛"综述》，载《人民法院报》2018 年 5 月 16 日，第 6 版。

　　[2]　"三项规程"的起草者提出，"三项规程"是人民法院落实中央以审判为中心的刑事诉讼制度改革和严格实行非法证据排除规则改革的关键抓手，是将中央改革精神具体化为法庭审判规程的重要载体，对构建更加精密化、规范化、实质化的刑事审判制度具有重要意义。参见戴长林、刘静坤：《让以审判为中心的刑事诉讼制度改革落地见效——对"三项规程"重点内容的解读》，载《人民法院报》2017 年 6 月 28 日，第 6 版。

　　[3]　权威人士指出，"三项规程"出台的最终目的是实现庭审实质化。参见李敏：《"三项规程"背景下的庭审实质化——"庭审实质化模拟审判暨高峰论坛"综述》，载《人民法院报》2018 年 5 月 16 日，第 6 版。

化的改革试点。[1]

在庭审实质化的改革中，案卷笔录问题尤为关键。有学者指出，要真正实现庭审实质化，就要排除审前证据的效益，所有证据都应当庭进行质证，要阻断证据让法官审前了解以形成审判预断的可能，要切实适用证据规则，这才是以审判为中心的刑事诉讼制度；[2] 很多学者指出，我国刑事审判制度中，影响庭审实质化的核心因素是案卷笔录；[3] 有学者对庭审实质化改革中案卷笔录的使用进行了研究，并且将案卷笔录的使用及其对法院裁判的影响视为庭审实质化改革成效的风向标。[4]

但是，在庭审实质化与案卷笔录的关系中，有若干问题仍需要深入讨论。例如，庭审实质化的本质要求为何？在司法改革、"以审判为中心"的诉讼制度改革与庭审实质化的改革等一系列概念中，如何准确界定庭审实质化的本质要求，关乎庭审实质化改革的内涵与外延，也是分析其与案卷笔录关系的基础。案卷笔录是影响我国刑事审判制度的重要因素，它如何影响庭审实质化？影响的基本逻辑和路径问题需要更加细致的分析。既然案卷笔录与庭审实质化的改革方向相左，那么庭审实质化改革中为何"容忍"案卷笔录的存在，这就需要具有解释力的原因分析。在此基础上，案卷笔录与庭审实质化改革的未来课题等问题，同样值得深入探讨。据此，本书将对四个问题逐一进行讨论。

---

〔1〕 参见郭彦、魏军：《规范化与精细化：刑事庭审改革的制度解析——以 C 市法院"三项规程"试点实践为基础》，载《法律适用》2018 年第 1 期。

〔2〕 参见李敏：《"三项规程"背景下的庭审实质化——"庭审实质化模拟审判暨高峰论坛"综述》，载《人民法院报》2018 年 5 月 16 日，第 6 版。

〔3〕 相关论述可参见龙宗智：《庭审实质化的路径和方法》，载《法学研究》2015年第 5 期；熊秋红：《刑事庭审实质化与审判方式改革》，载《比较法研究》2016 年第 5期；汪海燕：《论刑事庭审实质化》，载《中国社会科学》2015 年第 2 期；李文军：《庭审实质化改革的成效与路径研究——基于实证考察的分析》，载《比较法研究》2019 年第5 期。

〔4〕 参见左卫民：《地方法院庭审实质化改革实证研究》，载《中国社会科学》2018年第 6 期；胡铭：《审判中心、庭审实质化与刑事司法改革——基于庭审实录和裁判文书的实证研究》，载《法学家》2016 年第 4 期。

一、庭审实质化之本质要求

在本次司法改革中，官方提出了两个重要的概念，即庭审实质化改革与"以审判为中心"的诉讼制度改革。根据相关权威人士的解读，庭审实质化是指要让庭审在保障诉权、查明事实、解决争议、公正裁判以及裁判文书说理中真正发挥决定性作用。[1] 有研究成果认为，所谓刑事庭审实质化，是指应通过庭审的方式认定案件事实，并在此基础上决定被告人的定罪量刑，其基本要求包括两个方面：一个是审判应成为诉讼中心阶段，被告人的刑事责任应在审判阶段而不是在侦查、审查起诉或其他环节解决；另一个是庭审活动是决定被告人命运的关键环节，即"审判案件应当以庭审为中心。事实证据调查在法庭，定罪量刑辩护在法庭，裁判结果形成于法庭"。[2]

上述观点无疑指明了庭审实质化与"以审判为中心"的诉讼制度改革之间的联系，但是将"审判应成为诉讼中心阶段"视为庭审实质化的内涵，又有混淆庭审实质化与"以审判为中心"的诉讼制度改革之嫌。正如有学者所言，庭审实质化与"以审判为中心"的诉讼制度改革不能等同，两者的本质区别在于参照系是不相同的。以审判为中心，参照系是侦查职能与起诉职能；而以庭审为中心，其参照系是法院内部诉讼环节上的庭前准备程序、庭下程序以及庭后程序等。前者解决的是法院与外部其他机关之间的关系，而后者解决的是法院内部不同诉讼环节的关系，两者是不同层面的问题。[3]

因此，结合庭审实质化改革提出的背景、针对的问题，以及庭审实质化与"以审判为中心"的诉讼制度改革的差别，笔者认为庭

---

〔1〕 参见李敏：《"三项规程"背景下的庭审实质化——"庭审实质化模拟审判暨高峰论坛"综述》，载《人民法院报》2018 年 5 月 16 日，第 6 版。

〔2〕 参见汪海燕：《论刑事庭审实质化》，载《中国社会科学》2015 年第 2 期。

〔3〕 参见陈卫东：《以审判为中心：当代中国刑事司法改革的基点》，载《法学家》2016 年第 4 期。

审实质化改革需要解决两个核心问题，也是庭审实质化改革的本质要求，详述如下：

（一）庭审程序在审判阶段的核心地位

如前所述，庭审实质化的参照系是法院内部诉讼环节，即刑事诉讼中的审判阶段。在该诉讼阶段中，如果以庭审作为划分标准，可以区分为庭前程序、庭审程序和庭后程序。无论是基于刑事诉讼的基本原理，还是从我国现行法律规定进行分析，法官应当是认定案件事实、作出裁判结论的主体，而法庭审判应当是法官认定案件事实、作出裁判结论的诉讼阶段。这意味着，庭审程序应当是整个审判阶段的核心，庭前程序、庭后程序不能取代庭审程序的作用和地位，这是庭审实质化的应有之义。而庭审实质化的改革，就是要确立、落实庭审程序在审判阶段的核心地位问题，需要明确庭审程序是审判阶段中认定案件事实、作出裁判结论的核心。

为此，必须明确庭审程序与庭前程序、庭后程序的功能划分；证据的实质审查和认定活动只能在庭审阶段进行，应对庭前、庭后程序中的证据审查功能加以规制。根据庭审实质化的要求，庭前程序中，法官可以通过以庭前会议为核心的准备程序，为庭审程序中实质高效地审查证据、认定案件事实、作出裁判进行准备，但是法官在此程序中不能实质性地进行审判活动，庭前程序不能取代庭审程序。在庭前会议等庭前程序中，控辩双方只能简单列举证据名称等信息，不能实质性地举证、质证；负责庭前会议的法官听取双方的意见，并归纳证据问题的争点，但不能在此阶段对证据的证据能力和证明力问题进行实质性的审查和认定。

在庭后阶段，法官应当在归纳、整理庭审举证、质证意见的基础上，对案件事实加以认定，最终作出裁判；法官认定案件事实的证据不能超出庭审活动的范围，作出裁判的依据不能脱离庭审程序，以此防止庭后裁判活动架空庭审活动。如果法官在庭后审查证据时发现了需要审核的新证据，应当依法重启庭审程序，通过庭审方式进行实质性的审查。

强调庭审程序在审判阶段的核心地位和作用，是解决我国司法实践问题的必要措施。正如很多研究成果所示，我国刑事法官在庭前、庭后程序中认定案件事实、形成裁判结论，导致庭审程序虚化，法庭审判流于形式，是我国刑事司法的一个顽疾，也是司法改革所要解决的问题。[1] 因此，使审判回归其应然状态，改变庭前程序、庭后程序架空庭审程序的局面，将法官认定案件事实的时间复位到庭审程序，使庭审程序真正成为认定案件事实、形成裁判结论的实质阶段，是解决我国司法难题的必然要求，也是庭审实质化改革举措的诞生背景。

强调庭审程序在审判阶段的核心地位和作用，是"以审判为中心"的诉讼制度改革的必然要求。如前所述，推进"以审判为中心"的诉讼制度改革是我国刑事司法改革的核心内容。《决定》提出："推进以审判为中心的诉讼制度改革，确保侦查、审查起诉的案件事实证据经得起法律的检验。……保证庭审在查明事实、认定证据、保护诉权、公正裁判中发挥决定性作用。"由此可见，"审判中心主义"是诉讼制度改革的基本方向；而强调庭审的作用，是"以审判为中心"的诉讼制度改革的重要组成部分。庭审实质化的改革是法院落实"以审判为中心"的诉讼制度改革的抓手，是"以审判为中心"的诉讼制度改革的重要一环。[2]

（二）确保实质化庭审的审理方式和裁判依据

庭审实质化的实现，不仅要确立庭审程序在审判阶段的核心地位，还需要进一步关注作为审判阶段核心的庭审程序，以何种方式进行，控辩双方如何进行举证、质证，法官作出裁判是否完全依据庭审程序。法庭审理方式，关乎控辩审三方在庭审程序中如何进行举证、质证、认证，应当遵守何种程序规则，因此可以视为过程意

---

〔1〕 相关论述可参见陈瑞华：《案卷笔录中心主义——对中国刑事审判方式的重新考察》，载《法学研究》2006 年第 4 期；龙宗智：《庭审实质化的路径和方法》，载《法学研究》2015 年第 5 期；汪海燕：《论刑事庭审实质化》，载《中国社会科学》2015 年第 2 期。

〔2〕 正如研究者所言，"三项规程"出台的最终目的是实现庭审实质化。参见李敏：《"三项规程"背景下的庭审实质化——"庭审实质化模拟审判暨高峰论坛"综述》，载《人民法院报》2018 年 5 月 16 日，第 6 版。

义上的庭审实质化；法官裁判依据与庭审的关系，确保法官不仅在审判过程中遵循实质化的庭审规则，而且确保裁判结论实质性地来自庭审程序，由此实现结果意义上的庭审实质化。

根据刑事诉讼原理，控辩双方通过直接言词的方式举证、质证，法官通过庭审程序采信证据、认定案件事实，裁判结论来自庭审程序，由此进行的庭审活动是真正实现实质化庭审的最优选择。如果我国的刑事诉讼制度仅从形式上确立庭审程序在审判阶段的核心地位，而庭审依然通过非直接言词的方式进行，证人、鉴定人等不到庭，各种庭外制作的笔录成为法庭审查的主要对象，法官并非通过庭审程序采信证据、认定案件事实、形成裁判结论，由此推进的庭审程序改革无法解决司法实践中庭审虚化的问题，不能被认为是真正的实质化庭审。

在贯彻直接言词原则的庭审方式要求下，控辩双方在法庭中提出证据材料均应以言词陈述的方式进行，对证据的调查应以口头方式进行，任何未经法庭以言词方式提出和调查的证据均不得作为裁判的根据。[1] 因此，上述要求会对证据制度带来两方面影响：一是确保直接原则的相关规则，其核心问题是法官直接审查证据，而非证据的替代方式，原则上应禁止案卷笔录在庭审中的使用；二是确保言词原则的相关规则，包括证人、鉴定人等出庭作证规则，完善庭审中举证、质证规则等。

从庭审方式、裁判依据的角度落实庭审实质化，也源于我国司法实践中庭审虚化的问题。如前所述，我国刑事审判中庭审虚化的问题由来已久，其中证人、鉴定人不出庭，法庭审判以控方提交的案卷笔录为主要审查对象，以此为代表的举证、质证虚化问题较为突出。[2] 与案卷笔录在庭审中使用密切相关的另外一个问题是，法官在庭前阶段阅卷，这成为其采信证据、认定案件事实的关键环节。在此基础上，法官往往在庭前具有采信证据、认定案件事实的基本

---

〔1〕 参见陈瑞华：《审判中心主义改革的理论反思》，载《苏州大学学报（哲学社会科学版）》2017年第1期。

〔2〕 参见汪海燕：《论刑事庭审实质化》，载《中国社会科学》2015年第2期。

判断，此后进行的庭审程序大多流于形式，因此法官的裁判结论并非来源于庭审程序。庭审实质化改革的提出，从庭审方式和裁判依据的角度强调庭审实质化，以此解决庭审虚化的问题，体现出解决司法实践问题的改革努力。

以上两个方面，是庭审实质化改革应当解决的核心问题，也是分析改革目标能否实现的逻辑前提。笔者认为，只有从庭审程序与审判阶段的关系、法庭审理方式和裁判依据的角度理解，才能把握庭审实质化的本质要求；只有如此，才能准确评价庭审实质化改革的实际效果。

二、案卷笔录影响庭审实质化的基本逻辑

"三项规程"是落实庭审实质化改革的核心法规，同时也是观察案卷笔录对庭审实质化影响的有效样本，是审视庭审实质化改革方案的重要视角。在"三项规程"中，有关案卷笔录问题的规定主要体现在《人民法院办理刑事案件第一审普通程序法庭调查规程（试行）》（以下简称《法庭调查规程》）。[1] 因此，本书将以庭审实质化的实质要求为立足点，结合《法庭调查规程》的相关规定和司法实践中的运作现状，分析案卷笔录影响庭审实质化的基本逻辑，为进一步的理论反思奠定基础。

案卷笔录通常是指侦查机关就整个侦查过程和所搜集的证据情况所做的工作记录。检察机关在审查起诉时也可能对案件的诉讼程序和核实证据情况形成笔录，附入案卷。根据我国《刑事诉讼法》的规定，检察机关在向法院提起公诉时，同时移送案卷材料；与此相伴，法官在庭审前均会阅卷，并在阅卷之后开庭审判；在开庭审理过程中，案卷笔录成为控辩双方举证、质证的重要内容，成为法院采信的重要证据；在作出裁判时，法官以大量的案卷笔录作为依据。学者

---

[1] 在《法庭调查规程》中，案卷笔录问题大多以"庭前证言"等表述出现。本书为了行文方便，统一称为"案卷笔录"。

将我国案卷笔录影响下的审判方式概括为"案卷笔录中心主义"。[1]

以庭审实质化改革的相关理论为前提，首先需要对《法庭调查规程》的相关规定进行分析。经过梳理，《法庭调查规程》中对案卷笔录问题的规定包括使用范围、条件以及对裁判结论的影响两个方面。

（一）案卷笔录在庭审中的使用范围和条件[2]

《法庭调查规程》第25、34条规定了案卷笔录在庭审中的使用范围和条件。其中，第25条第1款规定："证人出庭作证的，其庭前证言一般不再出示、宣读，但下列情形除外：①证人出庭作证时遗忘或者遗漏庭前证言的关键内容，需要向证人作出必要提示的；②证人的当庭证言与庭前证言存在矛盾，需要证人作出合理解释的。"第34条规定："控辩双方对证人证言、被害人陈述、鉴定意见无异议，有关人员不需要出庭的，或者有关人员因客观原因无法出庭且无法通过视频等方式作证的，可以出示、宣读庭前收集的书面证据材料或者作证过程录音录像。被告人当庭供述与庭前供述的实质性内容一致的，可以不再出示庭前供述；当庭供述与庭前供述存在实质性差异的，可以出示、宣读庭前供述中存在实质性差异的内容。"

据此规定，在证人、被害人、鉴定人、被告人出庭的情况下，原则上庭审中不使用案卷笔录，但是存在三种例外情况：一是证人等已经出庭，为了提示证人遗忘或者遗漏的关键内容，而出示、宣读庭前证言（笔录）；二是证人当庭证言与庭前证言（笔录）存在矛盾，需要证人作出合理解释的，出示、宣读庭前证言（笔录）；三是被告人的庭前供述笔录与当庭供述存在实质性差异，出示、宣读案卷笔录。规程起草者提出，对于庭前证言出示条件的规定，体现出直接言词原则的要求。[3]

---

〔1〕参见陈瑞华：《案卷笔录中心主义——对中国刑事审判方式的重新考察》，载《法学研究》2006年第4期。

〔2〕《庭审调查规定》使用"庭前证言""庭前供述"的表述，在司法实践中主要表现为庭前证言笔录、书面证言、庭前供述笔录、书面供述，它们都属于案卷笔录的一部分。因此，本书讨论中统一使用"案卷笔录"的表述。

〔3〕参见戴长林、刘静坤：《人民法院办理刑事案件第一审普通程序法庭调查规程（试行）理解与适用》，载《人民法院报》2018年1月17日，第6版。

仔细考察《法庭调查规程》的相关规定可以发现，起草者为了落实庭审实质化的改革要求，对案卷笔录在庭审中的使用条件作出了较为严格的限制，例外情形的设置具有一定的合理性。然而，《法庭调查规程》关于案卷笔录的相关规定中存在两点问题，导致其可能对庭审实质化的改革带来较大冲击：

第一个问题是允许并要求法官在庭前阅卷。《法庭调查规程》第3条规定："承办法官应当在开庭前阅卷，确定法庭审理方案，并向合议庭通报开庭准备情况。"该条规定意味着在落实庭审实质化的改革中，规程起草者并未限制、禁止案卷笔录在开庭前的使用，反而对法官的庭前阅卷活动作出了明确要求。

法官在庭前所阅案卷，其内容是有利于控诉的控方证据；在法官已经庭前阅卷的情况下，有利于指控犯罪的案卷笔录极大可能对法官产生预断性影响。那么，如果庭审中证人、被害人、鉴定人等不出庭作证，法官由于已经阅卷并产生一定程度的内心确信，其很有可能采信案卷笔录。在证人、被害人、鉴定人、被告人等出庭的情况下，如果当庭提供的言词证据与案卷笔录存在矛盾或者实质性差异，控方仍然可以出示、宣读案卷笔录；基于阅卷而形成的影响，法官在通常情况下依然会倾向于采信案卷笔录。因此，法官庭前阅卷的规定，使案卷笔录很可能成为法官裁判的实质依据，导致庭审实质化在过程和结果方面被架空。

第二个问题是案卷笔录在庭审中的限制使用以证人等出庭为前提。根据上述规定，案卷笔录在庭审中使用应作为例外情况，前提条件是证人等出庭作证。也就是说，在证人、鉴定人、被害人等出庭的情况下，庭审中原则上不使用案卷笔录。那么，在证人、鉴定人、被害人等不出庭时，庭审中是否可以使用案卷笔录？《法庭调查规程》第48条第1款规定："证人没有出庭作证，其庭前证言真实性无法确认的，不得作为定案的根据。"这意味着，在证人不出庭的情况下，庭前证言是可以使用的，只是在庭前证言的真实性无法确认时，才不能作为定案根据。这实际上为案卷笔录在庭审中的使用提供了法律依据。

按照《法庭调查规程》的基本逻辑，证人等在符合法律规定的情况下应当出庭作证，既然证人已经出庭作证，案卷笔录原则上不得在庭审中使用。但是，该逻辑存在一个致命问题，即能否确保符合法律规定的证人在庭审中"应出尽出"？在证人应当出庭而不出庭的情况下，上述限制案卷笔录使用的制度设计目的就会落空。因此在司法实践中，在符合法律规定的前提下，证人等能否出庭作证，对于案卷笔录的限制使用进而对庭审实质化改革方案的实现，具有釜底抽薪的意义。

（二）案卷笔录影响裁判结论

《法庭调查规程》虽然对案卷笔录的采信规定了较为严格的条件，但并未否定案卷笔录可以作为裁判依据。《法庭调查规程》第48条规定："证人没有出庭作证，其庭前证言真实性无法确认的，不得作为定案的根据。证人当庭作出的证言与其庭前证言矛盾，证人能够作出合理解释，并与相关证据印证的，应当采信其庭审证言；不能作出合理解释，而其庭前证言与相关证据印证的，可以采信其庭前证言。"第50条第1款规定："被告人的当庭供述与庭前供述、自书材料存在矛盾，被告人能够作出合理解释，并与相关证据印证的，应当采信其当庭供述；不能作出合理解释，而其庭前供述、自书材料与相关证据印证的，可以采信其庭前供述、自书材料。"

由此可见，《法庭调查规程》不仅允许案卷笔录在庭审中使用，而且为法官采信案卷笔录作为定案根据提供了合法依据。《法庭调查规程》针对证人证言和被告人供述被法官采信为定案根据所规定的条件有所区别。对于庭前证言笔录的采信条件，需要其与相关证据印证，并确认其真实性；对于庭前供述笔录的采信条件，则只需其与相关证据印证即可。上述条款同时规定，如果证人当庭证言或者被告人当庭供述能够与相关证据印证，则应当采信当庭证言或者供述。由此可见，与当庭证言相比，对于法官采信庭前证言笔录的条件，《法庭调查规程》增加了"真实性"的要求，这是为采信庭前证言笔录所设置的更加严格的条件；与当庭供述相比，对于法官采信庭前供述问题，《法庭调查规程》并未设置更加严格的条件，获得印证是庭前供述笔录、当庭供述得到采信的一致要求。

从庭审实质化的角度分析，按照直接言词原则的要求，证人等在符合法定条件时应当出庭作证，被告人应当出庭作出供述或者辩解；而当证人、被告人出庭，若当庭证言、供述经过法庭调查和质证，符合法定的认定条件，法官应当予以采信，此为一般原则。只有在例外情况下，法官才会允许在庭审中使用案卷笔录；但是与当庭证言、供述相比，庭前证言笔录、供述笔录的采信应当有更加严格的条件，在证明力方面有所限制。[1] 然而，《法庭调查规程》仅对庭前证言笔录的采信作出了规定，而对庭前供述笔录的采信缺乏应有的限制，这势必会影响庭审实质化的落实。

对于案卷笔录在庭审中的使用，以及案卷笔录对法院裁判结论的影响，研究者的实证调查发现，庭审实质化改革方案实施后，证人出庭率尽管有所提升，但比例仍然较低。[2] 即使在试点法院，证人出庭率有所提升，但部分证人出庭价值有限，重要证人普遍出庭的惯例尚未形成，庭前证言仍然在庭审中大量使用；当庭证据的重要性依然难以凸显，法院定罪量刑的主要依据仍为庭前的书面证据。[3] 在庭审实质化改革的试点法院的示范庭中，案卷笔录对庭审的影响尚且如此突出，那么在普通的刑事审判中，案卷笔录对于庭审实质化改革的瓦解作用可想而知，犹如阿喀琉斯之踵（Achilles' Heel）。

总结以上分析，笔者认为案卷笔录对于庭审实质化改革的影响逻辑，体现在三个方面：

1. 案卷笔录的使用，影响过程意义上的庭审实质化改革

如前所述，庭审实质化改革，在庭审方式上的要求是真正确立直接言词原则。据此，法官原则上应当在庭审中直接接触和审查原始形态的证据，控辩双方应当对原始形态的证据进行举证、质证；

---

〔1〕 相关论述可参见龙宗智：《庭审实质化的路径和方法》，载《法学研究》2015年第5期。

〔2〕 参见龙宗智：《庭审实质化的路径和方法》，载《法学研究》2015年第5期。

〔3〕 参见左卫民：《地方法院庭审实质化改革实证研究》，载《中国社会科学》2018年第6期。

证人等应当以言词方式在庭审中提供证据，不能以证据的替代方式出现在庭审中。然而，案卷笔录在庭审中使用，意味着以笔录方式替代证人等出庭作证，那么，在法庭审理程序中，控辩双方不能按照直接言词原则的要求举证、质证，法官也无法在庭审中直接接触证据的原始形态，过程意义上的庭审实质化必然受到冲击。

2. 案卷笔录的使用，使得结果意义上的庭审实质化较难保障

从裁判结论角度分析，庭审实质化要求裁判者根据庭审情况作出裁判，不应以庭外审查、调取的证据作为认定案件事实、作出裁判的基础。然而，《法庭调查规程》规定的庭前移送案卷制度，意味着法官在开庭前已经阅卷；通过对裁判文书的分析可以发现，刑事法官作出的大量判决都以案卷笔录作为依据。也就是说，案卷笔录的使用，导致刑事判决很大程度上是以案卷笔录而非庭审中证人等当庭提供的证据为依据，那么法院的裁判结论来源于案卷笔录而非庭审中的举证、质证活动，这必然导致结果层面的庭审实质化较难实现。

3. 案卷笔录作为载体，影响庭审程序与庭前程序的关系

依据庭审实质化的要求，庭审程序应当是法官认定案件事实、形成裁判结论的阶段，庭前程序、庭后程序均不能取代庭审程序。然而，案卷移送制度为法官在庭前程序阅卷提供了制度基础；法官在庭前程序阅卷，成为其认定案件事实、形成裁判结论的关键阶段。这导致法庭审判程序缺乏实质意义，而庭前程序成为决定案件结局的关键环节。在这种情况下，庭审程序和庭前程序的关系倒置，庭前程序成为审判阶段的真正核心，庭审实质化的改革目标难以实现。[1]

---

〔1〕　另外，我国 1996 年修改《刑事诉讼法》时曾经改变检察机关提起公诉时的案卷移送制度，在审判前不再移送案卷材料，以避免法官庭前阅卷。但是，司法实践中庭审后移送案卷材料的做法，导致法官的审判更加依赖于庭后阅卷，这虽然解决了法官庭前阅卷问题，但是意想不到地出现了庭后阅卷问题，庭审程序仍然难以成为审判程序的核心，仅仅是从庭前程序为审判程序的核心，转变为庭后程序为审判程序的核心。2012 年修改《刑事诉讼法》时，再次变更案卷移送制度，庭后阅卷问题不再突出。因此，本书不再对此做专门讨论。

综合以上三个环节，从庭审实质化改革的角度分析，案卷笔录涉及两个核心问题，这两个核心问题是决定庭审实质化改革目标能否实现的关键，其对庭审实质化改革具有"牵一发而动全身"的意义。法官庭前阅卷不仅为《法庭调查规程》所确认，也被地方试点法院所认可；证人等出庭作证的比例不高，案卷笔录在庭审中依然大量使用；案卷笔录对法院的裁判结论具有极为显著的影响，成为法官裁判的依据。因此，案卷笔录在多方面实质性地阻碍了庭审实质化改革目标的实现，这是其产生影响的基本逻辑。

三、庭审实质化改革中为何"容忍"案卷笔录的使用？

通过前面的分析可以得出结论：案卷笔录的存在，对于庭审实质化改革目标的实现具有重大的阻碍作用，因此按照理论推演应当废除或者更加严格地限制案卷笔录在庭审中的使用。然而，从《法庭调查规程》的规定和司法实践现状的分析可见，案卷笔录的使用和对裁判结论的影响并未减弱。在这种理论与现实的矛盾中，可以发现需要进一步解释的问题，即庭审实质化的改革为何"容忍"案卷笔录的使用？如果继续追问该问题，实际包含两层面的问题：一是从改革方案设计者的角度分析，庭审实质化的改革是否真正需要废除或者更加严格地限制案卷笔录在庭审中的使用？二是本次司法改革是否为废除或者更加严格地限制案卷笔录在庭审中的使用提供了制度保障？是否解决了法官通过阅卷形成裁判结论这种裁判方式的背后原因？

（一）改革方案设计者的意图

对于案卷笔录与庭审实质化的关系，官方文件和文件起草者的论述中有所涉及，从中可以解读出改革方案设计者对于案卷笔录的基本态度。

例如，十八届四中全会作出的《决定》首次提出"以审判为中心"的诉讼制度改革，"推进以审判为中心的诉讼制度改革，确保侦查、审查起诉的案件事实证据经得起法律的检验。全面贯彻证据裁判规则，严格依法收集、固定、保存、审查、运用证据，完善证人、鉴定人出庭制度，保证庭审在查明事实、认定证据、保护诉权、公正裁判中发挥决定性作用。"其中，《决定》并未明确提及案卷笔录问题，只是对"以审判为中心"的诉讼制度改革的总体思路作出顶层设计。

《实施意见》并未明确提及案卷笔录问题。文件起草者对该《实施意见》进行解读时明确提出，以案卷为中心、庭审流于形式，是庭审实质化改革所要解决的问题。"司法实践中，一些法官判案主要依赖案卷笔录，先入为主、先定后审、庭审流于形式等问题较为严重。为维护庭审的终局性、权威性，要切实改变'重实体、轻程序'的观念和做法，自觉遵守《刑事诉讼法》有关规定，严格按照法定程序审判案件，完善法庭调查、法庭辩论程序，规范程序性裁判的审理规程，充分发挥庭审在查明事实、认定证据、保护诉权、公正裁判中的决定性作用，确保诉讼证据出示在法庭、案件事实查明在法庭、控辩意见发表在法庭、裁判结果形成在法庭。""要通过精密规范的普通程序进行审理，贯彻落实直接言词原则，着力改变过去庭审以案卷为中心的做法，避免庭审流于形式，使庭审真正成为确认和解决被告人罪责刑问题的决定性环节。"[1]

然而，对于庭审中案卷笔录为中心的问题如何解决，是否应当废除或者更加严格地限制案卷笔录在庭审中的使用，《实施意见》并未明确规定，相关解读中也没有提及。不仅如此，文件起草者在解读《实施意见》时提出："为落实直接言词原则的要求，除了要推动证人、鉴定人出庭作证之外，有必要确立传闻证据的排除规则。需要指出的是，尽管强调证人应当出庭作证，但并不意味着证人当庭作出的证言必然优于庭前证言。由于证人可能受各种因素影响改变证言，法庭要结合在案证据评估证人证言的真实性。"[2] 由此可

---

〔1〕 参见戴长林、刘静坤：《〈关于全面推进以审判为中心的刑事诉讼制度改革的实施意见〉的理解与适用》，载《人民司法（应用）》2017 年第 10 期。

〔2〕 参见戴长林、刘静坤：《〈关于全面推进以审判为中心的刑事诉讼制度改革的实施意见〉的理解与适用》，载《人民司法（应用）》2017 年第 10 期。

见，《实施意见》并未禁止案卷笔录在庭审中的使用，并未对案卷笔录在庭审中的证明力问题作出限制。

如前所述，《法庭调查规程》依然允许案卷笔录在庭审中使用，对法官庭前阅卷问题作出了明确要求，且对于案卷笔录作为裁判根据的条件未作出过多限制。文件起草者在对《法庭调查规程》解读时提出："基于直接言词原则的要求，证人出庭作证的，其庭前证言一般不再出示、宣读，但以下情形除外……""尽管我国尚未实行严格的传闻证据排除规则，但证人没有出庭作证，其庭前证言真实性无法确认的，不得作为定案的根据。基于我国诉讼制度和证据规则，证人的当庭证言并不必然优于庭前证言。证人当庭作出的证言与其庭前证言矛盾，证人能够作出合理解释，并与相关证据印证的，应当采信其庭审证言；不能作出合理解释，而其庭前证言与相关证据印证的，可以采信其庭前证言。"[1]

从上述官方文件和文件起草者的解读中可以发现，与案卷笔录相关的规定，更接近于授权性规定；即使其中有些规则具有限制案卷笔录使用的意味，但是在不具备其他条件的情况下，这些形式上的限制条款，实质上变为了授权性条款。尽管案卷笔录中心主义、庭审形式化被视为庭审实质化改革的动因，但是在庭审实质化的改革方案中，废除或者更加严格地限制案卷笔录在庭审中的使用，并未获得改革方案设计者的认同。也就是说，改革的原因并未成为改革方案的对象。对该问题的解释，似乎可以从此项改革的逻辑中找到部分答案。

关于《决定》的说明中提到："……保证庭审在查明事实、认定证据、保护诉权、公正裁判中发挥决定性作用。这项改革有利于促使办案人员增强责任意识，通过法庭审判的程序公正实现案件裁判的实体公正，有效防范冤假错案产生。"该段论述中，"通过法庭审判的程序公正实现案件裁判的实体公正"体现出庭审实质化改革

---

[1] 参见戴长林、刘静坤：《人民法院办理刑事案件第一审普通程序法庭调查规程（试行）理解与适用》，载《人民法院报》2018 年 1 月 17 日，第 6 版。

的重要逻辑，即改革的目标最终要落脚到实体公正。文件起草者的解读中也提出，"三项规程"将证据调查作为法庭调查的核心、司法证明的主线、控辩对抗的焦点和依法裁判的基础，通过公正的庭审程序查明案件事实真相，进而实现案件的实体公正。[1]

由此可见，庭审实质化的改革要兼顾程序公正和实体公正，并且通过程序公正实现实体公正。实体公正能否实现，是判断庭审实质化改革是否成功的重要标志。按照这种逻辑，能否确保案卷笔录的真实性、案卷笔录能否证明案件事实，是决定案卷笔录能否在庭审中使用、能否作为裁判依据的标准。如果案卷笔录的使用有利于实现实体公正，在改革方案中应予以肯定；对于案卷笔录的使用可能带来的弊端，可通过适当的改革加以限制，比如严格适用条件等。在这种逻辑框架中，案卷笔录在庭审中的使用，证言笔录采信条件中的"真实性"要求，以及证人当庭作出的证言不必然优于庭前证言的规定，就能够得到合理解释了。[2]

（二）庭审实质化改革的制度保障限度

案卷笔录自身的技术性较强，其对我国审判方式具有如此重要的影响，因背后有更为深层次的原因在发挥作用。有学者总结，我国案卷移送制度显示出法官通过阅卷形成裁判结论的裁判方式，其背后有四个原因在发挥作用：一是法官主导证据调查的司法传统。法官通过阅卷了解案件证据情况、掌控法庭审理过程、探求事实真相，庭前阅卷是实现此目的的重要保障。二是以案卷笔录为中心的审判方式。在案卷移送制度的演变过程中，存在着一个一以贯之的司法裁判逻辑，即我国法院根据案卷笔录形成最终的裁判结论，刑

---

〔1〕　参见戴长林：《庭前会议、非法证据排除、法庭调查等三项规程的基本思路》，载《证据科学》2018 年第 5 期。

〔2〕　该改革逻辑在地方法院改革者的表述中也有体现。有法官指出，从理论上讲，证人的当庭证言经过控辩双方的充分询问和质证后，较之侦查阶段的证言更具有真实性，试点的大量案件也证明了直接言词原则的正当性和必要性。但不可否认，有的案件中，证人的庭前证言更具真实性，证人出庭不仅不利于查明案情，反而会影响案件的公正处理。参见郭彦、魏军：《规范化与精细化：刑事庭审改革的制度解析——以 C 市法院"三项规程"试点实践为基础》，载《法律适用》2018 年第 1 期。

事法官对案件事实的认定过程实际就是对公诉方案卷笔录的审查和确认过程。三是在法庭之外形成裁判结论的司法文化。在我国的刑事审判中，一般情况下，法官是通过一种"办公室作业"和上下级之间的行政审批机制来形成裁判结论的。四是建立在阅卷基础上的复审制度。无论是二审法官、死刑复核法官还是再审法官，都要通过阅卷来完成对下级法院或原审法院裁判结论的审查过程，实际上存在着一种对公诉方案卷的结构性依赖。[1]

也就是说，上述原因造就了法官通过阅卷形成裁判结论的裁判方式。那么，如果要消除案卷笔录对审判的影响，解决庭审形式化的问题，必须要解决现象背后的原因；否则，仅对案卷笔录"下手"，而对其背后原因没有触及，必然会导致改革无疾而终，案卷笔录移送制度的变迁是最为鲜活的例子。[2]

因此，在分析庭审实质化改革为何"容忍"案卷笔录的问题时，需要解释的第二个问题是：改革方案是否触及案卷笔录得以存在和发挥作用的背后原因？是否为废除或者更加严格地限制案卷笔录在庭审中的使用提供制度保障？基于法官通过阅卷形成裁判结论的裁判方式之所以存在，以下分析将以《实施意见》《法庭调查规程》为条文依据，分析相关规定能否为解决上述问题提供保障。[3]

1. 法官主导证据调查的司法传统并未发生根本性变化

关于法官主导证据调查问题，是指法官作为积极探求事实真相的司法官，通过庭前阅卷的方式提前了解案件证据情况，并主导庭审中的证据调查问题。对于庭前阅卷和庭审主导调查两方面问题，

---

〔1〕 参见陈瑞华：《案卷移送制度的演变与反思》，载《政法论坛》2012年第5期。

〔2〕 检察院在向法院提起公诉时移交的案卷材料范围，影响法官在庭前能够阅卷的范围，进而决定案卷笔录是否影响庭审方式和裁判依据。从我国刑事诉讼立法来说，该问题经历了1979年《刑事诉讼法》的"移送全部案卷材料"阶段，1996年《刑事诉讼法》的"移送证据目录、证人名单、主要证据复印件和照片"阶段，以及2012年《刑事诉讼法》的"移送全部案卷材料"阶段，案卷笔录的移送制度实现了一个轮回，在制度安排上发生了改革与废止改革的制度反复。检察院提起公诉时移送全部案卷材料制度的再次确立，显示出案卷笔录影响刑事审判制度背后影响因素的"威力"。

〔3〕 案卷笔录中心主义的审判方式，与通过阅卷形成裁判结论的裁判方式具有重合性，因此不再单独论述。

相关规则并无根本变化。

在庭前阅卷问题上，《法庭调查规程》已经明确要求法官在庭前阅卷，这一点与 2012 年《刑事诉讼法》的规定相比并无变化。2012年修正《刑事诉讼法》时，恢复了检察院提起公诉时移送案卷的制度，同时取消了法官在庭审前的实质审查活动。尽管如此，法官在庭前阅卷的规定依然保留。在这种情况下，较难消除法官通过阅卷已经形成的心证，只是这种审查活动不再是开庭审理的必备条件。

对于法官主导庭审中的证据调查问题，《法庭调查规程》也有所体现。例如，对于证人出庭作证的条件，2012 年《刑事诉讼法》修改后的条款受到学界的普遍批评，认为法官对于证人是否出庭作证问题，拥有过多的主导权。因此，《实施意见》《法庭调查规程》对此作出调整。其中，《实施意见》第 14 条第 1 款规定："控辩双方对证人证言有异议，人民法院认为证人证言对案件定罪量刑有重大影响的，应当通知证人出庭作证。"《法庭调查规程》第 13 条第 1 款规定："控辩双方对证人证言、被害人陈述有异议，申请证人、被害人出庭，人民法院经审查认为证人证言、被害人陈述对案件定罪量刑有重大影响的，应当通知证人、被害人出庭。"文件起草者提出，人民法院可以审查证人出庭的必要性，但这种审查应当侧重于形式审查，只要控辩双方对关键证人的证言提出异议，原则上就应当通知证人出庭。[1] 尽管在官方文件和相关权威解读中，均将解决证人出庭作证问题作为庭审实质化的核心内容，但是从法律规定来看，该条款依然保留了法官对于证人是否出庭作证的决定权，至少在"证人证言对案件定罪量刑有重大影响"的问题上，决定权依然由法官掌控，这反映出法官对庭审中证据调查问题的主导性。

对此问题，地方法院的观点更为明确。对于法官庭前阅卷问题，地方法院的改革者给出了正面回应："如果在庭前不阅卷，仅仅依靠控辩双方在庭审中的表达，法官很难作出准确的判断，有时甚至连

---

〔1〕 参见戴长林、刘静坤：《人民法院办理刑事案件第一审普通程序法庭调查规程（试行）理解与适用》，载《人民法院报》2018 年 1 月 17 日，第 6 版。

控辩双方的发问意图都不清楚，庭审的效果并不理想……只是了解案件的基本事实和证据的总体情况，以便于在庭审中对有关证据进行核实，对有关事实进行调查和确认，使法庭调查更具有针对性和有效性。""现在要求庭前阅卷，并非准许先定后审，而是为了确定庭审重点，防止'不知所云'导致的庭审走过场。"〔1〕尽管在上述表述中，地方法院的改革者否认庭前阅卷会影响庭审实质化的实现，但是从字里行间能够体现出法官主导庭审的意愿。

2. 在法庭之外形成裁判结论的司法文化依然存在

在法庭审理中，法官应通过亲自接触证据、盘问证人和听取控辩双方的质证、辩论来形成对案件事实的直观印象。所有证据都要经受控辩双方的举证、质证和辩论，也要经历法官的耳闻目睹和当庭盘问，才能被采纳为定案的根据。法庭应当是法官作出司法裁判的唯一场所，法庭审理则应当属于法官认定案件事实的唯一途径。〔2〕这是通过庭审形成裁判结论的司法文化，也是庭审实质化改革应当实现的目标。

在官方文件和文件起草者的解读中，通过庭审形成裁判结论的司法文化，很多情况下被等同于确立直接言词原则。例如，文件起草者在解读《实施意见》对于庭审程序的改革设计时提出："强调诉讼以审判为中心，一审庭审是核心，庭审规程是关键。在落实繁简分流原则基础上，对被告人不认罪的案件和重大疑难案件，要通过精密规范的普通程序进行审理，贯彻落实直接言词原则，着力改变过去庭审以案卷为中心的做法，避免庭审流于形式，使庭审真正成为确认和解决被告人罪责刑问题的决定性环节。"在分析证人、鉴定人出庭作证制度，以及建立传闻证据排除规则问题时，文件起草者也多次提到直接言词原则。〔3〕

---

〔1〕 参见郭彦、魏军：《规范化与精细化：刑事庭审改革的制度解析——以 C 市法院"三项规程"试点实践为基础》，载《法律适用》2018 年第 1 期。

〔2〕 参见陈瑞华：《案卷移送制度的演变与反思》，载《政法论坛》2012 年第 5 期。

〔3〕 参见戴长林、刘静坤：《人民法院办理刑事案件第一审普通程序法庭调查规程（试行）理解与适用》，载《人民法院报》2018 年 1 月 17 日，第 6 版。

有观点认为，只要确保证人、鉴定人出庭作证，确保证据出示在法庭，案件事实查明在法庭，并确保对证人、鉴定人的当庭质证，那么直接言词原则也就得到了贯彻，并进而实现了庭审实质化的改革目标。然而，根据直接言词原则的本意，其不仅要求法庭审判采取言词辩论的方式，更要求控辩审三方庭审时在场，法官通过庭审直接接触和审查最原始形态的证据，据此形成裁判结论。因此，案卷笔录原则上应当被排除在法庭审判之外，更不能成为法官作出裁判的依据。[1] 但是，根据《法庭调查规程》的规定，案卷笔录不仅能够在庭审中使用，而且在证明力方面不受限制，这种情况下贯彻落实所谓的"直接言词原则"，是对该原则的误读。根据现在的制度设计，不可能建立真正的直接言词原则，更无法形成通过庭审形成裁判结论的司法文化。

在法庭之外形成裁判结论的司法文化，还体现在庭前程序与庭审程序的关系方面。在庭审实质化改革中，一个备受关注的问题是庭前程序（尤其是庭前会议）与庭审程序的关系。按照庭审实质化的要求，控辩双方的举证、质证活动，法官的认证活动应当在庭审中进行，因此庭前会议的功能只能是程序性的，不能进行实质性的审判活动。[2]《人民法院办理刑事案件庭前会议规程（试行）》和《法庭调查规程》体现出对于庭前会议功能的限制，以及庭前会议和庭审程序的衔接要求。

然而，这种制度设计并不能体现出通过庭审形成裁判结论的司法文化。限制庭前会议的功能、规范庭前会议与庭审程序的衔接，是针对所有证据，并非仅针对案卷笔录。更为关键的是，限制庭前会议的功能、规范庭前会议与庭审程序的衔接，是要求举证、质证、认证等实质性的审判活动只能在庭审中进行，并不涉及法官在庭前能否阅卷，能否在庭前会议之外的庭前程序中形成判决结论等问题。

---

〔1〕 参见陈瑞华：《审判中心主义改革的理论反思》，载《苏州大学学报（哲学社会科学版）》2017 年第 1 期。

〔2〕 参见魏晓娜：《庭前会议制度之功能"缺省"与"溢出"——以审判为中心的考察》，载《苏州大学学报（哲学社会科学版）》2016 年第 1 期。

因此，关于庭前会议功能和庭前会议与庭审程序衔接问题的规范，并不能涵盖"裁判结论来自庭外"的问题，不能由此判断通过庭审形成裁判结论的司法文化是否形成，不能为废除或者更加严格地限制案卷笔录在庭审中的使用提供制度保障。

3. 建立在阅卷基础上的复审制度并未触及

无论是二审法官、死刑复核法官还是再审法官，都要通过阅卷来完成对下级法院或原审法院裁判结论的审查过程。上级法院审阅的案卷材料，并非仅是一审的庭审笔录及相关案卷材料，更为重要的是侦查机关、公诉机关制作、形成的案卷笔录。因此，既然上级法院要通过查阅案卷笔录来完成对下级法院裁判结论的审查，一审法院假如不全面阅卷，对公诉方的证据情况不熟悉的话，将面临非常尴尬的局面。这种建立在阅卷基础上的复审制度，迫使一审法院不得不通过阅卷形成裁判结论。[1]

由此可见，要废除或者更加严格地限制案卷笔录在庭审中的使用，需要改变建立在阅卷基础上的复审制度。只有二审法官、死刑复核法官、再审法官在对案件进行复审时，不使用庭前阶段形成的案卷笔录，而只根据一审庭审中控辩双方的举证、质证情况，一审法官才会有底气在庭审中不使用庭前阶段的案卷笔录；否则，让一审法官冒着被二审法官、死刑复核法官、再审法官撤销原判、发回重审甚至改判的风险，而置案卷笔录于不顾，是违反理性的做法。

虽然"三项规程"分别对庭前会议、非法证据排除规则和一审庭审调查程序作出规定，但对于二审程序、死刑复核程序、再审程序并未涉及。虽然《实施意见》并未明确限定于一审程序，但是在具体内容中并未涉及复审程序。也就是说，庭审实质化改革方案的相关规则并未涉及复审程序问题，因此复审程序依然按照《刑事诉讼法》的规定运行，建立在阅卷基础上的复审制度没有变化。[2]

---

〔1〕 关于案卷笔录对于二审程序的影响，可参见陈瑞华：《侦查案卷裁判主义——对中国刑事第二审程序的重新考察》，载《政法论坛》2007 年第 5 期。

〔2〕 有研究者提出了在二审程序中落实庭审实质化要求的具体建议，参见龙宗智：《庭审实质化的路径和方法》，载《法学研究》2015 年第 5 期。

既然如此，在庭审实质化改革没有触及复审制度且复审制度仍然是以阅卷为基础的情况下，法官通过阅卷形成裁判结论的审判方式依然是其理性选择。因此，庭审实质化改革并不能为废除或者更加严格地限制案卷笔录在庭审中的使用提供复审方面的制度保障。

综合以上分析可以发现，庭审实质化的改革进行得如火如荼，但是对于案卷笔录的规定，导致庭审实质化改革的成效大打折扣。庭审实质化改革方案中"容忍"案卷笔录的使用，一方面源于改革方案设计者的态度，他们对于废除或者更加严格地限制案卷笔录在庭审中的使用未必认同；另一方面，相关改革没有为废除或者更加严格地限制案卷笔录在庭审中的使用提供制度保障。在相关深层次原因没有发生变化的情况下，无法奢谈废除或者更加严格地限制案卷笔录在庭审中的使用。

四、未来的改革课题及其反思

通过前文分析可知，在庭审实质化改革中，案卷笔录具有重大的阻碍作用；而在庭审实质化改革中"容忍"案卷笔录的使用，既有庭审实质化改革自身的设计问题，也有案卷笔录影响庭审的背后原因问题。此外，案卷笔录对庭审实质化改革的影响，还有我国的刑事诉讼目的、刑事诉讼构造等深层次结构的作用。由此思路推演，为了真正有效推进庭审实质化改革，需要废除或者更加严格地限制案卷笔录在庭审中的使用；而要实现该目标，需要改革者重新定位案卷笔录与庭审实质化的关系，采取措施消除案卷笔录影响庭审的原因，并反思我国的刑事诉讼目的与刑事诉讼构造等深层次原因——它们是未来需要面对的改革课题。

（一）重新定位庭审实质化与案卷笔录的关系

根据前文分析可以发现，庭审实质化的改革方案中，庭审实质化与案卷笔录是一种可以"并存"至少是"有条件并存"的关系，两者并非完全排斥的关系。在这种关系定位之下，庭审实质化改革方案并不完全排斥案卷笔录的使用。尽管从规程起草者的介绍中能够体会庭审实质化改革贯彻直接言词原则、限制案卷笔录使用的努力，但是种种因素影响之下，法官依然可以在审前阅卷，案卷笔录在庭审中不仅可以使用，而且对于裁判结论的形成仍然发挥着主导性影响。显然，案卷笔录在过程、结果、庭前程序与庭审程序的关系等方面，与庭审实质化的本质要求相抵，是决定庭审实质化改革目的能否实现的关键因素。

因此，为了实现庭审实质化的改革目标，应当重新定位庭审实质化与案卷笔录的关系，从"并存"转变为"排斥"。也就是说，在庭审实质化的改革中，不应再"容忍"案卷笔录的使用，原则上应禁止案卷笔录在庭审中使用。

具体来说，案卷笔录发挥作用的空间应当限于侦查阶段、公诉阶段。一旦案件进入审判阶段，案卷笔录原则上禁止使用，公诉机关不能向法院移送案卷材料，法官在庭前、庭审和庭后阶段均不应阅读案卷笔录；法律可以规定庭审中使用案卷笔录的例外情形，但其适用范围、条件、功能等均应受到严格限制；对于案卷笔录的使用，不应依附于证人等出庭作证的情况，证人等依法应当出庭而不出庭的，导致的结果是证言原则上无效，而不是成为庭前证言在庭审中使用的条件。

（二）通过庭审实质化的配套改革，消除案卷笔录影响庭审的原因

如前所述，庭审实质化改革之所以"容忍"案卷笔录是由于目前的庭审实质化改革方案没有触及案卷笔录影响庭审的原因。这种情况下，即使法律禁止案卷笔录在庭审中使用，也会被实践所架空。因此，未来要消除案卷笔录对庭审的影响，一个必备要件是通过庭审实质化的配套改革，消除案卷笔录影响庭审的原因。

如前所述，案卷笔录影响庭审的原因包括法官主导证据调查的司法传统、在法庭之外形成裁判结论的司法文化以及建立在阅卷基础上的复审制度。未来，需要通过配套制度改革，对这些原因加以克服、解决，只有如此才可能真正消除案卷笔录对庭审的影响。

法官主导证据调查的司法传统，体现在具体制度设计之中，包括法官庭前阅卷，对法庭调查和辩论过程的控制等。而这些制度的

背后，则是法官所具有的查明事实真相的积极裁判者角色使然。为了查明事实真相，防止出现错误判决，法官习惯于通过阅卷的方式全面掌握案件证据情况；而为了使庭审活动能够有利于自己查明案件事实，法官更倾向于自己控制庭审活动，把握法庭调查和法庭辩论的节奏。然而，按照现代刑事司法的基本原理，法官应当为消极、中立的事实裁判者，对于诉讼中的程序性事项应当交由控辩双方决定，只有如此才能维护程序公正。因此，改变法官主导证据调查的司法传统，需要实现法官角色定位的转变，在此基础上再进行相应的制度改革，包括取消庭前阅卷制度、将庭审中程序性事项的决定权交由控辩双方等。

在法庭之外形成裁判结论的司法文化，是庭审实质化所要解决的庭审虚化问题的核心。法官的裁判结论从何而来，关乎庭审的意义，关乎审判制度、证据制度的构建。我国长期以来具有法庭之外形成裁判结论的司法文化，法官习惯于通过庭外阅卷的方式了解案件证据情况、形成裁判结论，导致庭审活动在一定程度上流于形式，徒具审判的虚名。在这种裁判方式中，案卷笔录发挥了至关重要的作用。因此，要彻底根除案卷笔录对于庭审的影响，必须改变法庭之外形成裁判结论的司法文化。在具体制度方面，应正确理解、落实直接言词原则，控辩审三方通过直接、言词的方式参加庭审、作出裁判，改变庭外形成裁判结论的文化；调整庭前程序和庭审程序的关系，使庭前程序、庭审程序发挥其应有的功能；彻底废除法官的庭前阅卷制度，切断庭前程序架空庭审程序的桥梁。

建立在阅卷基础上的复审制度，是法官在一审中使用案卷笔录的外部压力。在我国目前的刑事诉讼体制中，一审法官的裁判是否正确，以二审法官、再审法官、死刑复核法官的裁判为认定标准，而复审法官的裁判是以案卷笔录为基础的。在这样的利益、压力传导逻辑中，一审法官为了确保自己的裁判得到复审法官的认可，必然会以案卷笔录作为裁判的基础，从而与复审法官的裁判依据保持一致。可以说，建立在阅卷基础上的复审制度，逼迫一审法官必须根据案卷笔录形成裁判结论。因此，要消除案卷笔录对于庭审的影响，必须改变我国的复审审理方式，禁止将案卷笔录移送给二审法官、再审法官、死刑复核法官。复审法官在进行二审、再审和死刑复核程序的审理时，只能以一审庭审中举证、质证的证据，以及一审庭审笔录作为裁判依据。也就是说，必须切断案卷笔录与复审程序的关系。只有这样，才能确保一审法官安心地抛弃案卷笔录，以实质化的庭审作为裁判依据。

（三）对刑事诉讼目的、刑事诉讼构造问题的反思

如果从更深层面考察，案卷笔录对庭审实质化的影响，其实与诉讼目的、诉讼构造等问题密切相关。要改变案卷笔录影响庭审的问题，需要从诉讼目的、诉讼构造等角度进一步反思。

前文分析，改革者在设计庭审实质化的改革方案时，并不完全排斥案卷笔录的使用。这种选择的背后是改革者将庭审实质化的改革目标定位为通过法庭审判的程序公正实现案件裁判的实体公正。也就是说，庭审实质化的改革目标，最终定位为实体公正，防止冤假错案。这种改革目标的背后，是我国刑事诉讼追求事实真相的诉讼目的观。

众所周知，程序公正与实体公正并非始终一致的关系。通过程序公正实现实体公正，是一种较为理想的状态，但是两者在某些情况下会发生冲突，即为实现实体公正，可能要牺牲程序公正，或者实现程序公正必须以牺牲实体公正为代价。那么，在两者发生矛盾时，如果以维护实体公正为最终目标，就意味着要牺牲程序公正，那该如何体现程序的独立价值与意义？

具体到案卷笔录与庭审实质化的关系来说，庭审实质化的改革着重强调程序公正，建立贯彻直接言词原则的庭审制度。然而，案卷笔录在庭审中的使用与直接言词原则相悖，与庭审实质化的要求相矛盾。因此，在庭审实质化的改革中允许案卷笔录在庭审中使用，意味着在实体公正与程序公正发生冲突时，选择实体公正，体现出我国追求事实真相的诉讼目的观。这种情况下，以保障程序公正为核心内涵的庭审实质化改革，势必受到极大的冲击。

因此，要消除案卷笔录对庭审的影响，需要从根源上改变实体

真实主导的诉讼目的观。在诉讼目的理论中，为程序公正保留独立的地位；当程序公正与实体公正发生冲突时，不能一味以实体公正为第一选择，不能总是为了实体公正而牺牲程序公正。只有在诉讼目的理论中确立程序公正的独立价值和地位，才能为庭审实质化改革奠定坚实的理论基础，才能为消除案卷笔录对庭审的影响提供正当性依据。

在刑事诉讼构造中，公检法三机关之间的关系，是非常重要的指标和影响因素。在我国目前公检法三机关的关系中，公安机关基于其在政法系统中的地位，拥有高于检察院和法院的政治地位；检察机关以其法律监督的职权，通过诉讼监督活动影响公安机关、法院，同样具有高于法院的地位。相关研究显示，在公检法三机关的关系方面，我国现行刑事司法体制事实上形成了以公安机关为优先的分工、配合与制约关系。[1]

在这种公检法三机关的关系中，案卷笔录发挥了中介和桥梁的作用。根据司法实践中案卷笔录的运行现状，其由公安机关制作后，经过检察机关的传递，由一审法官在审判前进行阅卷，并作为裁判根据；如果案件进入二审、死刑复核或者再审程序，案卷笔录还会移送给相应的法官。案卷移送的过程，是公安机关对法院施加影响的过程；法院依据案卷笔录作出裁判，实际上是法院根据公安机关的侦查结论作出自己的裁判结论，其背后体现出公安机关对法院的影响；如果法院认定被告人无罪，意味着法院没有认可公安机关的侦查结论，将面临来自公安机关的巨大压力，而这可以在一定程度上解释我国刑事诉讼中无罪判决率极低的现象。

因此，案卷笔录对审判的影响，不仅是案卷笔录本身的技术性问题，其背后有公检法三机关的关系在发挥作用。如果取消案卷笔录在审判中的使用，意味着公安机关影响法院的一条重要途径被切断，这会影响公安机关侦查的案件在审判中获得有罪判决的几率，

----

〔1〕　参见胡铭：《审判中心、庭审实质化与刑事司法改革——基于庭审实录和裁判文书的实证研究》，载《法学家》2016 年第 4 期。

甚至对公安机关侦查活动的有效性都会带来重大影响。在这种情况下，消除案卷笔录对审判的影响，已经超出了案件笔录甚至刑事审判的范围，需要从公检法三机关关系视角下的诉讼构造入手进行调整。只有建立法院主导公检法三机关关系的诉讼构造，才能为法院的庭审实质化改革提供保障，那时才有可能真正废除案卷笔录在审判中的使用。

"以审判为中心"与监察体制改革

  作为一项对刑事诉讼制度具有重大影响的改革举措,监察体制改革与刑事诉讼制度的关系成为很多研究者关注的问题。例如,监察机关的性质问题,其是否属于行政机关或者司法机关,与刑事诉讼中行使公权力的公安机关、检察机关、法院是何关系?又如,监察机关调查权的属性是侦查权还是一种独立的权力?再如,监察机关的调查活动是否需要遵守《刑事诉讼法》的规定?是否应当按照《刑事诉讼法》规定的诉讼规则和证据规则开展活动?监察机关的调查活动与刑事诉讼程序如何衔接等等。尽管官方文件和媒体报道对部分问题给予了回应,[1]《监察法》对一些问题也作出了规定,但是针对上述问题的讨论并未结束。

  梳理党的十八大以来的司法改革举措,"以审判为中心"的诉讼制度改革是涉及司法改革全局的重大问题,决定着我国刑事诉讼制度的改革方向。基于此,从"以审判为中心"的视角审视监察体制改革,将具有独特的意义和价值。

  在"以审判为中心"的框架下分析监察体制改革,是否具有正当的理论基础?这是分析监察体制改革与"以审判为中心"之间关

---

  [1] 例如,新华社的报道中明确,监察委员会是政治机关,并非行政机关或者司法机关。参见《积极探索实践 形成宝贵经验 国家监察体制改革试点取得实效——国家监察体制改革试点工作综述》,载 http://www.xinhuanet.com/politics/2017-11/05/c_1121908387.htm,最后访问日期:2022 年 8 月 10 日。《中国纪检监察报》明确指出,监察机关不适用《刑事诉讼法》,监察机关行使的调查权不同于刑事侦查权。参见《使党的主张成为国家意志》,载《中国纪检监察报》2017 年 7 月 17 日,第 1 版。

系的基础性问题。众所周知，"以审判为中心"的改革围绕刑事诉讼展开，使用"以审判为中心"的框架分析刑事诉讼活动，具有正当的理论基础。然而，目前官方已经明确，监察机关的调查权不是侦查权，[1] 监察机关的调查活动不是侦查活动，不适用《刑事诉讼法》。那么，对于官方定性为非侦查活动的监察机关调查活动，在"以审判为中心"的框架下分析，如何论证其正当性基础？

《决定》提出，"以审判为中心"要求将司法审判的标准贯穿于刑事诉讼全程，以制度倒逼的方式提高侦查机关取证和公诉机关审查证据的要求，司法审判的证据规则成为落实"以审判为中心"改革方案的"牛鼻子"。作为行使侦查职能的监察机关，其刑事调查活动应当遵循司法审判的证据规则。然而，目前《监察法》对此问题的规定存在不少矛盾和缺陷，很多问题需要完善和解决。

"以审判为中心"对诉讼职能的改革提出了要求。刑事诉讼中的基本职能包括控诉职能、辩护职能和审判职能，"以审判为中心"要求强化审判职能对审前程序的法律控制，确保审判职能的独立、公正行使。监察体制改革将检察机关原有的部分职务犯罪侦查权转移给监察机关，这给控诉职能、辩护职能和审判职能带来了很多待解的课题。与此同时，刑事诉讼职能中的一些固有问题，在监察体制改革之后依然存在，甚至因为监察机关的特殊地位而强化，由此带来的问题值得关注。

"以审判为中心"的落实，无法回避诉讼主体的权力配置问题。司法审判的证据规则如何得到侦查主体、公诉主体的有效遵守，怎样完善刑事诉讼职能、确立审判职能的中心地位，诉讼主体权力的调整是其背后的重大问题。监察体制改革使监察机关拥有了远高于公安机关、检察机关和法院的政治权力和地位；在政治权力影响诉讼权力的现实格局下，监察机关对审判机关的影响将是压倒性的，这会导致本已严重的"侦查中心主义"可能会进一步恶化为"侦查

---

〔1〕《【读懂监察法草案】调查权不同于刑事侦查权》，载 https://www.ccdi.gov.cn/yaowen/201711/t20171115_150741.html，最后访问日期：2022 年 4 月 8 日。

中心主义"＋"监察中心主义"。那么，"以审判为中心"的实现必然面临更大的难题。

一、监察机关调查活动的定位

官方文件和媒体透露的信息显示，监察机关的调查活动不是侦查活动，不执行《刑事诉讼法》；然而，"以审判为中心"的改革针对刑事诉讼程序，其调整的对象是刑事诉讼范围内的侦查、公诉和审判活动。由此可能产生一种困境，即监察机关的调查活动似乎并不在"以审判为中心"的调整范围内。那么，讨论"以审判为中心"和监察体制改革的关系是否具有理论正当性呢？

例如，"以审判为中心"涉及刑事证据规则，其调整的诉讼主体为刑事诉讼活动的主体，包括侦查机关、公诉机关和审判机关。这意味着，只有刑事诉讼主体才需要遵守"以审判为中心"在证据方面的要求；如果是非刑事诉讼主体，则"以审判为中心"对其并不具有约束力。在官方文件已经明确监察机关的调查活动不受《刑事诉讼法》规制的情况下，讨论"以审判为中心"对于监察机关调查活动的影响，似乎缺少理论前提。

同样的道理，从诉讼职能的角度来说，"以审判为中心"对控诉职能、辩护职能、审判职能的调整、完善提出了要求，只有在刑事诉讼中承担上述职能的主体才受到"以审判为中心"要求的约束；对刑事诉讼职能主体之外的机关，从逻辑上说没有义务遵守"以审判为中心"的要求。作为特殊政治机关的监察机关，其调查活动不是侦查活动，那么从"以审判为中心"的视角讨论监察机关的调查活动，其必要性与可行性何在？

可见，官方对于监察机关及其调查活动的定位，使得调查活动似乎是与刑事诉讼完全无关的政治活动，从"以审判为中心"的视角讨论监察机关的调查活动，看起来缺少正当的理论基础。然而，监察机关的调查活动真的与刑事诉讼无关吗？答案并非如此。

根据监察体制改革的基本架构，在监察体制改革完成后，监察委员会的调查同时具有党纪调查、政纪调查和刑事调查的属性。通过调查程序，被调查人触犯党纪的，纪委可根据调查结果作出党纪处分；被调查人触犯相关法规的，监察委员会可以作出政务处分；监察委员会发现被调查人构成某一职务犯罪的，还可以将案件移送检察机关，后者可以直接展开审查起诉工作。[1] 其中，监察机关调查活动中的刑事调查部分，与刑事诉讼程序具有密切联系，体现在以下三方面：

（1）监察机关刑事调查活动的内容与刑事侦查活动具有同质性。监察机关调查活动的内容，主要是采取相应的调查措施，以及限制人身自由的措施，从而收集证据、查明犯罪事实。根据《监察法》的规定，监察机关有权采取谈话、讯问、询问、查询、冻结、调取、查封、扣押、搜查、勘验检查、鉴定、技术调查、通缉等措施，这些调查措施与侦查机关的侦查措施几乎完全相同。与此同时，监察机关可以对被调查对象适用留置措施，而该措施在功能上基本等同于刑事诉讼中的逮捕措施。由此可见，监察机关调查活动的内容与刑事侦查活动的内容具有同质性。

（2）监察机关刑事调查所得证据，需要刑事审判的认定。对于调查所得的证据，监察机关并非自己调查、自己采信、自己认定，而是必须提交审判机关认定，能否作为定案根据需要遵守司法审判的证据规则。这一点从《监察法》第 33 条第 2 款的规定中能够解读出来，"监察机关在收集、固定、审查、运用证据时，应当与刑事审判关于证据的要求和标准相一致。" 由此可见，从证据认定的角度来说，监察机关的刑事调查活动并非独立于刑事诉讼程序，证据的审查和认定将监察机关的刑事调查活动与刑事诉讼程序紧密地联系起来。

（3）监察机关的刑事调查与刑事诉讼程序存在重要联系。根据《监察法》的规定，监察机关的调查活动结束之后，如果认为被调查者的行为涉嫌职务犯罪，监察机关应当将案件移送检察机关审查、

---

〔1〕 参见陈瑞华：《论监察委员会的调查权》，载《中国人民大学学报》2018 年第 4 期。

提起公诉。这意味着，监察机关的刑事调查活动并非脱离刑事诉讼程序的独立行为，而是与刑事诉讼程序具有密切联系；监察机关调查活动认为被调查人涉嫌刑事犯罪的，调查活动结束后案件将进入审查公诉程序，开启刑事诉讼程序。监察机关刑事调查活动与刑事诉讼公诉程序的衔接，显示出监察机关刑事调查活动与刑事诉讼程序的密不可分。

通过以上三方面分析可以发现，监察机关的刑事调查活动与刑事诉讼程序具有密切联系。有研究者指出，尽管监察体制改革的决策者再三强调监察委员会的调查权不同于侦查权，但是从刑事调查的形式和后果来看，它已经具备了侦查权的基本属性。[1]

也就是说，监察机关的刑事调查活动其实与刑事诉讼中的侦查活动具有同质性，监察机关行使着刑事诉讼的侦查职能。既然如此，监察委员会的刑事调查活动应当纳入刑事诉讼的范畴，与"以审判为中心"具有内在的关联性。监察委员会调查职能使其实质性地介入刑事司法前置程序，必须遵循审判中心改革的基本要求。[2]那么，从"以审判为中心"的角度分析监察机关的刑事调查活动，就具有了理论前提和正当性基础。

最后需要明确的是，监察机关的调查活动涉及党纪调查、政纪调查和刑事调查三部分，与刑事诉讼相关的调查活动仅指监察机关调查活动中的刑事调查部分。也就是说，本书讨论"以审判为中心"与监察机关调查活动的关系，限于监察机关的刑事调查活动，而党纪调查、政纪调查部分与刑事诉讼程序无关，不属于本书的讨论范围。

---

〔1〕　参见陈瑞华：《论监察委员会的调查权》，载《中国人民大学学报》2018 年第 4 期。

〔2〕　参见陈邦达：《推进监察体制改革应当坚持以审判为中心》，载《法律科学》2018 年第 6 期。

二、司法审判的证据规则问题

（一）证据规则层面的"以审判为中心"

"以审判为中心"是《决定》中关于刑事诉讼制度改革的基本方案。对于何为"以审判为中心"，学术界和司法实务界有不同的解读。笔者认为，对"以审判为中心"内涵的理解，首先应当对官方文件的表述进行分析。《决定》中对"以审判为中心"的表述为：

推进以审判为中心的诉讼制度改革，确保侦查、审查起诉的案件事实证据经得起法律的检验。全面贯彻证据裁判规则，严格依法收集、固定、保存、审查、运用证据，完善证人、鉴定人出庭制度，保证庭审在查明事实、认定证据、保护诉权、公正裁判中发挥决定性作用。

习近平总书记关于《决定》的说明中进一步阐释：

充分发挥审判特别是庭审的作用，是确保案件处理质量和司法公正的重要环节。我国刑事诉讼法规定公检法三机关在刑事诉讼活动中各司其职、互相配合、互相制约，这是符合中国国情、具有中国特色的诉讼制度，必须坚持。同时，在司法实践中，存在办案人员对法庭审判重视不够，常常出现一些关键证据没有收集或者没有依法收集，进入庭审的案件没有达到"案件事实清楚、证据确实充分"的法定要求，使审判无法顺利进行。

全会决定提出推进以审判为中心的诉讼制度改革，目的是促使办案人员树立办案必须经得起法律检验的理念，确保侦查、审查起诉的案件事实证据经得起法律检验，保证庭审在查明事实、认定证据、保护诉权、公正裁判中发挥决定性作用。这项改革有利于促使办案人员增强责任意识，通过法庭审判的程序公正实现案件裁判的实体公正，有效防范冤假错案产生。

仔细分析上述《决定》和说明可以发现，"以审判为中心"的要求主要体现在证据规则方面，包括遵守证据裁判原则的要求，证据收集、审查的要求，以及完善证人、鉴定人出庭的要求；改革的目标是确保庭审的决定性作用，进而影响侦查和审查起诉的证据要求。"以审判为中心"的改革逻辑是要实现庭审的决定性作用，并通过庭审裁判倒逼侦查机关、公诉机关遵守司法审判的证据规则。在这个过程中，根据司法审判的证据规则认定案件事实，是"以审判为中心"的集中体现，也是审判有效制约侦查、公诉的主要工具。[1]

有研究者提出，"以审判为中心"要求将司法审判的标准贯穿于刑事诉讼的全过程。具体来说，从刑事诉讼的源头开始，就应当统一按照能经得起控辩双方质证辩论、经得起审判特别是庭审标准的检验，依法开展调查取证、公诉指控等诉讼活动，从而"确保侦查、审查起诉的案件事实证据经得起法律的检验"。尽管对于将司法审判的标准适用于刑事诉讼全程的观点，学界提出了强烈质疑，[2]但是通过确立庭审的中心地位，倒逼侦查机关、公诉机关参照执行司法审判证据规则的思路，符合官方开展"以审判为中心"改革的基本思路，并且与"有效防范冤假错案产生"的最终目标一致。而且，对于刑事证据法所具有的"规范庭审过程，并借此控制审判前的侦查和审查公诉活动"的功能，[3]学界已经达成共识，这就为该制度逻辑提供了理论依据。

遵循"以审判为中心"的改革逻辑，刑事侦查活动、审查公诉活动应当参照执行司法审判的证据规则。具体来说，刑事诉讼活动应当严格遵守证据裁判原则的要求，没有证据不能认定案件事实，

---

[1] "以审判为中心"的诉讼制度改革的推行，一个重要的原因是"办案人员对法庭审判重视不够"，也就是审判阶段无法有效制约侦查阶段、公诉阶段，其具体体现是进入审判阶段的案件达不到法定证明标准，导致法院"定放两难"。

[2] 参见陈瑞华：《审判中心主义改革的理论反思》，载《苏州大学学报（哲学社会科学版）》2017 年第 1 期；陈卫东：《以审判为中心：当代中国刑事司法改革的基点》，载《法学家》2016 年第 4 期。

[3] 参见陈瑞华：《从"证据学"走向"证据法学"——兼论刑事证据法的体系和功能》，载《法商研究》2006 年第 3 期。

作为认定案件事实基础的证据应当具有证据能力；侦查和审查公诉中收集、固定、保存、审查、运用证据的活动，应当以司法审判的证据规则为标准，符合法律规定，在证据审查和运用中排除非法所得的证据；在法庭审理过程中，证人、鉴定人等依法出庭作证，法官按照直接言词原则对证据进行审查、判断和认定。

（二）司法审判的证据规则与监察体制改革

以上是"以审判为中心"的改革要求在普通刑事案件中的体现。那么，监察机关的调查活动如何贯彻"以审判为中心"在证据规则方面的要求？从《监察法》的规定来看，有些条文体现出"以审判为中心"的要求，当然还有很多问题需要解决。

笔者认为，《监察法》第33条第2款是落实"以审判为中心"要求的概括性规定。该款规定："监察机关在收集、固定、审查、运用证据时，应当与刑事审判关于证据的要求和标准相一致。"相关权威机关对该条文的解读中明确："监察机关调查取得的证据，要经得起检察机关和审判机关的审查，经得起历史和人民的检验。如果证据不扎实、不合法，'煮错了饭，炒错了菜'，轻则被检察机关退回补充侦查，影响惩治腐败的效力，重则会被司法机关作为非法证据予以排除，影响案件的定罪量刑。""刑事审判关于证据的要求和标准有严格、细致的规定，监察机关收集的证据材料在刑事诉讼中作为证据使用，必须要与其相衔接、相一致。"〔1〕可见，该款规定是监察机关在证据方面遵守"以审判为中心"要求的集中体现。

然而，对于监察机关调查活动中遵守司法审判的证据规则，贯彻"以审判为中心"的要求，该款规定还有一些问题尚待明确和讨论：

1. 司法审判的证据规则是否适用于监察机关的所有活动？

从上述条文的表述来看，监察机关的调查活动都应当遵守司法审判的证据要求和标准。有研究者提出，即使某一调查程序针对的

---

〔1〕 中共中央纪律检查委员会法规室、中华人民共和国国家监察委员会法规室编写：《〈中华人民共和国监察法〉释义》，中国方正出版社2018年版，第168~169页。

是职务违法案件，应由监委会自行处置，不受刑事诉讼制度所约束，但在调查之初乃至调查过程中，监察人员却无法完全认定案件的性质。实践中由违法调查转为犯罪调查的案件不可胜计，甚至可以说大多数职务犯罪皆为违纪调查所发现。在此现状下，监察调查程序就必须自始至终以刑事诉讼规范为严格界限。[1]

但是，改革后的监察活动包括党纪调查、政纪调查和刑事调查三部分内容。其中，刑事调查活动需要纳入刑事诉讼的范畴，受到"以审判为中心"要求的制约，这是没有疑问的。但是，党纪调查的结果是对被调查人的党纪处分，最严厉的无非是开除党籍；政纪调查的结果则是对被调查人的政务处分，最严厉的政务处分不过是开除公职。相对于动辄剥夺个人自由、财产乃至生命的刑事处罚而言，这些党纪处分和政务处分给被调查人带来的影响还是比较轻微的。既然如此，对党纪调查和政纪调查就应设置较为宽松的程序限制，而对刑事调查则应确立较为严格的程序规范，对那些接受刑事调查的人也应提供更为完备的程序保障。[2]

因此，要求监察机关调查活动统一遵守司法审判的证据要求和标准，存在适用范围过宽的问题。从"以审判为中心"的角度来说，其约束的只是刑事诉讼范围内的活动，在监察机关调查活动中只有涉及刑事调查的部分才是"以审判为中心"约束的对象；该范围之外的党纪调查和政纪调查活动不应受到"以审判为中心"要求的制约，遵守司法审判的证据规则也就没有正当性基础了。

2. 如何理解"刑事审判的证据要求和标准"？

权威机关对《监察法》的解读中指出，刑事审判关于证据的要求和标准有严格、细致的规定，监察机关收集的证据材料在刑事诉讼中作为证据使用，必须要与其相衔接、相一致。刑事审判关于证据的要求和标准，《刑事诉讼法》总则第五章和最高人民法院2012年公布的《关于适用〈中华人民共和国刑事诉讼法〉的解释》（以

---

〔1〕 参见陈卫东、聂友伦：《职务犯罪监察证据若干问题研究——以〈监察法〉第33条为中心》，载《中国人民大学学报》2018年第4期。

〔2〕 参见陈瑞华：《论监察委员会的调查权》，载《中国人民大学学报》2018年第4期。

下简称"2012年《刑诉法解释》")第四章,作了详细的规定,比如证据的种类、收集证据的程序、各类证据审查和认定的具体要求等。[1] 从表述来看,该解读的要求与"以审判为中心"的要求具有一致性。

从刑事诉讼立法的角度来说,刑事审判的证据要求、标准往往会转化为侦查阶段的取证规范。也就是说,审判阶段所规定的证据审查要求和标准,侦查阶段应当有对应的取证要求;当侦查机关未遵守取证要求时,侦查所得证据在审判阶段可能被作为非法证据予以排除。正如有学者所言,《刑事诉讼法》以及2012年《刑诉法解释》中关于证据制度的规定并非孤立存在,而是与侦查章的取证规范紧密相连,大部分证据排除皆为侦查人员违反取证程序之后果。[2]

按照该逻辑分析,监察机关的调查活动应当遵守刑事审判的证据要求和标准,同时应当遵守与刑事侦查活动相似的证据规则;只有具备与刑事审判的证据要求和标准相对应的取证规则,监察机关调查活动所得证据才可能真正达到刑事审判的证据要求和标准。否则,只是概括性地要求监察机关的调查活动遵守刑事审判的证据要求和标准,而对调查活动缺乏相应的法律规则,监察机关的调查活动怎么可能达到刑事审判的证据要求和标准呢?

然而,目前监察机关的调查活动不执行《刑事诉讼法》,不适用《刑事诉讼法》中有关侦查取证的规范,只需要执行《监察法》。虽然《监察法》第四章、第五章规定了具体调查措施以及相应的程序性规范,但是由于其条文的体量并不足以构建细致入微的调查制度与取证程序,相较于《刑事诉讼法》这种专门的程序法而言,《监察法》中的程序性规定尚显粗疏,在实际的调查活动中可能出现无

---

〔1〕 参见中共中央纪律检查委员会法规室、中华人民共和国国家监察委员会法规室编写:《〈中华人民共和国监察法〉释义》,中国方正出版社2018年版,第169页。

〔2〕 参见陈卫东、聂友伦:《职务犯罪监察证据若干问题研究——以〈监察法〉第33条为中心》,载《中国人民大学学报》2018年第4期。

法可依的局面。[1] 由此可见，监察机关调查活动执行《监察法》，同时要符合刑事审判的证据要求和标准；然而，《监察法》中关于调查活动的规范无法达到刑事审判的证据要求和标准。在这种情况下，虽然《监察法》第33条第2款的规定体现了"以审判为中心"的概括性要求，但是由于调查活动的具体规则无法保障司法审判的证据要求和标准的实现，这导致"以审判为中心"的要求在监察机关的调查活动中较难落实。反思该问题的症结，其实仍然在于监察机关的调查活动将党纪调查、政纪调查和刑事调查混为一谈。在刑事调查不具有独立性的情况下，较难将刑事调查活动定位为侦查活动，较难将监察机关的刑事调查活动纳入刑事诉讼的范畴，也较难实现"以审判为中心"。

从"以审判为中心"的要求来看，《监察法》中关于证据的规定还有不少问题值得研究。例如，对监察机关调查活动所得证据在刑事诉讼中的使用，是监察机关所得证据在刑事诉讼中的证据资格问题，涉及证据裁判原则所要求的证据能力规则，也是"以审判为中心"的体现。《监察法》第33条第1款规定："监察机关依照本法规定收集的物证、书证、证人证言、被调查人供述和辩解、视听资料、电子数据等证据材料，在刑事诉讼中可以作为证据使用。"该规定从证据能力的角度解决了监察机关调查活动所得证据在刑事诉讼中的衔接问题。然而，从证据法学基本理论来说，一项证据在刑事诉讼中是否具有证据能力，应当主要审查其合法性，即取证行为是否符合法律规定，只有符合法律规定的证据才具有证据能力。如前所述，监察机关的调查活动只执行《监察法》；而与《刑事诉讼法》相比，《监察法》中关于调查活动的规范很不完善。那么，监察机关仅依据《监察法》取得的证据，在刑事诉讼中为何能够天然地具有证据能力呢？《监察法》的上述规定显然与证据裁判原则的要求不符。

---

[1] 参见陈卫东、聂友伦：《职务犯罪监察证据若干问题研究——以〈监察法〉第33条为中心》，载《中国人民大学学报》2018年第4期。

再如，证人出庭作证是"以审判为中心"的关键要求，也是刑事审判中的重要证据规则。从此角度来说，监察机关办理的案件所涉及的证人在符合法律规定的情况下应当出庭作证；与此同时，在涉及取证合法性问题的调查时，在符合法律规定的情况下，监察人员也应当出庭作证。[1] 然而，《监察法》对该问题并无规定。在监察体制改革的推行过程中，有些地方检察机关提出："坚持以审判为中心的刑事诉讼制度，对监察委员会查办的职务犯罪案件，原则上监察委的调查人员，不出席法庭作证，仅提供书面说明材料，只有在涉及对案件的定罪量刑有重大影响时，由监察委员会调查人员出庭作证。"[2] 这是未来的发展趋势，也是落实"以审判为中心"要求的重要一环，监察体制改革中应当予以正面回应。

三、刑事诉讼职能问题

（一）诉讼职能层面的"以审判为中心"

"以审判为中心"除了证据规则层面的要求外，还有诉讼职能层面的要求。有研究者认为，作为对当前侦查、起诉、审判功能现状的反思，"以审判为中心"实际上是要摆正三者之间的关系，其核心在于构建一个科学、合理的诉讼构造，以实现法院法官作为居中裁判者，审判作为侦查、起诉审查把关者以及案件最终决定者的功能。"以审判为中心"强调的是诉讼职能之间的关系定位，诉讼职能调整的目的一是要打破侦查、起诉和审判各自为政的局面，实现审判职能对审前程序的控制，并建立合理的诉讼构造；二是要确保审判职能的终局性和权威性。[3]

从诉讼职能的角度解读"以审判为中心"的要求，对刑事诉讼

---

〔1〕 参见汪海燕：《审判中心与监察体制改革——以证据制度为视角》，载《新疆社会科学》2018 年第 3 期。

〔2〕 参见《麒麟：监委、法检公司联席会议达共识》，载 https://mp. weixin. qq. com/s/5tDqPd4ixpiU76kMjdwtGA，最后访问日期：2022 年 8 月 10 日。

〔3〕 参见陈卫东：《以审判为中心：当代中国刑事司法改革的基点》，载《法学家》2016 年第 4 期。

中控诉职能、辩护职能和审判职能的定位以及各自的制度设计均有影响。[1]

1. 控诉职能角度的分析

在我国刑事诉讼中，控诉职能的承担主体包括侦查机关和公诉机关。对于侦查机关来说，"以审判为中心"的要求体现为加强审判机关对于侦查机关的司法控制，减少、阻断侦查结论对审判结论的预断性影响。"审判机关对于侦查机关的司法控制"，是指对于侦查机关实施的强制性侦查行为和审前羁押措施，应当由审判机关进行司法审查和司法授权。而"减少、阻断侦查结论对审判结论的预断性影响"，是指侦查机关收集的证据并不具有天然的证据能力和优先的证明力，对于法官裁判结论的形成不具有预断性影响。为了防止侦查结论对审判结论产生预断，一个重要措施是原则上禁止侦查案卷笔录在审判阶段的使用，否定控诉方所作的证言笔录、被害人陈述笔录、侦查人员情况说明等书面材料的证据能力。[2]

对于公诉机关的改革，"以审判为中心"的要求主要体现在两方面：一是为有效实现审判职能对审前程序的控制，应当改革逮捕措施的决定权限，将检察机关承担的批准和决定强制侦查措施的职能和审前司法救济职能交由法院行使。二是需要对检察机关的审判监督职能进行改造。在我国刑事诉讼中，检察机关不仅履行控诉职能，还履行法律监督职能，控方可以监督审判机关，检察机关成为"法官之上的法官"。[3] 检察机关拥有对审判机关的监督权，导致法官基于审判职能所具有的权威性被削弱，这成为影响审判中心地位的重要制约因素。其中，检察机关拥有的对审判人员职务犯罪行为的侦查权，被视为审判监督的一种方式，但是检察机关集公诉、侦查

---

〔1〕 对于刑事诉讼中的诉讼职能，目前学界的共识为包括控诉、辩护和审判三种基本职能。对于该问题的分析，可以参见陈瑞华：《刑事诉讼的前沿问题》（第3版），中国人民大学出版社2011年版，第85页以下。

〔2〕 参见褚福民：《侦审关系视野下的侦查制度改革》，载《苏州大学学报（哲学社会科学版）》2018年第4期。

〔3〕 参见陈卫东：《以审判为中心：当代中国刑事司法改革的基点》，载《法学家》2016年第4期。

于一身，将严重影响法官审判的独立性和中立性。

2. 辩护职能角度的分析

对于辩护职能来说，"以审判为中心"要求实现控辩平衡，辩护职能的承担主体能够与控诉职能的承担主体进行平等对抗，为庭审实质化奠定基础。

辩护职能的承担主体包括犯罪嫌疑人、被告人和辩护人。由于受法律知识、辩护技能、所处境遇等多方面因素的限制，犯罪嫌疑人、被告人在刑事诉讼中所能发挥的辩护作用非常有限，辩护职能的实现主要依靠辩护人，尤其是辩护律师。从辩护律师的角度来说，辩护职能的有效实现，不仅需要提高辩护律师参与刑事案件的比例，同时需要实现辩护律师的有效辩护，提高辩护质量。具体来说，在犯罪嫌疑人、被告人无法与控诉主体进行有效对抗的情况下，我国刑事案件的辩护律师参与比例较低，直接影响辩护职能的实现。目前，司法部推出了刑事辩护全覆盖的举措，有利于在刑事案件中提高辩护律师的参与比例。[1] 在此基础上，辩护律师不仅要参与刑事案件的诉讼活动，同时需提高辩护质量，实现真正的有效辩护。当然，有效辩护并不等于达到某种诉讼结果的辩护，而主要是指律师恪尽职责，找准找对案件的辩护思路，并尽最大努力为委托人提供法律帮助，维护委托人的合法权益。[2] 这是实现辩护职能的必然步骤，也是"以审判为中心"的基本要求。

3. 审判职能角度的分析

对于审判职能来说，按照"以审判为中心"的要求需要两方面的调整。首先是确立审判主体的司法审查权，即法院对于审前程序中的强制性侦查行为和审前羁押措施，应当进行司法审查和司法授权，由此实现审判主体对审前程序的有效控制。其次是确立认定被告

---

〔1〕 参见《〈关于开展刑事案件律师辩护全覆盖试点工作的办法〉出台》，载 http://www.gov.cn/xinwen/2017-10/12/content_5231274.htm#1，最后访问日期：2022 年 8 月 10 日。

〔2〕 参见陈瑞华：《审判中心主义改革的理论反思》，载《苏州大学学报（哲学社会科学版）》2017 年第 1 期。

人是否有罪的权力由人民法院行使的基本原则,[1] 同时确保审判主体能够独立、公正地作出裁判,实现审判职能的终局性和权威性。因此,应当减少、阻断侦查结论对于审判结论的预断性影响,同时保障法官独立、公正审判的外部环境。

(二) 刑事诉讼职能与监察体制改革

从"以审判为中心"在诉讼职能层面的要求分析监察体制改革,以下几方面问题值得关注:

1. 监察机关的调查活动中不存在司法审查

尽管官方文件中强调监察机关行使的是调查权而不是侦查权,但是从诉讼职能的角度来说,监察机关开展调查活动是执行侦查职能:一方面,《全国人民代表大会常务委员会关于在全国各地推开国家监察体制改革试点工作的决定》明确指出,"将县级以上地方各级人民政府的监察厅(局)、预防腐败局和人民检察院查处贪污贿赂、失职渎职以及预防职务犯罪等部门的相关职能整合至监察委员会。"这意味着,监察委员会拥有了原属人民检察院的查处贪污贿赂、失职渎职犯罪的相关职能,这项职能即为侦查职能。另一方面,在监察体制改革完成后,监察机关负责调查的职务犯罪案件进入刑事诉讼程序,移送检察机关审查公诉。这意味着,此类案件的侦查活动是由监察机关负责的。尽管官方文件中明确监察机关的调查权不是侦查权,但是不管采取何种名称,该项活动实际上是承担了职务犯罪案件的侦查职能,从而与刑事诉讼中的公诉职能相衔接。

既然监察机关的调查活动是行使侦查职能,那么在"以审判为中心"的视野下,侦查职能应当受到审判职能的必要约束,监察机关实施的强制性侦查活动和审前羁押措施应当由法院进行司法审查。然而,从目前《监察法》的规定来看,根本不存在法院进行司法审查的空间。具体来说,《监察法》第四章"监察权限"规定了监察机关在调查活动中可以实施的各种措施,同时规定监察机关可以对

---

〔1〕 参见陈光中、步洋洋:《审判中心与相关诉讼制度改革初探》,载《政法论坛》2015 年第 2 期。

被调查人采取留置措施。从具体程序设计来看，法院根本无法参与监察机关的调查活动，更不用说对上述措施进行司法审查了。

不仅如此，从上述调查措施的具体程序规则来看，监察机关开展调查活动、采取留置措施，只是在监察机关内部进行审批，最多只是由上一级监察机关批准，不存在外部的监督和制约。例如，留置措施作为一种可能长时间剥夺被调查人人身自由的措施，与刑事诉讼中的逮捕措施具有同质性。在由公安机关负责侦查的案件中，适用逮捕措施时需要经过检察机关的批准，尽管不是司法审查，但至少是一种外部的监督和制约；然而，在监察体制改革之后，留置措施的适用完全在监察机关内部决定，外部的审批制度不复存在。

2. 对审判机关的案外威慑并未根除

检察机关将原来拥有的大部分职务犯罪侦查权转移给监察机关，这有利于减少公诉职能对审判职能的不当影响，但同时需要关注侦查职能对审判职能可能带来的不当干预；与此同时，检察机关保留部分职务犯罪案件的侦查权，导致公诉职能对审判职能的案外威慑依然存在。

在"以审判为中心"的视野下，审判职能的行使应当具备独立性、公正性，不受侦查职能、公诉职能的不当影响。在监察体制改革前，检察机关拥有职务犯罪侦查权，其中包括对法官涉嫌职务犯罪的侦查权，这就导致行使公诉职能的检察机关同时拥有对法官涉嫌犯罪的侦查权，这较难保障审判职能的独立性和公正性，不符合"以审判为中心"的要求。监察体制改革将人民检察院查处贪污贿赂、失职渎职犯罪的相关职能整合至监察委员会，同时保留了检察机关对部分职务犯罪的侦查权，这种由监察体制改革带来的变化，对于审判职能的独立行使、"以审判为中心"的实现利弊皆存。

从有利的角度分析，人民检察院不再拥有查处贪污受贿、失职渎职等犯罪的侦查权，不再集侦查、批捕和公诉等诸项权力于一身，而只保留批捕权和公诉权，这有助于减弱检察机关与职务犯罪案件的利害关系，加强公诉活动的中立性和超然性；失去职务犯罪侦查权，意味着检察机关失去了对法院内部工作人员（尤其是法官）职务犯罪案件的立案侦查权，可以避免检察机关通过立案侦查威胁法院的独立审判权，有利于维护法院审判的独立性和权威性；失去侦查权的检察机关更有可能按照诉讼规律从事公诉活动，既维护法院的中立裁判者地位，也更可能实现与辩护方的平等对抗。[1] 从以上角度来说，监察体制改革带来的部分职务犯罪侦查权的转移，有利于"以审判为中心"的实现。

但是换个角度来说，将职务犯罪侦查权交给行使侦查职能的监察机关，会带来侦查职能不当影响审判职能的问题。具体来说，监察机关行使侦查职能，包括对贪污受贿、失职渎职等犯罪的侦查权，意味着其拥有对审判法官的职务犯罪进行立案侦查的权力，那么监察机关就既承担侦查职能，也享有对审判职能承担主体的刑事侦查权，不可避免会影响审判职能的独立、公正行使。与改革前的情形相比，对于审判职能的不当影响依然存在，只是因侦查权主体的变化，影响主体从公诉机关变为监察机关。考虑到监察机关更为强势的政治地位，其对审判职能的影响可能更加严重。

另外，此次监察体制改革并未完全剥离检察机关的侦查权，这导致检察机关仍然可能通过案外方式影响审判职能的独立、公正行使。2018 年 10 月通过的《刑事诉讼法》修正案规定，人民检察院在两种情况下仍然享有侦查权：一是人民检察院在对诉讼活动实行法律监督中发现的司法工作人员利用职权实施的非法拘禁、刑讯逼供、非法搜查等侵犯公民权利、损害司法公正的犯罪；二是对于公安机关管辖的国家机关工作人员利用职权实施的重大犯罪案件，需要由人民检察院直接受理的时候，经省级以上人民检察院决定，可以由人民检察院立案侦查。[2] 这两种情况均可能涉及法官犯罪的

---

〔1〕 参见陈瑞华：《审判中心主义改革的理论反思》，载《苏州大学学报（哲学社会科学版）》2017 年第 1 期。

〔2〕《全国人民代表大会常务委员会关于修改〈中华人民共和国刑事诉讼法〉的决定》第 2 条规定，将第 18 条改为第 19 条，第 2 款修改为：人民检察院在对诉讼活动实行法律监督中发现的司法工作人员利用职权实施的非法拘禁、刑讯逼供、非法搜查等侵犯公民权利、损害司法公正的犯罪，可以由人民检察院立案侦查。对于公安机关管辖的国家机关工作人员利用职权实施的重大犯罪案件，需要由人民检察院直接受理的时候，经省级以上人民检察院决定，可以由人民检察院立案侦查。载 http://www.npc.gov.cn/npc/xinwen/

问题。

具体来说，如果法官在审判过程中利用职权实施了侵犯公民权利、损害司法公正的犯罪，以及法官利用职权实施的其他重大犯罪，人民检察院仍可立案侦查。这意味着，检察机关保留了部分职务犯罪的侦查权。尽管这种改革方案可以防止监察机关自行调查监察人员涉嫌职务犯罪的问题，[1]但是由此会导致改革之前的问题依然存在，即公诉机关对审判机关的案外威慑并未根除，只是受侦查权范围的限制，这种影响可能缩小了。

3. 监察结论对审判结论的预断性影响依然存在

监察机关调查活动形成的各种笔录，可以在刑事诉讼中作为证据使用，甚至可以成为法官定案的根据，这导致监察结论对审判结论的预断性影响依然存在。

根据"以审判为中心"的要求，为了确保审判职能的独立、公正行使，以及庭审在认定证据、查明事实中的决定性作用，应当减少、阻断侦查结论对审判结论的预断性影响，其中一个重要举措是原则上禁止侦查案卷笔录在审判阶段的使用，否定控诉方所作的证言笔录、被害人陈述笔录、侦查人员情况说明等书面材料的证据能力。然而，监察体制改革后，监察机关在调查过程中形成的各种案卷笔录依然可以在刑事诉讼中使用。不仅如此，监察机关调查所得的证据不需要转化即可在刑事诉讼中使用，再加上监察机关较公安机关更加强势的政治地位，导致案卷笔录预断性地影响审判结论的问题并没有得到解决。

具体来说，《监察法》第33条第1款规定："监察机关依照本法规定收集的物证、书证、证人证言、被调查人供述和辩解、视听资

2018-10/26/content_2064435.htm，最后访问日期：2022年8月10日。

〔1〕例如，在《刑事诉讼法》再修改过程中，陈光中先生曾经明确提出，各级监察委的监察人员，若存在利用职权实施非法拘禁、刑讯逼供、非法搜查等侵犯公民权利、损害司法公正的犯罪，对此类犯罪的侦查权建议由检察院行使。参见《刑诉法修改，陈光中建议：监察人员刑讯逼供应由检察机关侦查》，载http://3g.163.com/dy/article/DGDE0KMA0519DDOA.html，最后访问日期：2022年8月10日。

料、电子数据等证据材料，在刑事诉讼中可以作为证据使用。"权威机关解读"可以作为证据使用"，是指这些证据具有进入刑事诉讼的资格，不需要刑事侦查机关再次履行取证手续。[1] 也就是说，监察机关收集的所有证据材料，不论是实物证据还是言词证据，不需要进行任何形式的转化，[2] 均可以作为证据进入刑事诉讼，在证据能力方面不受限制，这就为监察机关的侦查职能影响审判职能奠定了基础。

对于监察机关所得证据能否作为定案根据的问题，虽然权威机关的解读称"能否作为定案的根据，还需要根据《刑事诉讼法》的其他规定进行审查判断，如果经审查属于应当排除的或者不真实的，不能作为定案的根据"。[3] 但是在司法实践中，基于监察机关所具有的远高于公检法机关的政治地位，以及作为行使侦查职能的监察机关与案件处理结果之间的利害关系，[4] 导致监察机关既具有希望法院认定指控成立的强大动力，也具有迫使法院认定指控成立的强大权力，最终通过证据的审查认定加以体现，即监察机关调查所得的证据基本上都成为法院的定案根据，侦查结论对审判结论具有预断性影响，"以审判为中心"的要求无法得到体现。

4. 辩护律师不参与监察机关的调查过程

辩护律师不参与监察机关的调查过程，辩护职能难以符合"以审判为中心"的要求。根据监察机制改革的试点情况以及《监察法》的规定，监察机关调查程序没有律师的介入空间，实际操作者

---

〔1〕　参见中共中央纪律检查委员会法规室、中华人民共和国国家监察委员会法规室编写：《〈中华人民共和国监察法〉释义》，中国方正出版社2018年版，第168页。

〔2〕　从该角度分析，监察机关调查活动所得证据在刑事诉讼中的使用更加便利。因为在监察体制改革前，纪检监察调查所得证据如果需要在刑事诉讼中使用，还需要检察机关的转化，而监察体制改革后，纪检监察调查所得证据不需要任何转化即可在刑事诉讼中使用。关于该问题的讨论，可参见陈卫东、聂友伦：《职务犯罪监察证据若干问题研究——以〈监察法〉第33条为中心》，载《中国人民大学学报》2018年第4期。

〔3〕　参见中共中央纪律检查委员会法规室、中华人民共和国国家监察委员会法规室编写：《〈中华人民共和国监察法〉释义》，中国方正出版社2018年版，第168页。

〔4〕　具体讨论可参见陈瑞华：《审判中心主义改革的理论反思》，载《苏州大学学报（哲学社会科学版）》2017年第1期。

亦不主张律师介入；律师不能依法对当事人提供法律咨询及代为主张合法权利，不能向犯罪调查机关了解当事人涉嫌的罪名和有关情况，对羁押状态下的当事人不能会见甚至无权提出会见申请。[1] 也就是说，律师不能参与监察机关的调查过程，无法为被调查人提供法律帮助，这意味着被调查人无法通过委托辩护的方式获得辩护。

另外在监察机关的调查活动中，被调查人是否可以自行辩护，《监察法》中没有明确规定。监察机关的调查活动，从性质上说是党纪调查、政纪调查与刑事调查合为一体。作为党纪调查和政纪调查的监察调查活动，更加强调党员或者国家公职人员配合组织调查的义务，而没有规定其辩护权，这导致在刑事调查活动中被调查主体无法进行有效的自我辩护。此外，《监察法》对于调查措施的程序规则规定得较为粗疏，导致监察权的行使难以受到有效制约，被调查人的权利无法得到有效保障。在这种情况下，辩护职能几乎无法通过自行辩护的方式得到实现。

四、诉讼主体的权力配置问题

（一）诉讼主体权力与"以审判为中心"

从官方文件分析，"以审判为中心"强调将司法审判的证据规则贯穿到刑事诉讼全过程，同时发挥庭审在查明事实、认定证据中的决定性作用；从理论角度分析，"以审判为中心"要求调整诉讼职能，构建科学、合理的控诉职能、辩护职能和审判职能。然而，不论是发挥庭审的作用、将司法审判的证据规则适用于刑事诉讼全程，还是调整控诉、辩护和审判职能，其背后必然涉及诉讼主体的权力配置问题。也就是说，只有作为审判职能主体的法院拥有必要的权力和地位，才可能为真正推行"以审判为中心"奠定基础。因此，"以审判为中心"要求对诉讼主体的权力配置进行调整。

刑事诉讼主体的权力配置问题，主要是指参与刑事诉讼的公权

---

[1] 参见龙宗智：《监察与司法协调衔接的法规范分析》，载《政治与法律》2018年第1期。

力机关，包括公安机关、检察机关、法院的权力配置问题。从诉讼权力的角度来说，公安机关享有侦查权，检察机关是公诉权和部分侦查权的行使主体，法院则是拥有审判权的唯一主体；如果从侦查权、公诉权、审判权的角度来分析，公检法三机关的权力配置大体符合刑事诉讼的职能要求。从"以审判为中心"的角度分析，审判机关在诉讼中应当享有独立的审判权，具有必要的权力和地位，法院根据证据和法律独立作出裁判，不受公安机关、检察机关的不当影响；公安机关、检察机关应当依法行使侦查权、公诉权，在诉讼过程中尊重法院审判权的权威，服从法院通过独立审判作出的裁判，不通过控诉职能之外的不当方式影响法院裁判。

需要明确的是，公检法机关享有的诉讼权力并非仅与职能相关，其背后更为关键的影响因素是公检法机关的政治权力和地位，代表性指标是公检法机关负责人的政治地位。按照我国公检法机关的政治地位现状，公安机关负责人的政治地位往往高于检、法机关的负责人；检、法机关的负责人在政治地位上大体相似，法院负责人并不具有高于检察机关负责人的政治地位，而且由于检察机关拥有针对法院的法律监督权，具有针对法官特定犯罪的侦查权，因此可能影响审判权的独立行使。在政治权力影响诉讼权力的模式下，公安机关、检察机关和法院的权力配置无法保障审判权的中心地位，与"以审判为中心"的要求存在明显差距。

我国公检法三机关之间的权力配置及相互关系，使得刑事诉讼呈现为"侦查中心主义"的诉讼构造：侦查实际处于刑事诉讼的中心地位，无论是对指控证据的收集还是对犯罪事实的认定，都发挥着实质性的决定作用。无论是审查起诉还是法庭审判，大体上属于对侦查结论的形式审查活动，或者至多发挥着程序补救和完善补充的作用。[1] 司法改革的决策者将"以审判为中心"作为改革的基本方案和思路，但是我国司法实践中的真正问题应当是"侦查中心主义"的诉讼构造；如果基于公检法三机关之间关系的"侦查中心主

---

〔1〕 参见陈瑞华：《论侦查中心主义》，载《政法论坛》2017年第2期。

义"的诉讼构造无法得到真正改变，那么"以审判为中心"的要求将难以得到真正落实。从此角度来说，这是"以审判为中心"需要着力解决的真正问题。

然而，已经出台的"以审判为中心"的改革举措，并未显示出对于"侦查中心主义"或者公检法三机关关系调整的努力。例如，目前出台的落实"以审判为中心"的规范性文件，仅重申现行《刑事诉讼法》所确立的一些理念和制度，根本不足以撼动长期存在的"侦查中心主义"构造；"庭审实质化"的改革方案，对于"侦查中心主义"构造无法产生实质性的影响；对于辩护律师的权利保障及其参与范围没有任何突破性的制度安排，对于"以审判中心主义"的实现无疑构成严重的阻碍。[1]另外，就公检法三机关的关系调整来说，目前的规范性文件并未涉及。因为官方的改革方案认为，"以审判为中心"并不涉及公检法的关系，[2]公检法之间分工负责、互相配合、互相制约的关系定位，是应当坚持的诉讼制度。

（二）诉讼主体的权力与监察体制改革

从监察体制改革的角度分析，监察机关拥有超高的政治地位和权力，这不仅不符合"以审判为中心"的改革方向，反而会对"以审判为中心"带来某种程度的阻碍甚至危机。

1. 从国家权力层面分析

按照《监察法》第 8 条的规定，国家监察委员会由全国人民代表大会产生，对全国人民代表大会及其常务委员会负责，并接受其监督。这意味着，监察体制改革带来我国基本政治制度的变化，从"一府两院"转变为"一府一委两院"，监察机关与人民法院、人民检察院在国家政治体制中具有同等地位。作为行使侦查职能的主体，

---

〔1〕 参见陈瑞华：《论侦查中心主义》，载《政法论坛》2017 年第 2 期。

〔2〕 习近平总书记关于《决定》的说明中提到，"我国刑事诉讼法规定公检法三机关在刑事诉讼活动中各司其职、互相配合、互相制约，这是符合中国国情、具有中国特色的诉讼制度，必须坚持。"最高人民法院对此问题也持相同的态度。"以审判为中心，是就侦查、审查起诉和审判这三个诉讼程序之间的相互关系而言的，而不是就公安、检察、法院三机关之间的相互关系而言的。"

监察机关在国家政治体制中的地位高于作为政府职能部门的公安机关，具有与承担审判职能的法院同等的政治地位；这种权力配置无法突出法院在刑事诉讼中必要的独立地位和权力，无法为"以审判为中心"提供国家权力层面的保障。

2. 从党内权力层面分析

国家监察委员会与中央纪律检查委员会合署办公，接受作为党委常委的纪委书记的统一领导，中央层面的负责人有可能是中央政治局委员，其党内政治地位要远远高于同级的法院院长和检察院检察长，国家监察委员会内设的职务犯罪案件侦查部门就有可能具有高于法院、检察机关的政治地位。[1] 可见，在党内权力层面，监察机关负责人具有远高于公安机关、检察院和法院负责人的地位和权力，监察机关的权力配置之高可见一斑。更为关键的是，诉讼主体的党内权力和地位是影响其诉讼权力和地位的关键因素；在监察机关的党内权力、地位远高于公检法的情况下，监察机关的诉讼权力和地位也将对法院产生压倒性的影响。在这种情况下，"以审判为中心"的实现面临着重重困境。

3. 监察机关和法院、检察院之间的关系

监察机关的权力配置与定位，导致监察机关和法院、检察院的关系配合有余、监督不足，可能出现"监察中心主义"。基于监察体制改革对于刑事诉讼制度的影响，在职务犯罪案件中，监察机关的调查活动结束后，案件进入审查公诉阶段，因此刑事诉讼中公检法之间的分工负责、互相配合、互相制约的关系，在此类案件中转变为监察机关、检察机关和法院之间互相配合、互相制约的关系。[2] 鉴于现有权力配置与运行的实践，监察权的实际位阶已然高于审判权和检察权，故而为避免监察权的滥用进而保障公民基本权利，无疑更应强调监察机关与司法机关之间的制约。

---

〔1〕 参见陈瑞华：《审判中心主义改革的理论反思》，载《苏州大学学报（哲学社会科学版）》2017年第1期。

〔2〕《监察法》第4条第2款规定，监察机关办理职务违法和职务犯罪案件，应当与审判机关、检察机关、执法部门互相配合，互相制约。

不过，实践中所呈现的却是对"互相配合"的过分偏重，以至于"互相制约"被不合理漠视。在这种情况下，我国审判机关和检察机关能否对监察机关形成实质制约，进而能否避免"监察中心主义"的出现便成不无疑问之事。在处理审判机关、检察机关与监察机关之间的关系时，需要重申"审判中心主义"，并防范可能出现的"监察中心主义"。[1] 由此可见，在"侦查中心主义"的问题没有实质性改观的情况下，监察体制改革可能进一步带来"监察中心主义"的风险，形成"侦查中心主义"+"监察中心主义"的局面，这对于"以审判为中心"的改革来说，无疑会带来雪上加霜的负面影响。

五、结语

通过上述三个层面的分析可以发现，从"以审判为中心"的视角分析监察体制改革，尽管有积极的进展，但更多的是挑战和阻碍。因此，对于监察体制的未来发展之路，应当关注"以审判为中心"的要求，推动符合法治要求的改革和完善。例如，应当区分监察机关调查活动中的党纪调查、政纪调查和刑事调查，将刑事调查活动纳入刑事诉讼范畴，从而为监察机关调查活动的法治化改革奠定基础。[2] 从证据规则层面来说，既然《监察法》已经明确监察机关的调查活动应当与司法审判的证据要求和标准一致，那么应当进一步规定监察机关的刑事调查活动需遵守《刑事诉讼法》关于侦查取证的各种规则，改变监察机关的调查活动既要遵守《监察法》又要符合司法审判的证据规则的割裂、矛盾的现状。从诉讼职能的层面来说，最为核心的改革方向是在监察机关调查活动中贯彻司法审查原则，对强制性侦查行为和审前羁押措施的适用，由法官进行审查和

---

[1] 参见秦前红：《我国监察机关的宪法定位——以国家机关相互间的关系为中心》，载《中外法学》2018年第3期。

[2] 关于该问题的建议，参见陈瑞华：《论监察委员会的调查权》，载《中国人民大学学报》2018年第4期。

授权；同时规范监察机关对于涉及法官职务犯罪的侦查活动，确保审判权的独立、公正行使；原则上禁止监察机关调查笔录在审判中使用，减少、阻断侦查结论对审判结论的预断性影响；另外，应强化检察机关的审查公诉活动，发挥检察机关对监察机关的制约；允许辩护律师介入监察机关调查活动，使辩护职能充分发挥保障被调查人合法权益的功能。在诉讼主体权力配置层面，关键问题是提高法院的地位和权力，构建出宪法法律地位和实际地位皆高于监察机关的审判机关。[1] 在此基础上，需要强化检察机关和审判机关对监察机关的制约，防止"监察中心主义"的出现。只有如此，才可能真正实现"以审判为中心"的改革愿景。

---

〔1〕 参见童之伟：《国家监察立法预案仍须着力完善》，载《政治与法律》2017 年第 10 期。

第四章

认罪认罚从宽与"以审判为中心"关系的理论反思

一、问题的提出

构建认罪认罚从宽制度和"以审判为中心"的诉讼制度，是本轮司法改革中最受关注的两项内容，两者的关系引起很多研究者的关注，也有很多争论。一些研究者提出，构建认罪认罚从宽制度，可能导致过于强化检察机关的地位和作用，使得刑事诉讼的重心从审判程序转移到审前程序，影响"以审判为中心"的构建和落实，甚至出现"以公诉为中心"；适用认罪认罚从宽的案件中，法庭审理程序有较大变化，法庭调查、法庭辩论活动会有较大程度的简化甚至省略，对证人等出庭作证的要求不再强调，因此庭审实质化的改革要求受到挑战。

面对上述观点，相关部门的权威人士和不少学者进行了回应：认罪认罚从宽的构建是"以审判为中心"的重要配套制度，完全是为了贯彻"以审判为中心"的诉讼制度改革；[1] 在认罪认罚从宽制度中，法院仍然享有刑事案件的裁判权，审判还是中心；[2] 对庭审

---

〔1〕 参见樊崇义、常铮：《认罪认罚从宽制度的司法逻辑与图景》，载《华南师范大学学报（社会科学版）》2020年第1期。

〔2〕 参见胡云腾：《正确把握认罪认罚从宽 保证严格公正高效司法》，载《人民法院报》2019年10月24日，第5版；朱孝清：《认罪认罚从宽制度中的"主导"与"中

流程的简化并不代表诉讼重心前移，也不意味着审判只是走过场；[1]庭审的对象发生了变化，但并不影响庭审实质化，这是庭审实质化在不同程序中的分层次要求。[2]

笔者认为，尽管相关权威人士和学界的倾向性意见认为，认罪认罚从宽制度的构建并不影响"以审判为中心"，两者并不矛盾，但是由此引出的一些问题值得梳理和深入讨论。例如，"以审判为中心"与庭审实质化是何关系？它们与认罪认罚从宽的关系呈现为何种图景？对于认罪认罚从宽与"以审判为中心"的关系，[3]应当如何进行实质性判断？哪些因素发挥着关键性影响？再往下推演，在我国法律规定和司法实践中，关键性影响因素是否得到体现？存在哪些问题？未来的完善面临哪些课题？这些问题需要进一步的深入讨论。

二、认罪认罚从宽、庭审实质化与"以审判为中心"关系的理论梳理

（一）"以审判为中心"与庭审实质化

根据对现有研究成果的梳理可以发现，关于认罪认罚从宽与"以审判为中心"关系的分析，基本都会提到庭审实质化问题。因此，梳理认罪认罚从宽与"以审判为中心"的关系，首先需要面对的问题是，如何界定"以审判为中心"与庭审实质化的关系？十八届四中全会《决定》提出："推进以审判为中心的诉讼制度改革，确保侦查、审查起诉的案件事实证据经得起法律的检验。全面贯彻证

心"》，载《检察日报》2019 年 6 月 5 日，第 3 版。

　　〔1〕　参见陈卫东、胡晴晴：《刑事速裁程序改革中的三重关系》，载《法律适用》2016 年第 10 期。

　　〔2〕　参见朱孝清：《认罪认罚从宽制度中的几个理论问题》，载《法学杂志》2017 年第 9 期。

　　〔3〕　基于认罪认罚从宽程序中最具代表性、适用率最高的是速裁程序，因此本章中对于认罪认罚从宽程序的分析，如无特殊说明，基本是以速裁程序作为分析对象。

据裁判规则，严格依法收集、固定、保存、审查、运用证据，完善证人、鉴定人出庭制度，保证庭审在查明事实、认定证据、保护诉权、公正裁判中发挥决定性作用。"

该段表述中，既包括"推进以审判为中心的诉讼制度改革"，同时要求"保证庭审在查明事实、认定证据、保护诉权、公正裁判中发挥决定性作用"。前者是关于"以审判为中心"的表述，而后者是对庭审实质化的要求。那么，应该如何解读"以审判为中心"和庭审实质化的关系？笔者认为，理解两者关系需要把握以下两点：

1. "以审判为中心"和庭审实质化的区别

理论界和实务界曾有观点认为，"以审判为中心"可以等同于庭审实质化。然而，经过学术讨论和实践探索，目前这种观点基本上被摒弃，"以审判为中心"不能等同于庭审实质化的观点得到普遍接受。正如有学者提出，"以审判为中心"并不仅仅限于庭审实质化，庭审实质化也不等同于"以审判为中心"。[1] 笔者认为，"以审判为中心"和庭审实质化是不同层面的问题，两者针对的问题、参照系是不同的。

关于"以审判为中心"与庭审实质化不能等同的原因，学者提出两者的本质区别在于参照系不同。"以审判为中心"，参照系是侦查职能与起诉职能，而"以庭审为中心"，参照系是法院内部诉讼环节上的庭前准备程序、庭下程序以及庭后程序等。前者解决的是法院与外部其他机关之间的关系，而后者解决的是法院内部不同诉讼环节的关系，两者是不同层面的问题。[2] 作为进一步拓展"以庭审为中心"要求的庭审实质化，其与"以庭审为中心"之间同样存在针对的问题和参照系方面的差异。

2. 庭审实质化与"以审判为中心"的联系

如学者所言，"以审判为中心"的核心要求是发挥审判对侦查、

---

〔1〕 参见陈卫东、胡晴晴：《刑事速裁程序改革中的三重关系》，载《法律适用》2016 年第 10 期。

〔2〕 参见陈卫东：《以审判为中心：当代中国刑事司法改革的基点》，载《法学家》2016 年第 4 期。

起诉的制约、把关作用。作为对当前侦查、起诉、审判功能现状的反思，"以审判为中心"实际上是要摆正三者之间的关系，其核心在于构建一个科学、合理的诉讼构造，以实现法官作为居中裁判者，审判作为侦查、起诉审查把关者以及案件最终决定者的功能。[1]

在我国刑事诉讼中，审判机关基本不参与审前程序，无法通过审前阶段的司法审查等方式制约侦查、公诉，因此"以审判为中心"的核心要求只能通过审判阶段实现。根据刑事审判的基本原理，法院在审判阶段对侦查、公诉的制约，可以在庭审程序中实现，也可以在庭审外程序中实现；但是基于庭审程序的多方参与性、程序公正性，法官通过庭审活动审查检察机关的起诉能否成立及侦查、公诉活动是否合法，并作出裁判，是审判制约侦查、公诉更为有效和可行的途径。

当然，并非所有庭审活动都能如设想那样发挥制约侦查、公诉的作用。如果庭审流于形式，无法对侦查、公诉进行有效审查，则其制约功能将难以实现。可见，实质化庭审能够更好地确保审判制约侦查、公诉，法院通过实质化的庭审，对侦查机关、公诉机关的控诉活动和结论从实体、程序、证据等多角度进行审查，并通过裁判的方式加以制约，这是实现"以审判为中心"的核心途径。正如研究者所指出的，"以审判为中心"的核心是庭审实质化，指的是在实现"以审判为中心"的诸途径中，庭审实质化是核心，而不是指"以审判为中心"的诸内涵中，庭审实质化是核心。[2]

与此同时，认罪认罚从宽的构建，对庭审实质化的实现带来直接、深度的影响。认罪认罚从宽在程序方面的影响，主要体现为审判程序的简化，并以速裁程序为代表。在速裁程序中，法庭调查、法庭辩论环节原则上被取消，证人不会出庭，法官对于案件事实、

---

〔1〕　参见陈卫东：《以审判为中心：当代中国刑事司法改革的基点》，载《法学家》2016 年第 4 期。

〔2〕　参见朱孝清：《认罪认罚从宽制度中的几个理论问题》，载《法学杂志》2017 年第 9 期。

证据的认定，主要通过阅卷而非直接言词的方式进行，庭审调查的重点转变为被告人认罪认罚的自愿性和具结书内容的真实性、合法性。然而，庭审形式和庭审对象是判断庭审实质化的核心标准。这意味着，认罪认罚从宽对庭审实质化的实现具有重大影响，并据此影响"以审判为中心"。因此，在分析认罪认罚从宽与"以审判为中心"的关系时，需要考察对庭审实质化的影响。

基于此，下面将分别梳理认罪认罚从宽与"以审判为中心"关系的基本观点，以及认罪认罚从宽与庭审实质化关系的基本观点，并讨论认罪认罚从宽影响庭审实质化、"以审判为中心"的基本脉络。

（二）认罪认罚从宽与"以审判为中心"关系的基本观点

"以审判为中心"的核心要求是实现审判对侦查、公诉的制约。因此，法院应当享有刑事案件的实质审判权，并且通过审判活动制约侦查、公诉。然而，随着认罪认罚从宽制度的构建，控辩双方的协商过程主要在审查起诉阶段进行，公诉机关主导的控辩协商结果对法院的裁判结论具有一定程度的约束力，因此有人提出认罪认罚从宽实质上是"以公诉为中心"，是对"以审判为中心"的背离，认罪认罚从宽与"以审判为中心"存在矛盾。

相关权威人士予以反驳，认为两者并不矛盾，理由包括以下三点：

第一，适用认罪认罚从宽的案件，法院仍然享有最终的裁判权，诉讼的重心仍然在审判。持该观点的专家认为，法院的裁判权不因被追诉人是否认罪认罚、法院依法适用何种程序审理而受影响，也不因各诉讼阶段依法办理所需时间、所花精力的多寡而受影响。[1]无论犯罪嫌疑人、被告人是否自愿认罪认罚，是否积极与被害人一方和解，都必须在法庭上接受审判，最后的判决结果也应产生于法庭而非基于之前的协商。控辩双方无权决定最后的判决结果，法官

---

〔1〕 参见朱孝清：《认罪认罚从宽制度中的"主导"与"中心"》，载《检察日报》2019 年 6 月 5 日，第 3 版。

更无权省去审判环节直接宣告被告人有罪。[1]

在适用认罪认罚从宽的案件中，案件事实及检察机关提出的量刑建议都必须经过法院开庭审查，是否合适和采纳是由法院审判以后才能最终决定，法院有权变更罪名、调整量刑等。审判在整个诉讼流程中有着中心位置与举足轻重的分量，对庭审流程的简化并不代表着诉讼重心前移，也不意味着审判只是走过场。因此，认罪认罚从宽制度仍然是坚持"以审判为中心"的，只不过与传统的"以审判为中心"表现形式有所不同。[2]

第二，审判结果仍然形成于法庭。有学者指出，速裁案件要求事实清楚，证据确实充分，对法庭调查、法庭辩论的简化或省略并不违反正当程序，且亦未剥夺被告人提出意见与进行最后陈述的权利，在庭审中仍需审查被告人是否自愿认罪并听取双方对量刑的意见。因此，审判结果仍然形成于法庭，并不必然导致庭审虚化的局面。[3]

第三，检察机关的主导地位，不影响"以审判为中心"。有专家指出，在认罪认罚从宽制度中，检察机关是主导，审判是中心。分析二者的关系，既要依据认罪认罚从宽法律制度的规定，又离不开二者据以存在的职能，因为无论是"主导"还是"中心"，都是依据各自的职能而存在的，也是依据各自的职能分别发挥作用的。"主导"离不开"中心"，检察机关发挥主导作用的目的，就是为了使审判发挥好"中心"的作用，使案件得到依法审判、公正审判。[4]

通过上述观点碰撞可以发现，对于认罪认罚从宽与"以审判为

---

〔1〕　参见陈卫东、胡晴晴：《刑事速裁程序改革中的三重关系》，载《法律适用》2016 年第 10 期。

〔2〕　参见胡云腾：《正确把握认罪认罚从宽 保证严格公正高效司法》，载《人民法院报》2019 年 10 月 24 日，第 5 版；陈卫东、胡晴晴：《刑事速裁程序改革中的三重关系》，载《法律适用》2016 年第 10 期。

〔3〕　参见陈卫东、胡晴晴：《刑事速裁程序改革中的三重关系》，载《法律适用》2016 年第 10 期。

〔4〕　参见朱孝清：《认罪认罚从宽制度中的"主导"与"中心"》，载《检察日报》2019 年 6 月 5 日，第 3 版。

中心"的关系，学者的观点差别较大。尽管认罪认罚从宽与"以审判为中心"并不矛盾的观点得到更多人的赞同，但是认为两者之间存在矛盾的观点也有一定的道理。而且我们注意到，上述理由的阐述有些论及庭审，有些则未谈到庭审。例如，学者从法院享有审判权的角度论述认罪认罚从宽与"以审判为中心"并不矛盾时，提到不论适用何种程序，法院均享有最终的裁判权。这意味着不论是否适用认罪认罚从宽，不论是否实现庭审实质化，法院的裁判权均不受影响。因此，这种观点对于认罪认罚从宽与"以审判为中心"关系的态度，不受庭审实质化的影响。

当然，也有学者通过论述认罪认罚从宽不影响庭审实质化，得出认罪认罚从宽与"以审判为中心"不矛盾的结论。例如，通过论证审判结果仍然形成于法庭以支持认罪认罚从宽与"以审判为中心"不矛盾的观点，实际上是通过论证认罪认罚从宽不影响庭审实质化，推导出两者并不矛盾。可以说，上述分析思路显示出，对于认罪认罚从宽与"以审判为中心"关系的论述，有些通过庭审实质化作为中介和桥梁，有些则并无关联，可见庭审实质化并非连接认罪认罚从宽与"以审判为中心"的唯一通道。

（三）认罪认罚从宽与庭审实质化关系的基本观点

庭审实质化是指庭审活动是审判的核心，也是法官认定案件事实、形成裁判结论的阶段。《决定》提出："保证庭审在查明事实、认定证据、保护诉权、公正裁判中发挥决定性作用。"这是将庭审的决定性作用视为"以审判为中心"的部分要求。如前所述，认罪认罚从宽简化了庭审程序、调整了庭审对象的重点，凸显出与庭审实质化要求之间的差异，因此有研究者提出认罪认罚从宽与庭审实质化的改革方向并不一致。

然而相关权威人士提出，两者并不矛盾，理由如下：

1. 实质化庭审的精神未变

该观点的支持者提出，要用发展的眼光看待"庭审实质化"。认罪认罚从宽制度实行的查证、质证方式，虽然使得认罪认罚从宽案件庭审实质化的内容与非认罪认罚从宽案件庭审实质化的内容有所不同，但庭审起实质性、决定性作用的精神并未改变。所以，虽然法院开庭的内容变化了，时间减少了，但庭审实质化的精神并未改变。[1]

2. 在刑事诉讼的不同程序中，庭审实质化的要求是分层次的

普通程序、简易程序和速裁程序对庭审实质化的要求是不同的。即使在速裁程序中，也并非一点"庭审实质化"都没有，因为法庭仍要对被告人认罪认罚的自愿性、真实性和案件基本事实的可靠性进行实质性审查，控辩双方如有不同意见仍应充分发表；法官要对事实、证据和案件处理负最终责任。[2]

3. 认罪认罚从宽制度是庭审实质化的重大配套改革

研究者提出，"以审判为中心"所要求的庭审实质化，并非也不可能是所有刑事案件均经历实质化的庭审，真正严格按照法庭审判程序进行的案件可能也就不到 20%，而 80%甚至更多的案件都要进行程度不一的分流和程序简化。认罪认罚从宽制度通过刑事案件的繁简分流推动庭审实质化和证据裁判，是"以审判为中心"的诉讼制度改革的重要补充。[3]

由此可见，在关于认罪认罚从宽与庭审实质化关系的讨论中，学者的观点分歧较大：一种认为认罪认罚从宽与庭审实质化之间存在矛盾，一种认为认罪认罚从宽与庭审实质化之间并不矛盾。持两种观点的学者，提出的理由都较为概括，大多是从理论层面加以讨论，缺少微观层面、实践层面的探讨、论证。另外，对于认罪认罚从宽与庭审实质化关系的讨论，有些论证理由会与"以审判为中心"联系起来，由此建立起认罪认罚从宽、庭审实质化与"以审判为中心"的逻辑链条。

---

〔1〕 参见胡云腾：《正确把握认罪认罚从宽 保证严格公正高效司法》，载《人民法院报》2019 年 10 月 24 日，第 5 版。

〔2〕 参见朱孝清：《认罪认罚从宽制度中的几个理论问题》，载《法学杂志》2017年第 9 期。

〔3〕 参见陈国庆：《适用认罪认罚从宽制度的若干问题》（下），载《法制日报》2019 年 12 月 4 日，第 9 版。

4. 分析认罪认罚从宽与"以审判为中心"关系的基本思路

通过对以上基本观点的梳理和对比可以发现，认罪认罚从宽与"以审判为中心"关系的基本观点呈现为两种形态：

一种观点认为认罪认罚从宽与庭审实质化不矛盾，并通过庭审实质化影响"以审判为中心"。庭审实质化是实现"以审判为中心"的核心途径，也是认罪认罚从宽影响"以审判为中心"的重要媒介，因此三者的关系呈现为"认罪认罚从宽—庭审实质化—'以审判为中心'"的格局。

另一种观点认为认罪认罚从宽并不符合庭审实质化的要求。在此基础上，关于认罪认罚从宽与"以审判为中心"关系的观点存在差异。有学者认为，既然认罪认罚从宽与庭审实质化并不一致，而庭审实质化是认罪认罚从宽影响"以审判为中心"的媒介，那么认罪认罚从宽与"以审判为中心"也会存在矛盾。与此相反，前文的观点梳理显示，庭审实质化是实现"以审判为中心"的核心途径但并非唯一途径，这意味着分析认罪认罚从宽与"以审判为中心"的关系，并非一定需要庭审实质化为媒介。因此，即使认罪认罚从宽与庭审实质化存在矛盾，也并不意味着认罪认罚从宽与"以审判为中心"必然存在矛盾。

在第一种观点中，面对认罪认罚从宽可能冲击庭审实质化，进而可能影响"以审判为中心"实现的问题，很多研究者选择了扩展庭审实质化、"以审判为中心"内涵的解释思路，认为庭审实质化的精神未变、要求具有多层次化，因此认罪认罚从宽案件仍然坚持庭审实质化，仍然坚持"以审判为中心"，只不过与传统的"以审判为中心"表现形式有所不同。按照上述解释思路，认罪认罚从宽与"以审判为中心"并不矛盾。

然而，扩展庭审实质化、"以审判为中心"内涵的解释思路，有一些深层次的理论问题有待进一步研究。例如，实质化庭审的精神，以及不同程序中的庭审实质化分层次要求，需要对庭审实质化的内涵和外延重新进行解释和界定。庭审实质化的精神是仅指庭审起决定性作用，还是指通过特定形式的庭审形成裁判结论？如果仅指庭审起决定性作用，那么以案卷笔录为核心的庭审也可能对法院的判决起决定性作用，这是否符合庭审实质化的改革初衷？对于不同程序中的庭审实质化分层次要求，是否应当有"实质化"的最低标准，直接言词的审理方式和裁判结论形成于法庭的要求，能否被分层次理论所替代？再如，学者认为认罪认罚从宽制度仍然坚持"以审判为中心"，只不过与传统的"以审判为中心"表现形式有所不同。根据该观点，"以审判为中心"有传统和现代之分。[1] 那么，传统和现代的"以审判为中心"有何区别？两者的判断标准何在？是否存在需要统一遵循的底线？由此可见，在适用认罪认罚从宽的案件中，上述理论尚不足以为讨论认罪认罚从宽与"以审判为中心"的关系提供足够的理论支撑，此类观点有其自身的问题。

笔者认为，认罪认罚从宽是"以审判为中心"的保障措施，它通过牺牲审判程序中的部分要求以节约诉讼资源，为真正需要实质审判的案件提供外部保障。结合庭审实质化改革提出的背景、针对的问题，以及庭审实质化与"以审判为中心"的差别可以概括出，庭审实质化改革需要解决两个核心问题，也是庭审实质化改革的本质要求：一是庭审程序在审判阶段的核心地位，而不是庭前或者庭后程序；二是确保实质化庭审的审理方式和裁判依据，即控辩双方通过直接言词的方式举证、质证，法官通过庭审程序采信证据、认定案件事实，裁判结论来自庭审程序，由此进行的庭审活动才能真正实现实质化。其中，后者对于判断认罪认罚从宽与庭审实质化的关系具有重要意义。

按照上述标准和要求，认罪认罚从宽与庭审实质化的要求确实存在差距，至少对于定罪问题的审判是难以体现庭审实质化要求的。[2] 如果速裁程序中法庭调查、法庭辩论环节被取消，证人不出庭作证，法官通过庭前阅卷方式解决定罪问题的情况下，依然可以被视为符合庭审实质化的要求，那么这种所谓的"庭审实质化"是

---

[1]　文中并未提到"现代"一词，是笔者根据前后文语境推测而来。

[2]　参见陈瑞华：《刑事诉讼的公力合作模式——量刑协商制度在中国的兴起》，载《法学论坛》2019 年第 4 期。

难以令人信服的。因此，我们应承认这种客观现实，将适用认罪认罚从宽的案件视为庭审实质化适用范围的例外。

既然认罪认罚从宽与庭审实质化的要求不符，那么是否意味着认罪认罚从宽与"以审判为中心"一定存在矛盾呢？应按照何种标准讨论认罪认罚从宽与"以审判为中心"的关系？笔者认为，庭审实质化是判断两者关系的重要但非唯一的媒介。在认罪认罚从宽与庭审实质化存在矛盾的情况下，可以从"以审判为中心"的核心要求入手，分析认罪认罚从宽对"以审判为中心"的影响，解析其中发挥决定作用的因素，并对其发展作出预测。

如前所述，"以审判为中心"的核心要求是实现审判对侦查、公诉的制约。那么，在认罪认罚从宽案件中，法院能否制约侦查、公诉，通过何种方式制约侦查、公诉，可以视为判断两者关系的标准。在我国法院不参与审前程序的情况下，审判程序是法院发挥制约作用的唯一诉讼阶段，庭审程序是法院发挥制约作用的主要途径，[1]因此以下两个问题对于判断认罪认罚从宽与"以审判为中心"的关系至关重要：

第一，法院能否通过庭审对侦查、公诉实现有效制约？在不适用认罪认罚从宽的普通程序中，法官通过实质化的庭审活动，审查检察机关的指控能否成立，以及侦查、公诉活动的合法性，并作出裁判。然而，在适用认罪认罚从宽的程序中，针对案件事实的庭审活动已经大为减弱甚至取消了，法庭审理方式、审理对象都有较大程度的变化，那么法官能否通过审判制约侦查、公诉？如果可以的话，通过何种方式体现、实现审判对侦查、公诉的制约？这是判断认罪认罚从宽与"以审判为中心"关系的核心问题。

第二，法院是否实质性地享有、行使刑事案件的审判权？法院实质性地享有、行使审判权是审判制约侦查、公诉的基础性要求。认罪认罚从宽对此带来两方面的问题需要分析和回应：一是检察机

---

〔1〕 在法律规则层面，认罪认罚从宽的相关规定对庭审外程序几乎未作规定，庭前会议等庭审外的核心制度不适用于认罪认罚从宽案件，因此本书重点讨论庭审程序中法院如何制约侦查、公诉活动，不再涉及庭审外程序。

关提出，其在刑事诉讼中的主导作用不仅体现在审前阶段，而且贯穿于整个刑事诉讼程序。那么在审判阶段，法院如何面对处于"主导"地位的检察机关？这为判断法院能否实质性享有和行使刑事审判权带来了新的问题，也会影响对认罪认罚从宽与"以审判为中心"关系的判断。二是法院实质性行使审判权的方式。对于该问题不宜概括性地下结论，而应具体分析认罪认罚从宽中法官实质性行使审判权的各种条件和制约因素。

三、法庭审判活动

"以审判为中心"的诉讼制度改革中，将法院的庭审活动视为实现该目标的主要途径，并特别提出通过实质化的庭审活动，实现审判对侦查、公诉的制约，这是改革设计者的基本逻辑。如果实质化的庭审是实现"以审判为中心"目标的主要途径，那么不符合实质化要求的庭审能否实现该目标呢？具体到认罪认罚从宽制度，在庭审对象、庭审方式已经发生较大变化的情况下，大多数庭审已经不符合庭审实质化的要求，法官能否通过特定的庭审活动制约侦查和公诉活动，实现"以审判为中心"的目标？笔者认为，对该问题的分析，仅从宏观视角进行理论分析是不够的，还应当从立法和司法实践的角度进行更为客观、细致的讨论。

对于认罪认罚从宽的法律规则，目前较为集中地规定在《关于适用认罪认罚从宽制度的指导意见》（以下简称《指导意见》）中。通过梳理相关规定可以发现，法官在庭审中的审查活动主要包括两项：

（一）对被告人认罪认罚自愿性及具结书内容真实性、合法性的审查

《指导意见》第39条第1款规定："办理认罪认罚案件，人民法院应当告知被告人享有的诉讼权利和认罪认罚的法律规定，听取被告人及其辩护人或者值班律师的意见。庭审中应当对认罪认罚的自愿性、具结书内容的真实性和合法性进行审查核实，重点核实以下

内容：①被告人是否自愿认罪认罚，有无因受到暴力、威胁、引诱而违背意愿认罪认罚；②被告人认罪认罚时的认知能力和精神状态是否正常；③被告人是否理解认罪认罚的性质和可能导致的法律后果；④人民检察院、公安机关是否履行告知义务并听取意见；⑤值班律师或者辩护人是否与人民检察院进行沟通，提供了有效法律帮助或者辩护，并在场见证认罪认罚具结书的签署。"

在该项庭审活动中，法院的审查对象为认罪认罚的自愿性，以及具结书内容的真实性和合法性，重点包括五项内容。其中，第一、四、五项内容与侦查、公诉活动紧密相关。第一项是被告人是否因受到暴力、威胁、引诱而违背意愿认罪认罚。显而易见，相关违法行为如果存在，其实施主体应该是侦查人员或者公诉人员，法院审查的实际上是侦查、公诉活动是否存在违法取供问题。第四项是人民检察院、公安机关是否履行告知义务并听取意见，这明确指出法院对侦查、公诉机关是否履行法定义务进行审查。第五项是值班律师或者辩护人是否与人民检察院进行沟通，提供了有效法律帮助或者辩护，并在场见证认罪认罚具结书的签署。该项规定的直接指向是值班律师或者辩护人，但是法院审查的内容涉及人民检察院，也就是说，该规定是对人民检察院是否与值班律师或者辩护人进行沟通及被告人签署具结书时是否有值班律师或者辩护人在场的问题进行审查。

由此可见，从法条解释的角度来看，法院通过庭审活动，对侦查、公诉活动是否合法，是否履行了法定义务等内容进行审查。在侦查、公诉活动存在问题，导致被告人认罪认罚的自愿性以及具结书内容的真实性、合法性不符合法定要求时，会产生两方面的法律后果：一是依法需要转换程序的，按照普通程序对案件重新审理；二是发现存在非法取证行为的，依照法律规定处理。这是侦查、公诉活动不符合法律规定时的法律后果，也是法院对侦查、公诉机关施加的制裁措施，由此实现制约功能。

（二）对量刑建议的审查

《指导意见》第 40 条第 1 款规定："对于人民检察院提出的量刑

建议，人民法院应当依法进行审查。对于事实清楚，证据确实、充分，指控的罪名准确，量刑建议适当的，人民法院应当采纳。具有下列情形之一的，不予采纳：①被告人的行为不构成犯罪或者不应当追究刑事责任的；②被告人违背意愿认罪认罚的；③被告人否认指控的犯罪事实的；④起诉指控的罪名与审理认定的罪名不一致的；⑤其他可能影响公正审判的情形。"

在该项庭审活动中，人民法院审查的对象是量刑建议，《指导意见》列举了不予采纳量刑建议的五种情形。根据对《指导意见》的解读，笔者认为其中第一、二、四、五种情形可能涉及检察机关的违法行为：第一种情形中，被告人不构成犯罪或者不应当被追究刑事责任的，检察机关依然向人民法院提起公诉，可能涉及人民检察院违法行使公诉权的问题；第二种情形中，被告人违背意愿认罪认罚的，意味着侦查、公诉机关未能有效保障被告人认罪认罚的自愿性，可能涉及侦查、公诉活动违法；第四种情形中，起诉指控的罪名与审理认定的罪名不一致的，可能是由于检察机关指控时的事实认定或者法律适用存在错误，也是公诉活动存在问题的表现；第五种情形是概括性条款，"影响公正审判"的主体主要是指公诉机关，在这种情况下也会涉及公诉活动违法的问题。

通过对量刑建议的审查，法院可以作出三种处理：一是如果事实清楚，证据确实、充分，指控的罪名准确，量刑建议适当的，人民法院应当采纳；二是如果存在上文列举的五种情形，法院不予采纳；三是对于人民检察院起诉指控的事实清楚，量刑建议适当，但指控的罪名与审理认定的罪名不一致的，人民法院可以听取人民检察院、被告人及其辩护人对审理认定罪名的意见，依法作出裁判。其中，如果由于公诉活动存在问题，出现上述第一、二、四、五种情形的，法院不予采纳量刑建议，实际上是审判对公诉活动的制约。

概括而言，根据《指导意见》的规定，法官通过庭审中对被告人认罪认罚的自愿性，具结书内容的真实性、合法性，以及量刑建议的审查，对侦查、公诉活动中的违法性问题进行审查，并作出相应的制裁。从法律解释的层面理解，这些规定体现出在认罪认罚从宽的案件中，即使庭审活动存在不同程度的简化，法官依然审查侦查、公诉活动，并对其中的违法行为加以制约，从而实现"以审判为中心"的要求。

然而，上述根据《指导意见》作出的解释在实践中可能面临三方面问题，导致在认罪认罚从宽案件中，法院通过庭审制约侦查、公诉的方案面临困境：

第一，庭审对象的变化，导致法院对侦查、公诉活动的限制空间不大。在普通程序的庭审活动中，法院对于定罪、量刑、程序性争议等问题进行审理并作出裁判，因此形成了定罪裁判、量刑裁判和程序性裁判。法官在不同裁判形态中，通过审理不同对象对侦查、公诉进行审查和制约。然而，在认罪认罚从宽案件中，庭审对象发生了很大的变化。

认罪认罚从宽适用的前提是被告人认罪，法官主要通过庭前阅卷的方式确保检察机关的指控有事实证据基础，而在庭审中基本上不会对定罪问题进行审查，也就是说有关定罪的问题通常不是庭审对象。[1] 量刑问题是认罪认罚从宽中最受关注的问题之一，从庭审对象的角度来说，量刑建议是一个核心问题。传统的程序性争议，通常不会出现在认罪认罚从宽的案件之中；但是针对被告人认罪认罚的自愿性、合法性问题，法院会展开一种新的程序性裁判，将被告人认罪认罚的自愿性和具结书内容的真实性、合法性作为一个审理对象。[2]

由此可见，在认罪认罚从宽案件中，庭审对象主要为量刑建议和新的程序性争议；与普通程序的审理对象相比，认罪认罚从宽案

---

〔1〕 法官在庭前程序中通过阅卷审查定罪的相关证据，完全采取书面化的方式，控辩双方无法参与，且审查的依据只有控方卷宗，这种案卷笔录式的审查很难发现定罪中的问题，较难实现审判对公诉活动的审查和制约。由于该问题不涉及庭审程序，本书不再单独讨论。

〔2〕 参见陈瑞华：《刑事诉讼的公力合作模式——量刑协商制度在中国的兴起》，载《法学论坛》2019 年第 4 期。

件的庭审对象变窄。因此，法官在庭审中审理的侦查、公诉活动的范围变窄，一些在普通程序中需要审查的侦查、公诉活动，在认罪认罚从宽的庭审中不再涉及，这势必影响审判制约侦查、公诉的力度。

第二，认罪认罚从宽制度中，法定庭审方式的简化，实践中庭审的形式化，导致审判对侦查、公诉的实质审查作用可能难以实现。对于认罪认罚从宽的庭审方式问题，《指导意见》规定在第39、44、46、47条。总结这四条的规定，认罪认罚从宽案件中庭审方式的简化体现在以下方面：一是对定罪量刑的关键事实以及被告人认罪认罚的自愿性、真实性等，主要的审查方式是讯问被告人。二是在速裁程序中，一般不进行法庭调查、法庭辩论，但在判决宣告前应当听取辩护人的意见和被告人的最后陈述意见；可以集中开庭，逐案审理，人民检察院可以指派公诉人集中出庭支持公诉；应当当庭宣判。三是简易程序的适用。基层人民法院管辖的被告人认罪认罚案件，事实清楚、证据充分，被告人对适用简易程序没有异议的，可以适用简易程序审判。公诉人可以简要宣读起诉书，法庭调查可以简化，但对有争议的事实和证据应当进行调查、质证，法庭辩论可以仅围绕有争议的问题进行。裁判文书可以简化。四是在普通程序中，可以适当简化法庭调查、法庭辩论程序。公诉人、辩护人、审判人员对被告人的讯问、发问可以简化；对控辩双方无异议的证据，可以仅就证据名称及证明内容进行说明；对控辩双方有异议，或者法庭认为有必要调查核实的证据，应当出示并进行质证。法庭辩论主要围绕有争议的问题进行，裁判文书可以适当简化。

通过分析上述法律规定可以发现，认罪认罚从宽案件中庭审方式较为单一，主要是讯问被告人；尽管简易程序、普通程序有规定，对于有争议的事实、证据应当进行调查，但是由于简易程序、普通程序适用率低，[1] 出现事实、证据争议的情况更少，因此这种调查核实证据的情况较少出现。而且在上述规定中，对认罪认罚从宽案

---

〔1〕 根据最高人民法院、最高人民检察院《关于在部分地区开展刑事案件认罪认罚从宽制度试点工作情况的中期报告》，适用速裁程序审结的占68.5%，适用简易程序审结的占24.9%，适用普通程序审结的占6.6%。

件的审理方式，并没有提到证人等出庭作证的要求，没有提到证据以原始形态在法庭上举证、质证，没有要求相关主体以言词方式出示、审查证据。作为效率优先、案件程序分流为基本导向的认罪认罚从宽制度，这样的规定有其必要性，但是其对庭审方式的影响是显而易见的，直接言词原则的要求在认罪认罚从宽案件的庭审中较难得到体现。

实践中，庭审方式的问题可能更加严重。正如有研究者所言，针对被告人认罪认罚的自愿性、合法性问题，法院无论是按照速裁程序进行审理，还是按照简易程序进行审理，都只是从形式上询问一下被告人认罪认罚的自愿性问题，而极少将其作为独立的裁判对象，法院的审判同样会流于形式。[1]

总体而言，在法律规定层面，认罪认罚从宽案件中的法定庭审方式已经简化，司法实践中，法官的庭审活动进一步流于形式。这种庭审方式必然影响审判对侦查、公诉进行审查的效果。如果法官不能通过庭审对侦查、公诉活动进行审查，那么如何期待审判能够发挥制约侦查、公诉的作用呢？

第三，程序转换不畅，导致法院通过变通方式制约侦查、公诉的立法设计难以实现。认罪认罚从宽程序以被告人认罪认罚、控辩双方达成量刑协议作为适用前提，这也是审判程序简化的基础。那么，一旦被告人反悔，认罪认罚存在自愿性方面的问题，或者被告人的定罪存在问题，适用认罪认罚从宽的基础丧失，那么相应的审判程序也应当回归普通程序，这是程序转换的基本原理。

从实现"以审判为中心"的角度来说，如果认罪认罚从宽程序对于保障"以审判为中心"存在困难，那么从认罪认罚从宽程序转向普通程序可以视为实现"以审判为中心"的一种变通方式，也是解决认罪认罚从宽与"以审判为中心"之间矛盾的一个选项。因为从认罪认罚从宽转换为普通程序，庭审对象和方式的要求都有所变

---

[1] 参见陈瑞华：《刑事诉讼的公力合作模式——量刑协商制度在中国的兴起》，载《法学论坛》2019 年第 4 期。

化。按照庭审实质化的理论假设，普通程序的适用能够更好地保障"以审判为中心"的实现，这可以视为在认罪认罚从宽案件中变通式地保障"以审判为中心"的实现。

对于程序转换问题，《指导意见》第 48 条作出规定："人民法院在适用速裁程序审理过程中，发现有被告人的行为不构成犯罪或者不应当追究刑事责任、被告人违背意愿认罪认罚、被告人否认指控的犯罪事实情形的，应当转为普通程序审理。发现其他不宜适用速裁程序但符合简易程序适用条件的，应当转为简易程序重新审理。发现有不宜适用简易程序审理情形的，应当转为普通程序审理。人民检察院在人民法院适用速裁程序审理案件过程中，发现有不宜适用速裁程序审理情形的，应当建议人民法院转为普通程序或者简易程序重新审理；发现有不宜适用简易程序审理情形的，应当建议人民法院转为普通程序重新审理。"

从该规定中可以发现，程序转换包括三种情形，分别为速裁程序转化为普通程序、速裁程序转化为简易程序，以及简易程序转化为普通程序，均是从较为简易的程序向更为正规程序的单向转换。在程序转换过程中，人民法院独自享有决定权，检察机关仅享有建议权。被告人在诉讼中对认罪认罚从宽的反悔和撤回，可能成为程序转换的原因，但是否进行程序转换，由人民法院决定。由此可见，在法律规则层面，认罪认罚从宽中程序转换的主要问题是法院拥有垄断的程序控制权。[1] 检察机关仅拥有程序转换的建议权，而被告人的态度只是法院决定是否转换程序的一个参考理由；一旦被追诉人认罪认罚，在人民检察院依职权启动认罪认罚程序的"快车道"上，没有"下车"或者"换乘"的权利。[2] 这种情况下，法官的态度对于程序是否转换具有决定性影响。

然而，从法官的利益考量来说，其对适用程序转换并不具有内在动力。因为从法官的角度分析，认罪认罚从宽的适用带来审判程

---

[1]　参见张新：《刑事速裁程序启动与转化问题研究》，载《时代法学》2016 年第 4 期。
[2]　参见闫召华、李艳飞：《认罪认罚自愿性研究》，载《河南财经政法大学学报》2018 年第 2 期。

序简化、诉讼效率提高，并会降低上诉率、抗诉率，避免了案件被上级法院发回重审或者改判。这既可以帮助法官提高审判的工作效率，也使得法官避免了受到不利考核或者被追究司法责任的危险。[1] 因此，除非被告人认罪认罚的自愿性，具结书内容的真实性、合法性，或者案件事实认定存在严重问题，否则法官会更加倾向于适用认罪认罚从宽程序，而不会主动适用程序转换机制。

因此，法官的垄断性决定权及其利益考量情况，影响着程序转化机制的正常运行；如果程序转换机制不能按照其应有的状态运行，则意味着对于不适合认罪认罚从宽程序的案件不能进行程序转换，这在一定程度上会影响审判制约侦查、公诉的效果，影响"以审判为中心"的实现。

四、法院的实质性审判权

根据我国《刑事诉讼法》第 12 条的规定以及刑事诉讼的基本原理，法院是享有刑事审判权的唯一主体，这是无争议的问题。法院通过审判活动，对检察机关的指控，从实体、程序和证据等角度进行审查，独立形成判断并作出裁判结论，是其行使审判权的基本形式。侦查机关、公诉机关的结论对法院没有预决效力，法院的审判结论实质性地来源于审判活动，这是法院实质性享有、行使审判权的基本要求。

强调法院实质性地享有、行使审判权，是审判制约侦查、公诉的基础。法院之所以能够制约侦查、公诉，一个核心原因是法院享有裁判权，在控辩审三方在场的法庭审判中认定案件事实、形成裁判结论，认定检察机关的指控是否成立，以及侦查、公诉活动是否存在违法性问题。离开了该要件，审判对侦查、公诉的制约作用无从谈起，"以审判为中心"也不可能实现。

---

〔1〕 参见陈瑞华：《刑事诉讼的公力合作模式——量刑协商制度在中国的兴起》，载《法学论坛》2019 年第 4 期。

　　长期以来，我国刑事审判中公检法之间的关系，以及侦查结论对审判结论的预断性影响，[1] 形成了案卷笔录中心主义的审判方式，法庭审判在某种程度上成为侦查结论的确认程序，庭审形式化的问题较为严重。为了解决该问题，十八届四中全会提出了推进"以审判为中心"的诉讼制度的改革方案。最高人民法院、最高人民检察院、公安部、国家安全部、司法部联合出台的《关于推进以审判为中心的刑事诉讼制度改革的意见》（法发〔2016〕18号）第1条即再次明确法院享有刑事案件的审判权，"未经人民法院依法判决，对任何人都不得确定有罪。"

　　在认罪认罚从宽中，法院实质性享有、行使审判权同样被强调。权威人士提出，认罪认罚从宽制度，并没有改变刑事诉讼中的权力配置，裁判权只能由人民法院依法行使，定罪量刑作为审判权的核心内容，具有专属性；检察机关提出的量刑建议，本质上仍然属于程序职权，是否妥当应由人民法院依法判决。[2] 法院对认罪认罚从宽案件的审查，要切实履行司法审判职责，从证据采信、事实认定、定罪量刑、程序操作、各方参与和建议说理等方面进行全面的、实质的审查。法官要对被追诉人认罪认罚的自愿性及具结书内容的真实性、合法性进行实质审查，依法审查量刑建议是否适当，认真审查认罪认罚和量刑协商过程是否合法、规范，正确对待检察机关提出的精准量刑建议问题。[3]

　　然而，上述权威解释面临两方面问题，显示出认罪认罚从宽对于法院实质性行使审判权带来的冲击：

　　第一，认罪认罚从宽影响庭审方式、庭审对象，导致法院的审判活动在一定程度上流于形式，无法为法院实质性行使审判权提供

---

〔1〕　参见褚福民：《侦审关系视野下的侦查制度改革》，载《苏州大学学报（哲学社会科学版）》2018年第4期。

〔2〕　参见杨立新：《认罪认罚从宽制度理解与适用》，载《国家检察官学院学报》2019年第1期。

〔3〕　参见胡云腾：《正确把握认罪认罚从宽 保证严格公正高效司法》，载《人民法院报》2019年10月24日，第5版。

保障。关于认罪认罚从宽影响庭审方式、庭审对象，导致法院的法庭审判活动形式化的问题，在前文已经论述，此处不再赘述。在流于形式的法庭审判活动中，法官无法实质性地审查量刑、程序性争议等问题；无论是对检察官自由裁量权行使的问题，还是对潜在的刑事误判问题，法院都较难及时发现和加以纠正，法院等于拱手将司法裁判权让渡给检察机关。[1]

第二，检察机关在认罪认罚从宽中的作用和地位，对法院实质性行使审判权带来挑战。最近，检察机关提出其在刑事诉讼中的主导地位。[2] 有研究者提出，检察机关在认罪认罚从宽案件中，不仅仅是审前程序的主导者，还是整个刑事诉讼程序的主导者，即检察机关对认罪认罚案件的处理意见很大程度上决定了法院判决的内容。[3] 甚至可以说，检察机关对认罪认罚案件实际担负着"准审判"的功能。[4] 这意味着，在认罪认罚从宽案件中，检察机关已经对法院的审判权形成实质性挑战。从相关法律规定和司法实践运作情况来看，主要体现在以下三个方面：

首先是运作流程问题。多数案件中，检察机关在审查公诉阶段主导控辩双方进行量刑协商，达成一致意见后，被告人签署具结书，检察院向法院提出量刑建议；在审判阶段，法官在庭审中主要审查检察机关提出的量刑建议。在该过程中，检察机关作为量刑协商的主导者，以及量刑建议的提出者，实际上对认罪认罚从宽的过程和结局都发挥着主导作用，这对法院实质性行使审判权确实可能带来一些挑战。

其次是裁判依据问题。法院审查认罪认罚从宽案件，不论是定罪问题、量刑问题还是被告人自愿性问题，所依据的几乎都是检察

---

〔1〕 参见陈瑞华：《刑事诉讼的公力合作模式——量刑协商制度在中国的兴起》，载《法学论坛》2019 年第 4 期。

〔2〕 参见张军：《关于检察工作的若干问题》，载《人民检察》2019 年第 13 期。

〔3〕 参见朱孝清：《检察机关在认罪认罚从宽制度中的地位和作用》，载《检察日报》2019 年 5 月 13 日，第 3 版。

〔4〕 参见李奋飞：《量刑协商的检察主导评析》，载《苏州大学学报（哲学社会科学版）》2020 年第 3 期。

机关提交的案卷材料，被告方几乎不会提出相反证据，因此法院的裁判结论在很大程度上依赖于检察机关。还需一提的是，检察官一旦具有了适用认罪认罚程序的强大动力，就有可能将那些尚未形成完整证据锁链或者没有达到法定证明标准的案件，纳入认罪认罚程序，使得本来应被作出无罪处理的案件，最终都通过量刑协商程序，被法院作出定罪量刑的裁决。[1] 由此可见，法院对案件的裁判结论，高度依赖检察机关，其实质性行使审判权的困难可想而知。

最后是检察机关权力行使的问题。为了保障犯罪嫌疑人认罪认罚的自愿性以及具结书内容的真实性、合法性，尽管相关法律规定在量刑协商过程中检察官应当听取犯罪嫌疑人、辩护人或者值班律师的意见，建立了证据开示制度，以及犯罪嫌疑人签署具结书时辩护人或者值班律师在场，但实践中控辩双方在审查起诉阶段进行协商，较难平等对抗，存在辩护人或者值班律师无法为犯罪嫌疑人提供有效法律帮助的情况。[2] 也就是说，检察机关作为量刑协商的主导者，可能无法与被告人进行平等协商，甚至滥用权力，这对于法院实质性行使审判权又是一个重大挑战。

综合上述分析可见，尽管认罪认罚从宽的相关法规、文件要求法官实质性行使审判权，但是法庭审理对象、审理方式的变化，导致法官在实质性行使审判权方面面临困难；检察机关主导地位的确立，对法院实质性行使审判权带来了挑战。这些问题显示出，认罪认罚从宽制度的建立，对于法院实质性行使审判权确实带来了诸多问题，不利于审判对侦查、公诉的制约，与"以审判为中心"的要求并不一致。

---

[1] 参见陈瑞华：《刑事诉讼的公力合作模式——量刑协商制度在中国的兴起》，载《法学论坛》2019 年第 4 期。

[2] 参见陈瑞华：《刑事诉讼的公力合作模式——量刑协商制度在中国的兴起》，载《法学论坛》2019 年第 4 期；闵春雷：《回归权利：认罪认罚从宽制度的适用困境及理论反思》，载《法学杂志》2019 年第 12 期。

五、对认罪认罚从宽与"以审判为中心"关系的反思

通过对上述两个问题的分析可以发现，关于认罪认罚从宽与"以审判为中心"的关系，法律规定与司法实践呈现出不同的图景。从法律规定的角度来看，认罪认罚从宽与"以审判为中心"并不矛盾。认罪认罚从宽案件中，法官通过特殊的庭审活动制约侦查、公诉活动，体现出"以审判为中心"的要求。然而，司法实践中认罪认罚从宽案件的庭审方式和庭审对象的变化，检察机关地位和作用的强化，导致法院的庭审活动在一定程度上流于形式，实质审判权变为对量刑建议的确认，审判无法对侦查、公诉形成有效制约。

笔者认为，两种图景的对比体现出法律规定与司法实践的差异，其背后是分析认罪认罚从宽与"以审判为中心"关系时面临的两大问题：

第一，审判流于形式是造成不同图景差异的直接原因，也是分析认罪认罚从宽与"以审判为中心"关系的关键问题。根据前文对法庭审判、法院的实质审判权两个角度的分析可以发现，认罪认罚从宽的相关法律规定，法官通过对特定对象的审查可以体现出审判制约侦查、公诉的要求；然而，这些规定在司法实践中无法落实，导致"以审判为中心"的要求无法实现。而立法规定在司法实践中无法完全落实，最直接的原因是审判流于形式。

具体而言，虽然认罪认罚从宽简化了审判程序，但是从制度设计的角度来说，法官依然应当对定罪、量刑和程序性问题进行实质性审查；即使在被告人已经认罪认罚的情况下，人民法院仍应当全面审查案卷材料，严格审查涉及定罪、量刑的关键事实和证据，确保被告人认罪认罚具有事实基础。[1] 然而，认罪认罚从宽是提高诉讼效率、节省司法资源的重要举措，法官适用该程序的最大诉求是在单位时间内最大限度地处理更多的刑事案件，从而获得解放、释放办案压

---

〔1〕 参见最高人民法院刑一庭课题组：《刑事诉讼中认罪认罚从宽制度的适用》，载《人民司法（应用）》2018 年第 34 期。

力，同时避免受到不利考核或者被追究司法责任的危险；[1] 如果依然需对认罪认罚从宽的案件进行实质性审查，法官在认罪认罚从宽中将无法实现其利益诉求。这种背景下，法官选择进行"流于形式"的审判，是一种左右为难的现状下，趋利避害式的选择结果。

也就是说，制度设计者在认罪认罚从宽中，既希望能够实现节省司法资源的目的，又要求法官进行实质审判，实际上存在矛盾。因此，对于认罪认罚从宽的案件，如何既符合简化审判流程的需求，又防止审判流于形式，从而使"以审判为中心"得到一定程度的实现，对于分析两者关系具有重大意义。笔者认为，合理看待认罪认罚从宽中的审判，需要区分不同的审判对象，建立不同的审判要求。

对于认罪认罚从宽中的定罪问题，控辩双方理应无争议，否则应转换为普通程序。然而，基于我国刑事诉讼中对于实质真实的追求，以及对于错误认定案件事实的担忧，法官依然需要对定罪问题进行审查。但是，基于认罪认罚从宽的特殊性，法官对于定罪问题的审判方式和重点应有所调整。法官对定罪问题的审查应当主要在庭前通过阅卷的方式进行，审查检察官的指控是否有确实、充分的证据加以支持。一旦发现现有证据不足以证明被告人"犯罪事实"的，法官有权立即终止适用认罪认罚从宽程序。[2] 庭审中，法官主要从形式上询问控辩双方对于定罪问题有无异议。如提出异议，尤其是被告人提出认罪方面的异议、否认指控的犯罪事实，法院应当转换审判程序。

对于量刑建议，以及被告人认罪认罚从宽的自愿性和具结书内容的真实性、合法性的审查，是认罪认罚从宽中庭审的重点。在已经简化的审判程序中，如何使庭审不流于形式，是需要关注的重点问题。笔者认为，对于被告人认罪认罚从宽的自愿性和具结书内容

---

〔1〕 参见陈瑞华：《刑事诉讼的公力合作模式——量刑协商制度在中国的兴起》，载《法学论坛》2019 年第 4 期。

〔2〕 参见陈瑞华：《认罪认罚从宽制度的若干争议问题》，载《中国法学》2017 年第 1 期。

的真实性、合法性的审查，应当增加有效审查的具体要求。例如，在概括性询问被告人是否自愿认罪认罚的基础上，应当设置具体问题进行询问，包括被告人是否受到非法讯问，是否了解认罪认罚从宽的后果，辩护人或者值班律师是否提供过有效帮助，以便法官真正有效地进行审查。如果审判过程中控辩双方对上述问题出现争议，法官应当允许双方提供证据，或者传唤有关证人等出庭作证，从而确保法官有效审查被告人认罪认罚的自愿性，具结书内容的真实性、合法性，以及量刑建议的公正性、合法性。如果发现被告人违背意愿认罪认罚等法定情形，法院也应当依法进行程序转换。

另外，对于认罪认罚从宽中的程序转换，应当置于"审判制约侦查、公诉"的语境中加以理解，它在特定情况下是侦查、公诉活动违反法律规定的不利后果，也是审判制约侦查、公诉的工具。从此角度分析，司法实践中应当确保程序转换的正常运行，防止法官基于个人利益考虑而对不适宜认罪认罚从宽程序的案件继续适用相应的简化程序。

综合以上分析，笔者认为，认罪认罚从宽制度应当区分不同问题，确立不同的审判要求和标准；在审判的阶段、形式等方面确立一些特殊要求，即使无法达到庭审实质化的高标准，也应当防止审判流于形式，从而保障"以审判为中心"的实现。与此同时，确保认罪认罚从宽制度中的程序转换机制有效运行，使不符合认罪认罚从宽条件的案件转换为普通程序进行审理，以确保"以审判为中心"的变通实现。

第二，公检法三机关的关系，是分析认罪认罚从宽与"以审判为中心"关系的决定性问题。"以审判为中心"的改革，核心要求是确立审判在刑事诉讼的中心地位，实现审判对侦查、公诉的有效制约，这需要以公检法三机关之间关系的调整作为保障。[1] 近些年来，尽管理论界和司法实务界均强调法院在刑事诉讼中的重要地位，

---

[1] 参见褚福民：《如何完善刑事证据制度的运行机制?》，载《苏州大学学报（哲学社会科学版）》2016年第2期。

但是从实践现状来说，无法扭转法院较弱势的局面。检察机关在法律监督方面的强势地位，决定了法院无法将其仅仅视为"公诉机关"，公安机关在现行政法体制下所具有的政治地位，也决定了法院无法将其仅仅当作"侦查机关"。[1] 因此，法院在公检法三机关的关系中缺乏足够的权威，难以为"以审判为中心"的改革提供背后支撑。

认罪认罚从宽的构建，从诉讼程序、权力关系方面进一步加剧了检察机关对法院的挑战。如前所述，检察机关主导审查起诉阶段的量刑协商，控辩双方在检察机关主导下就认罪认罚从宽达成一致，法院无法参与该过程；在审判阶段，法院原则上要接受检察机关的量刑建议，起诉对审判具有实质影响力。因此，在认罪认罚从宽案件中，检察机关被认为是整个刑事诉讼程序的主导者，甚至承担"准审判"功能。这些情况说明在认罪认罚从宽案件中，检察机关的作用被强化，其对审判的影响日益凸显。那么，"以审判为中心"所要求的审判对侦查、公诉的制约，在认罪认罚从宽中可能更加难以实现。

那么，如何在认罪认罚从宽中维护审判的地位、权威，从而为审判制约侦查、公诉提供保障，是认罪认罚从宽中实现"以审判为中心"的决定性问题。笔者认为，公检法三机关的关系涉及权力配置问题，不是刑事诉讼制度改革能够单一解决的；同时不少权威人士认为，"以审判为中心"并非以法院为中心，这导致法院地位的提升面临障碍。因此，在认罪认罚从宽的改革中，可以从保障法院实质性行使裁判权入手，先进行技术层面的改革；并通过技术改革不断推进公检法三机关关系的调整。

例如，对于法院实质性行使裁判权来说，其实最为关键的是法官能够通过庭审活动对检察机关提起的公诉，以及侦查、公诉活动的合法性进行审查。如前所述，确保认罪认罚从宽中的庭审活动避

---

〔1〕　参见陈瑞华：《司法审查的乌托邦——非法证据排除规则难以实施的一种成因解释》，载《中国法律评论》2014 年第 2 期。

免流于形式，建立符合认罪认罚从宽要求、具有一定特殊性的审判活动标准，是法院能够实质性行使裁判权的重要保障。

从检察机关影响法院实质性行使审判权的角度分析，应当确立一系列制度加以应对。在诉讼程序方面，核心问题是保障被告人认罪认罚的自愿性。在庭审过程中，法院应当重视被告人、辩护人提出的各种主张，并在庭审中有效审查辩护人或者值班律师是否为犯罪嫌疑人、被告人提供有效法律帮助，以此制约侦查、公诉活动中的违法问题。[1] 从诉讼结果的角度分析，考虑到认罪认罚从宽的特殊性，无法禁止使用案卷笔录，庭审活动也难以按照实质化的要求开展，因此法院应充分利用有限的庭审活动以及程序转换制度，发现控方指控证据的问题，及时纠正可能出现的判决错误，从而确保法院实质审判的有效行使，实现对侦查、公诉活动的有效制约。另外，法院通过对诉讼程序和结果的控制，发现、制约检察机关指控中的问题，防止其滥用权力。

综合以上分析，认罪认罚从宽与"以审判为中心"的关系在不同层面具有不同的图景，又受到一些难以解决的问题的影响：法律规定将两者关系定位为协调一致，但是司法实践中的运作现状将两者关系中的矛盾和冲突暴露无遗；基于对两种图景差异的关注，前文提出了审判流于形式、公检法三机关的关系等问题，它们是造成不同图景的原因，但是这些问题的解决也面临困境。笔者认为，这些差异与问题恰恰折射出解释认罪认罚从宽与"以审判为中心"关系的复杂性。

可以说，法庭审判形式的变化、法院实质性享有和行使审判权中的障碍、审判流于形式、公检法三机关的关系等问题，都可视为判断认罪认罚从宽与"以审判为中心"关系的影响因素。从立法、司法实践等层面客观描述上述问题，准确评估认罪认罚从宽对它们

---

[1] 有研究者提出，应构建由法官主持参与的独立认罪认罚程序，这对于保障法院实质性行使审判权，实现审判制约侦查、公诉而言，确实具有其合理性和必要性。参见闵春雷：《回归权利：认罪认罚从宽制度的适用困境及理论反思》，载《法学杂志》2019年第12期。

的影响，以及它们对"以审判为中心"的影响，是准确描述、评价认罪认罚从宽与"以审判为中心"关系的关键步骤。但是，该过程中的不确定性以及问题解决的复杂性，导致认罪认罚从宽与"以审判为中心"的关系呈现出复杂性的现状。因此，对于两者关系的描述，需要将立法与司法、理论与现实的问题综合考虑、整体分析，只有如此才能全面、准确地描述认罪认罚从宽与"以审判为中心"关系的多重面孔，避免出现盲人摸象式的片面认识。

第五章

如何完善刑事证据制度的运行机制？

——"以审判为中心"的诉讼制度改革为视角的分析

十八届四中全会作出的《决定》首次提出"以审判为中心"的诉讼制度改革方向。相关的规范性文件和学术解读提到"以审判为中心"的改革时，基本都会涉及证据制度的相关要求。其中，"以审判为中心"的改革对刑事证据制度运行机制的影响最为突出。但是，从刑事证据制度运行机制的角度来说，"以审判为中心"的改革会带来哪些切实的影响以及其影响限度，目前尚缺乏深入、细致的分析。基于此，本书将以"以审判为中心"的改革为视角，分析其对于刑事证据制度运行机制的完善可能带来的积极影响和限度，进而提出完善刑事证据制度运行机制的基本思路。

一、问题的提出

以审判为中心或者审判中心主义，长期以来主要是学界讨论的话题，[1] 直到十八届四中全会的《决定》，"以审判为中心"的改革正式成为国家决策。《决定》以及随后多份文件[2]均提及"以审

---

〔1〕 对该问题进行较早研究的代表性成果，可参见孙长永：《审判中心主义及其对刑事程序的影响》，载《现代法学》1999 年第 4 期。

〔2〕 涉及的文件主要包括《中共中央关于全面推进依法治国若干重大问题的决定》、《关于〈中共中央关于全面推进依法治国若干重大问题的决定〉的说明》、最高人民法院《关于全面深化人民法院改革的意见》、最高人民检察院《关于深化检察改革的意见》、《最

判为中心"的改革与刑事证据制度。笔者认为，通过分析相关表述以及文字背后的逻辑，可以发现决策者以及司法部门对于"以审判为中心"的改革与刑事证据制度之间关系的两种基本思路。

第一，"以审判为中心"的改革要求刑事证据制度的配套改革，通过刑事证据制度的完善为"以审判为中心"的改革提供保障。具体而言，在《决定》提出"以审判为中心"的改革时，同时要求："全面贯彻证据裁判规则，严格依法收集、固定、保存、审查、运用证据，完善证人、鉴定人出庭制度，保证庭审在查明事实、认定证据、保护诉权、公正裁判中发挥决定性作用。"分析表述的前后逻辑可以发现，全面贯彻证据裁判原则、完善证据规则，是推进"以审判为中心"的改革、保障庭审在刑事诉讼中发挥决定性作用的主要措施和保障。也就是说，刑事证据制度的完善，是保障"以审判为中心"的改革目标得以实现的重要一环。

第二，刑事证据制度运行中的问题是推动"以审判为中心"改革的原因之一。习近平总书记关于《决定》所作的说明中对"以审判为中心"的改革与刑事证据制度运行中的问题之间的关系有非常明确的表述。"在司法实践中，存在办案人员对法庭审判重视不够，常常出现一些关键证据没有收集或者没有依法收集，进入庭审的案件没有达到'案件事实清楚、证据确实充分'的法定要求，使审判无法顺利进行。"这段说明从刑事证据制度运行现状的角度指出了为何推进"以审判为中心"的改革：一些关键证据"没有收集"或者"没有依法收集"以及"进入庭审的案件没有达到'案件事实清楚、证据确实充分'的法定要求"导致审判无法顺利进行，这是进行"以审判为中心"改革的直接原因。也就是说，刑事证据制度运行中存在的问题导致审判无法顺利进行，因此需要"以审判为中心"的改革进行应对。

对此，最高人民法院原院长周强在论及"以审判为中心"的改革

高人民检察院关于贯彻落实〈中共中央关于全面推进依法治国若干重大问题的决定〉的意见》等。

时，分析得更为具体："一些公诉案件到了审判阶段以后，由于关键证据没有收集或者没有依法收集，或者起诉的案件没有达到'案件事实清楚、证据确实充分'的定案要求，使审判机关既难以依法定罪也难以依法宣告无罪。如果强行下判，则可能造成冤假错案，如果依法放人，又难以承受来自社会各方的巨大压力，当事人往往被超期羁押，人民群众反映强烈。"[1] 可见，刑事证据制度运行中存在的一些问题，导致审判机关难以依法定罪；基于出现错案和来自社会的多种压力，法院也难以依法宣告无罪，这是推进"以审判为中心"改革的直接原因。

从以上论述可以解读出，"以审判为中心"的改革要求刑事证据制度的配套改革和完善，其中既涉及刑事证据制度本身，也包括刑事证据制度运行机制。而"以审判为中心"改革启动的重要原因则是刑事证据制度运行中存在的问题，这导致审判活动无法顺利进行。由此可见，在"以审判为中心"的改革与刑事证据制度两者的关系中呈现两个维度：刑事证据制度运行中的问题是启动"以审判为中心"改革的一个原因，而要真正实现"以审判为中心"的改革目标，必须对刑事证据制度以及刑事证据制度的运行机制同时予以改革。在这两个维度中，刑事证据制度的运行机制与"以审判为中心"的改革具有更为直接和密切的联系。那么，"以审判为中心"的改革对刑事证据制度的运行机制会带来哪些影响？通过"以审判为中心"的具体改革措施，能够改变刑事证据制度运行机制的哪些方面？其影响的界限何在？

二、"以审判为中心"的改革带来的改革土壤

在学界存在一种理论假设，即诉讼制度的改革能够为刑事证据运行机制提供改革土壤。那么，如何看待"以审判为中心"的改革

---

[1] 参见周强：《推进严格司法》，载本书编写组编著：《党的十八届四中全会〈决定〉学习辅导百问》，党建读物出版社、学习出版社 2014 年版，第 153 页。

为刑事证据制度带来的改革土壤？笔者认为，对该问题的研究，首先需要分析现行刑事证据制度运行中的问题及其背后的影响因素，其后分析"以审判为中心"的改革的内涵，以及其可能触及的、刑事证据运行机制背后的逻辑和制度链条。

（一）刑事证据制度运行中的问题及其背后影响因素

根据《决定》及其说明中的论述，我国刑事证据制度运行现状存在三大问题——"一些关键证据没有收集""一些关键证据没有依法收集"以及"进入庭审的案件没有达到'案件事实清楚、证据确实充分'的法定要求"。以上表述，从刑事审判的角度列举了指控证据存在的三方面主要问题：指控证据不充分、指控证据不合法，以及指控证据未达到法定的证明标准。这些问题反映出我国的刑事证据规则在司法实践中没有得到有效的遵守，刑事证据制度的运行机制出现了问题，但是以上概括并不全面。结合上述文件中的列举，以及学者对我国司法实践现状的研究成果，笔者认为我国刑事证据制度运行现状存在五大问题：

1. 证据裁判原则没有得到有效遵守

按照证据裁判原则的基本要求，诉讼中的事实应依证据认定，如果没有证据则不能对有关事实予以认定，[1] 该原则在我国的相关规定中已经得到确认。[2] 然而，在司法实践的某些案件中，公诉机关向法院提起公诉时，犯罪构成要件缺乏必要的证据加以证明，导致法院在认定公诉机关指控的犯罪是否成立时，没有足够的证据作为裁判的根据。面对这种证据不足的案件，法院理应按照"疑罪从无"的要求加以认定，但是基于种种原因，案件裁判者却难以依照规则作出裁判，处于"既难以依法定罪也难以依法宣告无罪"的两难境地。从证据制度的运行现状来说，这反映出证据裁判原则没有

---

〔1〕　参见樊崇义、张小玲：《现代证据裁判原则若干问题探讨》，载《北京市政法管理干部学院学报》2002 年第 2 期。

〔2〕　《关于办理死刑案件审查判断证据若干问题的规定》第 2 条，以及 2012 年《刑诉法解释》第 61 条规定"认定案件事实，必须以证据为根据"。这被认为是我国刑事立法中正式确立了证据裁判原则。

得到有效遵守。

2. 笔录类证据在刑事审判中具有主导地位

根据学者的概括，我国的刑事诉讼呈现出案卷笔录中心主义的审判方式，笔录在刑事审判过程中占据主导地位。例如，被告人供述、被害人陈述、证人证言等言词证据，在刑事审判中基本上会以笔录的形式存在，即使被告人在庭审中作出辩解，即使证人在个别情况下出庭作证，也不必然否定笔录证据的证据能力，而且法官更倾向于采信笔录作为定案根据。在各种侦查活动中也会形成诸多笔录，如勘验检查、搜查扣押、辨认等笔录。这些笔录是法官认定侦查活动合法性的重要基础，它们对审判活动的意义不言而喻。可以说，在刑事案件审理过程中，侦查、公诉机关制作的各种笔录对于法庭审判发挥着决定性作用，成为法官作出裁判的基础。[1]

3. 庭审中对证据的审查基本不采取直接言词的方式

在我国司法实践中，与笔录证据具有主导地位相对应，言词证据的提供主体很少出庭，刑事审判中证人、鉴定人出庭率非常低，已经成为我国刑事审判的顽疾；[2] 同时，侦查笔录的制作主体很少出庭，即使在侦查活动中形成的笔录在庭审中遇到质疑，其制作主体也很少出庭作证。在这种情况下，法庭审判基本上呈现为控辩双方对控方提供的各种笔录证据进行审查质证，不具备适用直接言词原则的基础。

4. 证据合法性的相关规则得不到遵守，非法证据排除规则难以发挥作用

我国《刑事诉讼法》和相关法律对证据合法性问题的规则不断完善，有关侦查取证中应当遵守的程序规则也在细化。但是在司法实践中，取证过程中的违法活动仍然存在；特别是针对被告人的违法讯问活动，这导致口供的合法性在庭审中屡屡遭到质疑。与此同

---

[1] 关于笔录问题的具体分析，可参见陈瑞华：《案卷笔录中心主义——对中国刑事审判方式的重新考察》，载《法学研究》2006 年第 4 期。

[2] 关于证人出庭作证问题的论述，可参见褚福民：《证人不出庭的逻辑演变与课题展望》，载《兰州大学学报（哲学社会科学版）》2012 年第 4 期。

时，在审判过程中，如果辩护一方提出排除非法证据的申请，排除非法证据的程序很少能够得到有效启动，更不用说排除非法证据了。在一些案件中，即使面对违法取证较为明显的情况，法官也较难按照非法证据排除规则的要求作出裁判，这反映出非法证据排除规则难以得到有效执行的困境。

5. 面对未达到证明标准的案件，法官想要直接宣告无罪面临困难

经过多年的立法发展，刑事案件的证明标准不断得到细化：从"事实清楚、证据确实充分"，到引入"排除合理怀疑"；从笼统化的统一证明标准，到细化规定证明标准的具体要求，并且对一些程序性事项规定了单独的证明标准。但是在司法审判中，当案件没有达到法定的证明标准时，法官却较难按照证据规则的要求认定被告人不构成犯罪。[1] 正如最高人民法院原院长周强所言的"审判机关既难以依法定罪也难以依法宣告无罪"，这体现出我国刑事审判中证明标准规则适用的困境。

我国刑事证据制度的运行之所以具有上述问题，有背后的因素在发挥作用，只有梳理清楚这些背后因素，才能够发现"以审判为中心"的改革能够提供哪些改革土壤。笔者认为，我国刑事证据制度的运行之所以具有上述五大问题，是多种因素综合作用的结果。其中，有两个因素的影响更加具有决定性和全局性：我国刑事诉讼侦查中心主义的诉讼构造，以及其背后的公安机关、检察机关和法院之间的关系。

所谓侦查中心主义的诉讼构造，是指在刑事诉讼的侦查、公诉、审判三个诉讼阶段中，侦查阶段居于主导地位，侦查阶段的活动和结论对于公诉、审判具有决定性影响，[2] 这种影响同样体现在证据

---

〔1〕　关于无罪判决问题的分析，可以参见《法院为什么不敢做无罪判决？》，载 ht-tp：//www.jcrb.com/prosecutor/focus/201503/t20150331_1492279.html，最后访问日期：2022年8月10日。

〔2〕　参见王敏远：《以审判为中心的诉讼制度改革问题初步研究》，载《法律适用》2015年第6期。

制度的运行之中。具体而言，在我国司法实践中，口供、证人证言等仍然是侦查阶段的核心证据形式，[1] 其在侦查案卷中主要表现为各种笔录；在侦查过程中，侦查机关会制作各种笔录，记录侦查的过程和结论。这样，笔录成为侦查阶段认定案件事实的主要依据，成为指控犯罪事实的主要证据。基于侦查阶段在刑事诉讼中的主导地位，侦查阶段所倚仗的笔录也必然会成为审判阶段认定案件事实的主要证据形式。而且，侦查阶段的主导地位导致审判成为侦查结论的确认程序，[2] 在这种情况下，庭审中对于指控证据的审查也必然形式化，直接言词原则成为牺牲品。在侦查过程中，侦查人员更加关注案件的侦破和取证的有效性，而忽略取证的合法性，因此在审判过程中出现证据合法性方面的问题。侦查阶段对于审判阶段的决定性影响，导致辩护方关于证据合法性的质疑无法受到有效的审查，法官对于非法取得的证据也极少会适用非法证据排除规则。同样的问题发生在证明标准问题上，由于侦查人员忽视证据问题、不在意证明标准的要求等原因，侦查阶段搜集的证据可能达不到审判中定罪的证明标准要求，但是法官很少对此类案件宣告无罪，其原因就在于侦查中心主义的诉讼构造发挥着重要影响，证据裁判原则得不到遵守。

侦查中心主义的诉讼构造之所以能够形成、维持，一个非常重要的原因在于公安机关、检察机关和法院之间的权力配置和博弈关系，即公安、检察和法院三机关之间的关系，这是刑事证据制度运行问题的深层次影响因素。近些年来，尽管理论界和司法实务界均强调法院在刑事诉讼中的重要地位，但是从实践现状来说，无法扭转法院较弱势这一局面。这种权力对比现状决定了在刑事诉讼过程中，侦查机关、公诉机关对案件证据的搜集、对案件事实的认定结论对审判活动和结论具有决定性影响。正如前面所分

---

〔1〕 有学者提出，这实际上是一种主观性过强的口供中心、人证中心的证据体系。参见龙宗智：《"以审判为中心"的改革及其限度》，载《中外法学》2015 年第 4 期。

〔2〕 参见熊秋红：《以念斌案为标本推动审判中心式的诉讼制度改革》，载《中国法律评论》2015 年第 1 期。

析的，笔录是侦查阶段的主要证据形式，其必然在审判过程中发挥主导性作用；既然审判活动是侦查结论的确认，那么以核实笔录为主要内容的审查当然不需要直接言词的审理方式；侦查机关是违法取证的主体，是非法证据排除规则不利后果的承受方，基于侦查机关和审判机关的权力对比关系，法院缺乏足够的权威和动力制裁侦查机关；如果法院按照证据裁判原则进行裁判，因指控证据达不到证明标准而作出无罪判决，不利后果同样由侦查机关、检察机关承受，目前的法院还不具有这样的权力支撑。由此可见，刑事证据制度运行中的问题，最终受到公安机关、检察机关、法院之间权力配置和博弈关系的影响，这是影响该问题的深层次结构。[1]

（二）"以审判为中心"的改革能够提供的改革土壤

分析"以审判为中心"的改革对刑事证据制度的影响，首先应当明确"以审判为中心"的诉讼制度的内涵。目前，学界对于"以审判为中心"的诉讼制度的讨论，尽管存在不同的表述，但以下三个方面的内涵得到了较多的认同：

第一，在侦查、公诉、审判三个刑事诉讼阶段中，"以审判为中心"的诉讼制度强调审判阶段处于中心地位。由于法院享有认定被告人是否有罪的权力，因此在刑事诉讼中应当处于核心阶段。推行"以审判为中心"的诉讼制度改革，其实质是在诉讼全过程实行以司法审判标准为中心；侦查、公诉阶段应当面向审判、服务审判[2]。

第二，在审判阶段，"以审判为中心"的诉讼制度强调庭审中心主义。根据刑事审判的基本原理，法庭审判是法官查明事实、认定证据、公正裁判的核心环节，法官应当在控辩双方在场的情况下，通过直接言词的方式对案件进行法庭审理，形成裁判结论，庭审前

---

〔1〕　对三机关权力配置和博弈的分析，参见陈瑞华：《司法审查的乌托邦——非法证据排除规则难以实施的一种成因解释》，载《中国法律评论》2014年第2期。

〔2〕　参见龙宗智：《"以审判为中心"的改革及其限度》，载《中外法学》2015年第4期。

后的诉讼活动应当服务于法庭审判。按照庭审中心主义的要求，法庭调查行为必须发生在法庭之上，不能在庭审前也不能在庭审后；裁判基础形成于法庭之上，不能以庭审以外的因素作为裁判的依据；裁判结果形成于法庭之上，不能在庭审之前形成裁决结果。[1]

第三，在审级制度中，"以审判为中心"的改革强调一审在查明案件事实、认定证据方面的基础性作用。正如研究者所言，鉴于庭审所要解决的根本问题是案件的事实与证据问题，而解决这类问题，并不因为审级提高而变得更为容易，相反，可能因为审级越高、所需时间越长而离事实真相越远。因此，理想的庭审中心主义应当是一审中心主义。在"以审判为中心"的改革中，强调一审在认定证据、查明案件事实方面的权威地位，将一审程序改造为彻底的"事实审"，并在此基础上合理界定和调整二审和死刑复核程序的功能。[2]

对于刑事证据制度而言，"以审判为中心"的改革有几点核心的要求，能够为其提供改革的土壤：

首先，"以审判为中心"的改革实际上是要重塑侦查、公诉、审判三个诉讼阶段的关系，改变目前"侦查中心主义"的诉讼构造。具体而言，"以审判为中心"是一个诉讼关系命题，[3] "以审判为中心"的改革要求确立审判阶段在刑事诉讼的中心地位，侦查、公诉主体应当遵循司法审判的标准；只有当法院在审判阶段认定被告人有罪，才意味着侦查、公诉活动的成功。这一改革要求直接指向"侦查中心主义"的诉讼构造，意图改变由此带来的弊端，这为刑事证据制度运行机制的改革奠定了基础。具体而言，一旦确立审

---

〔1〕 参见陈卫东、霍文琦：《以审判为中心推动诉讼制度改革》，载《中国社会科学报》2014年10月31日，第A5版。

〔2〕 参见陈瑞华：《论彻底的事实审——重构我国刑事第一审程序的一种理论思路》，载《中外法学》2013年第3期。

〔3〕 参见龙宗智：《"以审判为中心"的改革及其限度》，载《中外法学》2015年第4期。

判在诉讼构造的中心地位,则证据规则的运行需要符合司法审判的规律,而不再迁就、受制于侦查活动对证据制度运行带来的不利影响。何种证据形式可以被采信,审查证据的基本方式,违法取证行为的处理,未达证明标准的案件事实认定等问题,都将以审判活动的需要为判断标准,这为解决证据制度运行中的问题提供了基础保障。

其次,"以审判为中心"的改革深入进行,可能触及公安机关、检察机关、法院之间的关系。正如学者所言,只有确立审判阶段在刑事诉讼的中心地位,才能摆正公检法三机关之间的关系,构建一个以审判为中心的科学、合理的诉讼构造。[1] 笔者认为,确立审判阶段在刑事诉讼的中心地位,必须以公检法三机关之间关系的调整作为保障;否则,在公安机关、检察机关、法院之间的权力关系不变的情况下,即使从形式上确立了审判阶段的诉讼中心地位,也较难落到实处。具体到刑事证据制度运行中问题的解决,公检法三机关之间的关系,是导致证据制度运行中诸多问题的深层次影响因素,那么如果能够确立法院在三机关关系中的主导和独立地位,则证据规则运行中的一些问题将迎刃而解。举例来说,当遇到"事实不清、证据不足"的案件时,法院能够按照证明标准的规定认定案件事实,而不再受到公安机关、检察机关的羁绊,这必须以公检法三机关关系的重塑作为前提。

最后,"以审判为中心"的改革强调庭审在审判中的核心地位,以及一审作为认定案件事实主要阶段的审级功能定位,为证据制度的运行界定了发挥作用的场所,也为证据制度的运行提供了必要的基础。"以审判为中心"的改革强调庭审的功能,实际上是要解决庭审形式化、虚无化的问题,实现庭审的实质化。[2] 因为"以审判为中心"不仅仅是确立审判阶段的中心地位,更要关注什么样的审判

---

〔1〕 参见陈卫东、霍文琦:《以审判为中心推动诉讼制度改革》,载《中国社会科学报》2014年10月31日,第A5版。

〔2〕 关于庭审实质化的论述,参见汪海燕:《论刑事庭审实质化》,载《中国社会科学》2015年第2期。

处于中心地位。如果"以审判为中心"的改革能够实现审判阶段在刑事诉讼三个阶段的中心地位，但是审判仍然以原来的方式进行，那么这样的"以审判为中心"又有什么意义呢？正如有学者所说，"以审判为中心"的诉讼制度与"以侦查为中心"的诉讼制度的差别，表面看是刑事诉讼中究竟是"谁说了算"的不同，实际上，更重要的是"凭什么说了算"的差别。如果认识不到这一点，推进"以审判为中心"的诉讼制度改革可能走偏。[1] 笔者认为，实质化的庭审，必须以证据裁判为基础，需要完善的证据规则加以保障；由此来看，庭审的实质化也是刑事证据制度运行机制的重要组成部分。没有实质化的庭审，证据制度的运行问题难以得到根本解决。

三、不可回避的限度

根据前面的分析思路，刑事证据制度的运行存在一定的问题，诉讼构造和公检法三机关的关系是其背后的重要影响因素；而"以审判为中心"改革的核心要求是改变诉讼构造，重塑公检法三机关的关系，这与刑事证据制度运行中问题的背后影响因素直接相对，因此其能够为解决刑事证据制度运行中的问题提供重要的改革土壤。另外，庭审的实质化等改革要求，同样能够为刑事证据制度运行机制的完善奠定基础。那么，是否进行"以审判为中心"的改革，就能够解决刑事证据制度运行机制中的所有问题？笔者认为，客观的研究既要看到"以审判为中心"改革的积极作用，也应当分析其发挥作用的界限，清楚描述改革功效的限度，只有这样才能将研究推向深入。对于刑事证据制度运行机制的完善而言，"以审判为中心"的改革能够发挥的作用受到以下三方面因素的影响，而这可以看作"以审判为中心"的改革之功效限度：

---

〔1〕 参见王敏远：《以审判为中心的诉讼制度改革问题初步研究》，载《法律适用》2015 年第 6 期。

（一）诉讼构造和公检法关系的改革真的能实现吗？

"以审判为中心"的改革对于刑事证据制度运行机制的影响限度，首先需要从"以审判为中心"的改革本身进行检讨。该项改革举措出台后，优化诉讼构造和公检法的关系最为引人关注。然而，这两项改革真能实现吗？笔者认为，对此应当从两个方面进行反思：一是诉讼构造、公检法的关系，是否真能纳入"以审判为中心"的改革？是否会受到司法改革相关部门的关注和重视？二是在分析"以审判为中心"的改革为证据制度运行机制的完善带来的影响时，有一个假设的逻辑前提，即"以审判为中心"的改革要求都能够实现。然而，诉讼构造和公检法关系的改革要求真的能够实现吗？

1. "以审判为中心"的内容

在前文讨论"以审判为中心"的改革时，提出其应当包括诉讼构造、公检法的关系等多方面内容，但这主要是一种学理解读，在实际的改革过程中是否真的会涉及这些方面则存在疑问。具体而言，最高人民法院《关于全面深化人民法院改革的意见》规定的"建立以审判为中心的诉讼制度"，具体内容包括全面贯彻裁判原则、强化人权司法保障机制、健全轻微刑事案件快速办理机制、完善刑事诉讼中认罪认罚从宽制度、完善民事诉讼证明规则、建立庭审全程录音录像机制、规范处理涉案财物的司法程序。从内容指向的角度来说，主要是对证据问题和审理制度作出规范，并未涉及诉讼构造、公检法的关系等问题。最高人民检察院《关于深化检察改革的意见》提出："适应以审判为中心的诉讼制度改革，全面贯彻证据裁判规则。严格规范取证程序，依法收集、固定、保存、审查、运用证据，配合有关部门完善证人、鉴定人出庭制度，举证、质证、认定证据标准，健全落实罪刑法定、疑罪从无、非法证据排除的法律制度。进一步明确检察环节非法证据排除的范围、程序和标准。"这主要是对《决定》内容的重复和强调，内容指向比较单一。考虑到最高人民法院和最高人民检察院本身的角色定位，其不宜也不可能直接点出诉讼构造和权力关系的调整，而更多的是从审判、公诉的角度提出改革方案,[1] 这是可以理解的。

但是从下一步的改革推进来说,"以审判为中心"的改革的推动主体是法院和检察院,那么诉讼构造、权力关系的问题是否真的会纳入此项改革的内容,确实值得关注。

2. 实现的可能性

不论是从诉讼构造还是从权力关系的角度理解"以审判为中心"的改革,它实乃"牵一发而动全身"的大动作,涉及的制度与利益错综复杂,需要多方面的配套措施和制度保障,绝非一朝一夕能够实现。因此,"以审判为中心"的改革能否实现,必须要考虑诸多制约因素。例如有学者提出,公检法三机关"分工负责、互相配合、互相制约"的原则和机制,我国刑事诉讼特有的检察机关审判监督制度,以及对审判功能的政治性制约等因素,影响着"以审判为中心"的改革能否实现。[2] 仅以公检法三机关的关系来说,官方的文件和理论解读均认为"以审判为中心"的改革与三机关分工负责、互相配合、互相制约并不矛盾;[3] 然而,"分工负责、互相配合、互相制约"的诉讼原则所带来的三个诉讼阶段相互独立,侦查、公诉、审判主体各自为政的状态,与"以审判为中心"的要求格格不入。这种对立与矛盾,其实已经显示出"以审判为中心"的改革的实现难度。既然如此,"以审判为中心"的改革还能够为证据制度运行机制的完善提供保障吗?

─────────────

[1] 正如有学者所析,最高人民法院探讨审判中心主义的话题,将审判中心主义的含义限缩于"以庭审为中心"的内涵。审判中心主义的推动者小心翼翼地避开这个话题内涵中可能产生的争议,仅仅针对庭审空洞化的现实,提出将庭审活动实质化,让事实的调查、证据的采信、法律的争议都通过庭审过程来完成,充分发挥庭审的功能。参见张建伟:《审判中心主义的实质内涵与实现途径》,载《中外法学》2015年第4期。

[2] 参见龙宗智:《"以审判为中心"的改革及其限度》,载《中外法学》2015年第4期。

[3] 习近平总书记关于《决定》的说明中指出,"我国刑事诉讼法规定公检法三机关在刑事诉讼活动中各司其职、互相配合、互相制约,这是符合中国国情、具有中国特色的诉讼制度,必须坚持。"有研究者在文章中也明确表示,"以审判为中心"的改革无需也不会改变公检法三机关"分工负责、互相配合、互相制约"的诉讼原则。

（二）庭审的实质化能走多远？

从"以审判为中心"的改革来说，调整诉讼构造以及公检法的关系，在具体落实中可能面临部分障碍。相对来说，庭审的实质化是"以审判为中心"的改革内涵中比较容易获得认同的要求，争议也最小。而且，重新审视《决定》中对"以审判为中心"改革的具体表述，可以发现其落脚点是强化庭审的作用，"保证庭审在查明事实、认定证据、保护诉权、公正裁判中发挥决定性作用。"那么，庭审的实质化能否实现？从现实的制约条件来说，答案可能也没有那么乐观。

1996年以来，我国为了解决庭审形式化的问题，已经进行了多轮、多角度的改革。从1996年刑事审判方式改革，到2010年出台《关于办理死刑案件审查判断证据若干问题的规定》（以下简称《死刑案件证据规定》）、《关于办理刑事案件排除非法证据若干问题的规定》，再到2012年《刑事诉讼法》的修改，保障庭审实质化的措施不断吸引各界的关注。不可否认，这些措施的出台的确产生过积极的效果，但是从庭审形式化的角度来看，一些实质性的问题仍然存在。例如，庭前的案卷笔录对于审判的影响似乎从未减少，特别是2012年《刑事诉讼法》中恢复了起诉时移送全部案卷材料的做法，使得案卷笔录中心主义的审判方式没有得到弱化；从证据的角度来说，笔录类证据的证据能力几乎不受限制，这使得证人、鉴定人出庭作证没有实质意义。在这种情况下，审判程序仍然是对侦查结论的审查和确认，一直无法走出庭审形式化的怪圈。[1]

为何庭审的实质化改革如此之难？笔者认为，庭审实质化的改革看似技术性较强，但是其背后涉及的问题同样非常繁杂，没有系统化的改革方案和制度设计，庭审实质化的改革难以最终实现。具体而言，庭审实质化的改革需要进行最基本的制度改革，消除庭审虚化的成因，同时应当考虑配套的改革。有学者提出，实现庭审实质化，需要进行以下诉讼制度改革：建构审判中心主义的诉讼结构，

[1]　关于此问题的论述，参见陈瑞华：《论彻底的事实审——重构我国刑事第一审程序的一种理论思路》，载《中外法学》2013年第3期。

实现直接言词原则的庭审方式，合理定位庭前会议功能，调整定罪与量刑并重的庭审内容。同时，庭审实质化的改革还要依托于司法体制、法官个人素养以及其他与法治因素息息相关的诉讼运行环境。审判独立是庭审实质化的制度保障和前提，庭审实质化要求高素养的裁判者，需要以完善的辩护制度和较为发达的法律援助制度为依托，还需要与之对应的社会"容纳"环境。[1] 除此之外，有学者提出，庭审形式化的出现，与公检法三机关的关系以及法院内部的管理体制具有密切的联系。例如，承办人制度和审理报告制度等法院内部的管理体制，是导致庭审形式化问题的重要根源，没有相应的改革对策，庭审实质化的目标难以实现。[2]

可见，庭审实质化的改革不仅是一个系统的工程，涉及司法体制、法院内部管理方式等深层次问题，而且该问题的解决受到诉讼构造、公检法三机关之间关系的影响，与前面的分析会出现循环论证的逻辑陷阱。既然如此，我们对于庭审实质化的改革还能那么乐观吗？其对于刑事证据制度运行机制的影响势必会被打上问号。

（三）"以审判为中心"的改革功效有多大？

对于刑事证据制度运行机制而言，诉讼构造、公检法三机关之间的关系、庭审的实质化所带来的影响不用多说。但是，为了完善刑事证据制度的运行机制，仅从这三个方面进行调整，是否足以解决问题呢？笔者认为，刑事证据制度的运行机制其实涉及很多方面的问题，"以审判为中心"的改革并不能全部覆盖。

1. 刑事证据制度运行机制的完善，需要相应的司法改革举措加以配合

例如，证据合法性问题是证据规则的核心，如何保障证据合法性的相关规则得到遵守，对于证据制度而言至关重要。其中，最受关注的问题莫过于口供证据的合法性、自愿性问题。为了保障口供的自愿性，2012 年《刑事诉讼法》修改时增加了三项重要规则：犯

---

〔1〕 参见汪海燕：《论刑事庭审实质化》，载《中国社会科学》2015 年第 2 期。

〔2〕 参见陈瑞华：《论彻底的事实审——重构我国刑事第一审程序的一种理论思路》，载《中外法学》2013 年第 3 期。

罪嫌疑人、被告人被采取强制措施后立即送往看守所；一旦移送看守所，所有的讯问活动应当在看守所内进行；讯问过程录音录像。其实，以上保障口供自愿性的规则存在一个潜台词，即看守所能够较好地保障犯罪嫌疑人、被告人的权利，这是口供自愿性规则得以运行的一个保障措施。然而，看守所真的能够有效保障犯罪嫌疑人、被告人的权利吗？不可否认，与侦查部门直接控制的讯问室、留置室相比，看守所在保障犯罪嫌疑人的权利方面情况稍好。但是，我国的看守所隶属于公安机关，从整体来说其仍然是侦查机关的组成部分，而且在很多情况下，看守所本身还肩负着"挖余罪、挖同伙"的职责和任务。在这种情况下，隶属于侦查机关的看守所可能较难保障犯罪嫌疑人、被告人供述的自愿性。从证据制度运行机制的角度来说，其实需要建立独立于侦查机关的看守所，只有这样才能保障口供自愿性规则的实现。然而，将看守所脱离侦查机关，涉及看守所的归属问题，这必须以相关司法体制的改革作为基础，显然不是"以审判为中心"的改革所能解决的问题。[1]

2. 刑事证据制度运行所需要的诉讼程序，不在"以审判为中心"的改革辐射范围之内

以非法证据排除规则的运行为例，学界一直强调必须建立程序性裁判机制，才能保障该规则的真正实施。[2] 虽然《关于办理刑事案件排除非法证据若干问题的规定》以及2012年《刑诉法解释》对于非法证据排除规则的适用程序作出了规定，但是目前来看尚不完善，这是导致非法证据排除规则在司法实践中有效适用程度欠佳的重要原因之一。例如，笔者曾经参加过一个有关非法证据排除规则的国际研讨会，司法工作者模拟了各自国家在庭审中处理非法证据排除问题的程序。通过实际对比的效果来看，不同的程序对于非法证据排除规则的运行会产生较大影响。我国的程序性裁判机制尚未

---

〔1〕　关于看守所归属问题的讨论，可参见高一飞、陈琳：《我国看守所的中立化改革》，载《中国刑事法杂志》2012年第9期。

〔2〕　关于程序性裁判问题的讨论，参见陈瑞华：《程序性制裁理论》（第3版），中国法制出版社2017年版，第六章。

完善，导致非法证据排除规则的实施情况不够理想。在模拟法庭上情况尚且如此，司法实践中的问题和困境只会更加突出。因此，诉讼程序是证据制度运行机制的重要组成部分，若要完善刑事证据制度的运行机制，必须构建和完善相应的诉讼程序，以保障刑事证据制度的有效实施。

3. 考虑司法资源的限制，也超出了"以审判为中心"的改革所能解决的范畴

众所周知，程序的公正需要以必要的司法资源作为保障，刑事证据制度运行机制的完善，同样需要司法资源作为前提。例如，为了落实"以审判为中心"的改革，应当推进庭审的实质化，完善证人、鉴定人出庭作证。而证人、鉴定人出庭作证，必然会延长庭审的时间，花费法官更多的时间精力；如果非法证据排除规则想要在审判中得到有效实施，法官应当在庭审中开启独立的非法证据排除程序，而这同样要以司法资源作为保障。在美国的刑事司法中，严格的证据规则只在普通程序中适用，辩诉交易等程序不受证据规则的约束；这是因为辩诉交易制度解决了大部分案件，为少部分案件适用正规的诉讼程序以及严格的证据规则提供了司法资源的保障。而在我国的刑事诉讼制度中，简易程序虽然在立法中扩大了案件适用范围，但是在司法实践中的适用现状并不理想[1]。虽然最高人民法院《关于全面深化人民法院改革的意见》提出健全轻微刑事案件快速办理机制，但其能否为合理分配司法资源提供保障还有待观察；认罪认罚从宽制度的运行，确实为节省司法资源提供了制度保障，但是在案件数量的激增、员额制改革等因素的影响下，该问题依然是影响证据制度运行机制完善的重要环节，此方面的问题不可忽视。

四、结语：刑事证据制度运行机制的完善之路

以上讨论了"以审判为中心"的改革对于完善刑事证据制度的

---

[1]　相关分析可参见贾志强、闵春雷：《我国刑事简易程序的实践困境及其出路》，载《理论学刊》2015 年第 8 期。

运行机制所具有的意义和限度。对于刑事证据制度运行机制的完善而言,"以审判为中心"的改革仅仅是一个研究视角。但是,通过这一视角的切入,我们已然窥探到刑事证据制度运行机制问题的复杂。可以说,没有司法体制、诉讼程序、参与主体、司法资源等多方面的配套改革,刑事证据制度运行机制的完善难以得到有效实现。

具体而言,为了完善刑事证据制度的运行机制,司法体制的配套改革非常重要。其实,公安机关、检察机关和法院三者之间的关系,诉讼过程中各种权力的分配,以及法院内部的管理体制等,都是司法体制改革的重要内容,而它们均构成了刑事证据制度运行机制的重要基础。如果无法确立审判在诉讼程序中的主导地位,如果不能合理配置刑事诉讼中的各种公权力,如果不能改变法院内部行政化的管理方式,刑事证据制度运行机制的完善措施都可能被架空。

诉讼程序的配套变革是刑事证据制度运行的前提保障。证据制度的运行离不开诉讼程序,如果没有必要的诉讼程序保障,证据制度根本无法发挥作用。这就如同汽车和道路的关系,生产汽车的水平和能力,能够保障汽车本身的性能,但是不足以保障汽车实际运行的速度;在破旧颠簸的道路上,再好的汽车也很难全部发挥其性能优势。为了保障证据制度能够有效运行,需要合理构建刑事证据制度所依赖的诉讼程序,同时还要协调好该诉讼程序与普通诉讼程序的关系。否则,诉讼程序的缺失、不适将成为影响刑事证据制度运行效果的"破旧道路"。

诉讼主体的有效参与以及诉讼主体素质的提高,同样是证据制度运行的重要保障。从刑事证据制度的功能设置来说,其核心功能是约束法官的自由裁量权,保障被告人的基本权利。[1] 该功能的发挥,一个非常重要的诉讼主体是辩护律师。只有在辩护律师充分参与刑事审判且发挥实质作用的情况下,才能通过证据规则的运用实现其功能。如果律师参与刑事审判只是走过场,甚至律师无法参加

―――――――――

〔1〕 关于证据法的功能定位,参见陈瑞华:《从"证据学"走向"证据法学"——兼论刑事证据法的体系和功能》,载《法商研究》2006 年第 3 期。

刑事审判，则刑事证据规则难以得到有效运行。再来看法官。法官是审判过程中审查、判断证据的主体，只有其具有较高的理论素养和相当的实践能力以保障证据规制制度得到准确理解和运用的情况下，刑事证据制度才能真正发挥作用。另外，作为控诉一方的侦查人员、检察人员，同样是刑事证据制度运行机制的重要保障主体，他们在取证、举证、质证等活动中能否依法进行，是刑事证据制度良性运行的关键一环。

最后，司法资源与相应的配套改革措施是证据制度运行机制中不可缺少的环节。基于保障被告人权利、约束法官自由裁量权的基本功能定位，刑事证据制度的设置和运行必然会影响诉讼效率、占用司法资源，但这是制度设计的必要代价和成本。反过来说，没有必要的司法资源保障以及配套的制度改革，任何刑事证据制度都无法发挥其应有的作用。如何在保障刑事证据制度的运行与有限的司法资源之间达成平衡？增加司法人员和资金投入无疑是一种理想的解决方式，但是在现实中可能较难完全实现。因此，相应的配套制度改革必须跟进。例如，从诉讼制度的角度来说，必须对诉讼程序进行繁简分流，以此保障在普通刑事程序中有充足的司法资源，而这正是刑事证据制度发挥作用的主要场所。

第六章

刑事证明的两种模式

一、问题的提出

刑事法官在诉讼过程中如何根据证据认定案件事实，如何使用证据完成证明任务、达到法律规定的证明标准，这涉及证明模式问题。[1] 我国学者以往对于刑事证明模式的讨论，大多局限在法定证明与自由证明的框架内，并以此提出改革、完善我国刑事证明模式的主张。[2] 近些年来，有学者提出印证证明模式的观点，[3] 受到学界、司法实务界的关注。有学者论证了证据相互印证的合理性，[4] 也有研究者对印证模式持否定态度；[5] 而在司法实践中，印证证明模式获得了刑事法官的认可，有法官提出证据相互印证规

---

〔1〕 例如有学者提出，证明模式是指实现诉讼证明的基本方式，即人们在诉讼中以何种方式达到证明标准，实现诉讼证明的目的。参见龙宗智：《印证与自由心证——我国刑事诉讼证明模式》，载《法学研究》2004 年第 2 期。

〔2〕 代表性的文章，参见何家弘：《从司法证明模式的历史沿革看中国证据制度改革的方向》，载《法学家》2005 年第 4 期。

〔3〕 代表性的文章，参见龙宗智：《印证与自由心证——我国刑事诉讼证明模式》，载《法学研究》2004 年第 2 期。

〔4〕 参见李建明：《刑事证据相互印证的合理性与合理限度》，载《法学研究》2005 年第 6 期。

〔5〕 参见谢小剑：《我国刑事诉讼相互印证的证明模式》，载《现代法学》2004 年第 6 期。

则是被司法实践证明行之有效的一项证据规则。[1]

以上关于刑事证明模式问题的研究成果，对推动理论发展和指导实践具有重要意义。然而，笔者认为现有研究成果存在不足。例如，虽然印证证明模式受到学界和司法实务界的普遍关注，但是笔者认为这种对刑事证明模式的研究比较概括，对于经验事实的精细化分析较少，对司法实践中刑事证明方式的具体描述和模式化讨论还有深入的空间，特别是对于法官使用证据认定案件事实的具体方式和过程，印证证明模式理论无法给予准确的回应。从审判者的角度来看，法官按照何种方式使用证据认定案件事实，不同种类的证据对于刑事案件事实的认定过程有何影响，立法和司法实践呈现为何种形态，在理论上可以进行哪些概括，由此会带来多少理论冲击，这些问题尚缺乏解剖麻雀式的实证分析和模式化的理论推进。

根据对我国立法和司法实践现状的观察，笔者认为基于刑事诉讼中认定案件事实的证据是否包括直接证据，法官会使用不同的方式认定案件事实，其认定过程也会存在差异，本书将其概括为验证模式和体系模式。

在具有被告人口供、被害人陈述、证人证言、视听资料、书证等直接证据的案件中，如果被告人作出过有罪供述，被害人能够陈述受到侵害的犯罪事实及犯罪嫌疑人，目击证人能够证明案件的主要事实，视听资料、书证记录了犯罪嫌疑人实施犯罪行为的经过，这意味着直接证据中包含了犯罪事实是否发生、谁是犯罪嫌疑人等案件主要事实信息，那么只要能够验证上述直接证据的真实性，案件的主要事实就能够得到证明。基于此，在具有直接证据的案件中，法官通常采用案件中的其他证据验证直接证据真实性的方式达到证明目的；一旦直接证据得到其他证据的验证，能够确保其真实性，法官即可认定案件的主要事实，达到证明标准。对于刑事证明模式而言，这种方式可以概括为基于直接证据的验证模式。

---

〔1〕 参见牛克乾：《证据相互印证规则与死刑案件事实的细节认定》，载《人民司法》2010 年第 14 期。

需要说明的是，案件主要事实在理论上可以分为积极的案件主要事实和消极的案件主要事实。因此，直接证据不仅包括证据信息能够证明积极的案件主要事实的证据，如被告人对自己实施犯罪行为的有罪供述；也包括证据信息能够证明消极的案件主要事实的证据，如证明被告人不在犯罪现场的证人证言。[1] 从证明模式的角度来说，只要一个直接证据所包含的信息能够证明案件主要事实，不论该主要事实是积极的主要事实还是消极的主要事实，都可以采用通过其他证据验证该直接证据真实性的方式实现证明目标。

尽管直接证据对于完成证明任务、实现证明标准意义重大，但是并非所有案件中均能收集到直接证据。司法实践中，有些案件缺少被告人供述、被害人陈述、证人证言、视听资料、书证等直接证据，那么法官只能根据间接证据认定案件事实。在使用间接证据认定案件事实过程中，每一个间接证据均无法单独证明犯罪事实是否发生、谁是犯罪嫌疑人这一案件主要事实，每一个间接证据所包含的信息量都是有限的。为了实现证明目标，法官需要对案件中所有的间接证据进行逻辑推理，通过间接证据之间的相互印证形成完整的证明体系或者锁链，排除证据与证据之间、证据与案件事实之间的矛盾，达到证明标准。从证明模式的角度来说，依靠间接证据认定案件事实需要形成完整的证明体系，本书将其概括为体系模式。

因此，根据立法和司法实践中的经验事实，笔者将我国的证明模式概括为存在直接证据案件中的验证模式及与仅有间接证据案件中的体系模式。上述两种模式在我国立法和司法实践中具有哪些特征，如何对其进行评价，两者对现有的刑事证明模式理论会带来哪些理论冲击等问题，本书将依次进行讨论。

二、刑事证明的验证模式

对于刑事法官应当如何使用证据认定案件事实，我国法律中没

---

〔1〕　参见陈瑞华：《刑事证据法》（第4版），北京大学出版社2018年版，第110页。

有明确规定，但在 2012 年《刑诉法解释》第 106 条可以发现认定案件事实的一种思路。"根据被告人的供述、指认提取到了隐蔽性很强的物证、书证，且被告人的供述与其他证明犯罪事实发生的证据相互印证，并排除串供、逼供、诱供等可能性的，可以认定被告人有罪。"该规则显示，被告人供认自己的犯罪事实，并提供了隐蔽性很强的物证、书证线索，这种情况下搜集的物证、书证对于被告人供述具有较强的验证作用，可以证明口供的真实性，由此可以根据被告人供述的内容认定案件事实。

对于该规定，司法解释制定者将其界定为口供补强规则在我国的具体体现。[1] 然而在笔者看来，该规则可以解读为使用直接证据认定案件事实方式的一种规定，体现出法官使用直接证据认定案件事实的基本思路。具体来说，针对被告人口供这种直接证据，该规则将收集到的隐蔽性证据作为验证口供真实性的证据，通过其他证据对口供的印证，证明该口供的真实性，并以此实现对案件事实的证明目标。

当然，该条规定具有一定的特殊性，仅针对被告人口供这种直接证据，而且只提出了印证被告人口供的一类特殊证据——隐蔽性的物证、书证。其实，在该法条规定的情形之外，存在可以印证口供真实性的其他证据，同样可以达到认定案件事实的目的，2012 年《刑诉法解释》第 106 条的规定显然不是使用直接证据证明案件事实的全部情形。如果一个案件中没有根据口供收集到隐蔽性强的物证、书证，但是其他证据可以验证口供的真实性，那么法官依然可以认定案件事实。同样的道理，如果案件中没有被告人口供，但是存在被害人陈述、证人证言、视听资料、书证等其他种类的直接证据，当被案件中的其他证据所验证时，也会被认为实现了证明目标。

由此可以发现，当一个案件中存在被告人口供、被害人陈述、证人证言、视听资料、书证等直接证据时，法官认定案件事实的主

---

〔1〕 参见张军主编：《刑事证据规则理解与适用》，法律出版社 2010 年版，第 152~160 页。

要工作已经转移到对直接证据的验证上来，如果直接证据所包含的案件主要事实信息得到了两个以上具有独立信息源的证据的证明，那么对案件主要事实的证明活动即告完成。[1] 正像有的法官所论述的，由于直接证据对案件主要事实有直接的证明作用，因而只要查证属实，犯罪要件即可得到证明，有罪或无罪的结论就很明显，证明犯罪构成的证据即属充分。[2]

在该过程中，虽然并不否认证据之间相互印证对于达到证明目的的影响，但是被告人口供等直接证据显然已经成为整个证明活动的核心，也是证明活动中被验证的主体。这种情况下，对案件事实的证明活动，已经转化为对直接证据的验证活动，当直接证据的真实性得到其他证据的验证时，对案件主要事实的证明活动即告完成。这种认定案件事实的方式，本书将其概括为"验证模式"。

在验证模式中，包含被验证的核心证据和验证证据。其中，被验证的核心证据是直接证据，具体包括被告人供述、被害人陈述、证人证言、视听资料、电子数据、书证等。从验证模式的基本要求来说，成为核心证据的关键在于证据所包含的信息，而不是证据的形式。只有当被告人供述、被害人陈述、证人证言、视听资料、电子数据、书证等包含着案件主要事实的信息时，它们才是验证模式中的核心证据，法官才会采取验证模式的证明方式。因此，并非只要案件中存在被告人供述、被害人陈述、证人证言、视听资料、电子数据、书证等形式的证据，就一定会成为验证模式的核心证据。另外，作为验证模式核心的直接证据，可能是一项证据，如单一的被告人供述；也可能是两项以上证据，如包含案件主要事实信息的被告人供述和被害人陈述。如果一个案件中具有两项以上包含案件主要事实信息的直接证据，它们都将是被验证的核心证据，并且直接证据之间也会存在相互验证的证明关系。

再来看验证证据。验证证据是用来验证核心证据的其他证据，

〔1〕　参见陈瑞华：《论证据相互印证规则》，载《法商研究》2012年第1期。
〔2〕　参见"王某故意杀人案"，载中华人民共和国最高人民法院刑事审判第一庭、第二庭编：《刑事审判参考》（总第44集），法律出版社2006年版，第22页。

但这并不意味着验证证据一定是间接证据。当案件中存在两项以上包含案件主要事实信息的直接证据时，它们之间存在验证关系，对于被验证的核心证据而言，起到验证作用的直接证据也可被视为验证证据。如果验证证据是一项间接证据，那么该证据只能验证核心证据的某些方面，例如作为物证的作案工具，可以证明被告人供述中所提到的犯罪工具；但是如果验证证据是一项直接证据，那么该证据可能会对核心证据起到全面的验证功能，例如在强奸犯罪案件中，被害人的陈述可以全面验证被告人的供述，从而实现直接证据之间的相互验证。

从证明过程来说，验证模式中存在两项证明活动：一项是验证证据对核心证据的验证，一项是全案证据之间的相互印证。其中，前一项证明活动是验证模式的核心。在实践中，侦查机关在获得犯罪嫌疑人供述等直接证据后，所做的主要工作是收集证据固定直接证据中的犯罪信息，一旦收集到验证直接证据的足够证据，侦查工作即告完成；在此基础上，公诉机关重点对其他证据能否验证直接证据进行审查，并使用以直接证据为核心的控诉证据提起公诉；在审判中，法院也将其他证据能否证明被告人供述等直接证据作为审查重点，并以此判断案件是否达到证明标准。在这样一种证明模式中，验证证据对核心证据的证明活动，无疑是重中之重。一旦这种验证活动完成，案件的证明目的也即实现。

虽然不能否认法官在最终判断是否达到证明标准时，还要对全案证据进行相互印证，但验证模式中的第二项证明活动显然已经不是重点，其能够发挥的作用只是证明验证活动的结论。另外，当有些案件存在疑点时，如被告人翻供或者存在相互矛盾的证据，法官应进行证伪，发挥第二项证明活动的作用，排除由此带来的疑问。在一些重大案件中，被告人的供述等直接证据获得其他证据的验证，法官即认定被告人有罪，而被告人的翻供、证据之间的矛盾往往没有受到应有的重视。这种现状体现出，法官按照验证模式认定案件事实时并未充分重视第二项证明活动的作用。

从刑事司法实践的角度来看，验证模式中最常使用的直接证据莫过于被告人口供。被告人供认了犯罪事实，办案机关收集到能够验证被告人供述内容的其他证据，由此实现证明目标，这是司法实践中最常使用的证明方式。被告人供认有罪通常可以分为两种情形；一种是被告人始终供认有罪，供述内容比较稳定；一种是被告人先供后翻、时供时翻，供述内容不稳定。这两种情况下，对于被告人供述内容的验证要求并不一致：在前一种情况下，只需使用其他证据验证被告人的供述内容即可；而在后一种情况下，不仅需要使用其他证据验证被告人的有罪供述，还要使用证据证明被告人的翻供、辩解不成立，排除由此产生的怀疑。[1]

　　在司法实践中，被告人稳定供述，法官使用其他证据验证口供内容从而认定案件事实的案件，在所有案件中的比例应该不小，但是被告人口供不稳定，先供后翻、时供时翻的案件也经常出现。而且，由于被告人口供不稳定，可能导致认定案件事实的不确定性，各种争议往往发生在此类案件中，这对于分析验证模式更具代表性。因此，下面通过一个案例分析，展现司法实践中法官采用此种模式认定案件事实的现状。

　　[案例1] 在徐某故意杀人、强奸一案中，被告人徐某在侦查阶段曾经作出过多次有罪供述，但是在庭审中辩称没有强奸和杀害被害人，在侦查阶段的有罪供述系刑讯逼供所致，被害人系死于交通事故。面对辩解，负责该案审理的法官从以下两个角度认定案件事实：一是对被告人提出的辩解意见进行反驳，二是使用案件中的其他证据印证被告人在侦查阶段所作的有罪供述。[2]

---

　　〔1〕　2012年《刑诉法解释》第83条确立了审查被告人的供述和辩解尤其是被告人翻供的基本规则：审查被告人供述和辩解，应当结合控辩双方提供的所有证据以及被告人的全部供述和辩解进行。被告人庭审中翻供，但不能合理说明翻供原因或者其辩解与全案证据矛盾，而其庭前供述与其他证据相互印证的，可以采信其庭前供述。被告人庭前供述和辩解存在反复，但庭审中供认，且与其他证据相互印证的，可以采信其庭审供述；被告人庭前供述和辩解存在反复，庭审中不供认，且无其他证据与庭前供述印证的，不得采信其庭前供述。

　　〔2〕　在本书使用的案例中，保留了原文中使用的"印证"等术语，以忠实于引用的材料，但是案例中使用的"印证"一词仅是描述了证据认定过程中的活动，"印证"一词的使用并不妨碍"验证模式"的理论概括。

针对被告人提出"在侦查阶段的有罪供述系刑讯逼供所致"的辩护意见，法官采信公诉机关提出的证明有罪供述自愿、合法的如下证据：一是徐某未能提供非法取证的人员、时间、地点、内容等相关线索或者证据；二是看守所出具的健康检查表；三是侦查人员出庭作证；四是同步录音录像。针对被告人提出"其没有强奸和杀人被害人，被害人死于交通事故"的辩护意见，法院采信以下证据认定该辩护意见不能成立：一是尸体检查报告和法医分析意见书排除了被害人死于交通事故的可能性；二是针对被告人辩解所称的将被害人带至抛尸现场的方式，侦查实验显示该辩解说法不能成立。

在反驳上述辩护意见后，法官提出徐某的庭前认罪供述具有自愿性和合法性，能够作为定案根据使用；而且，公诉机关提供的证据能够印证该庭前认罪供述，综合全案证据，达到证明标准，可以认定案件事实。据以印证被告人庭前认罪供述的证据包括：一是被害人的手机通话清单能够证实庭前认罪供述中提到的数次通电话的情节；二是被告人肋部损伤照片，与被被害人抓伤的供述内容相印证；三是抛尸现场的情况与被告人供述相印证；四是被害人头部损伤的法医鉴定意见，与被告人供述的打击行为相印证；五是扣押的作案时使用的摩托车损坏情况，与修理摩托车人员的证言相印证；六是被告人作出认罪供述后，带领侦查人员在抛尸现场找到了被害人的手表表扣，并在回家途经的关联现场找到作案后丢弃的被害人衣服、鞋子、手表、眼镜等物证，经被害人家属辨认和 DNA 鉴定，确认均为被害人衣物。其中，第六项证据为根据供述取得，被告人丢弃被害人衣物的关联现场距离抛尸现场较远，且为一座桥下的河流，这属于隐蔽性较强的证据。综合以上证据，法官认为可以印证被告人庭前有罪供述的真实性，全案证据相互印证，达到了法定证明标准。[1]

---

　　〔1〕　参见"徐某故意杀人、强奸案"，载中华人民共和国最高人民法院刑事审判第一、二、三、四、五庭主办：《刑事审判参考》（总第82集），法律出版社 2012年版，第 40~49 页。

　　从以上案例分析可以发现，在被告人曾经作出过有罪供述、后来又翻供的情况下，法官依证据认定案件事实，需要根据案件中的其他证据验证被告人曾经作出过的有罪供述。如果能够完成该验证活动，则庭前有罪供述将作为定案的根据，并与其他证据相互印证，完成证明任务。当然，由于被告人在作出有罪供述之后又有翻供的情况，其翻供理由是对曾经作出的有罪供述乃至整个案件的证据情况提出的反驳，由此也会带来法官对于案件证据情况的疑问。此时，法官要根据证据认定案件事实，还需要排除由此带来的内心怀疑。

　　如前文所分析，除被告人供述外，可能作为验证模式核心证据的直接证据还包括被害人陈述、证人证言、视听资料、电子数据、书证等。侦查机关在有些案件中没有取得被告人的有罪供述，或者被告人对于被指控的犯罪事实持否定态度，但是案件中能够收集到被害人陈述、目击案件发生的证人证言、记录犯罪过程的视听资料、电子数据、书证，它们也能成为验证模式的核心证据，最为典型的是强奸犯罪案件和贿赂犯罪案件。

　　在强奸犯罪案件中，往往没有证人，如果被告人否认强奸而提出双方自愿发生性行为的辩解，则案件中只有被害人可能提供直接证据，那么被害人陈述在此类案件中将可能是被验证的核心证据。在贿赂犯罪案件中，经常出现"一对一"的情形，如果作为被告人的受贿人否认自己收受贿赂，案件中可能只有行贿人的证言能够直接证明案件事实，[1] 此种案件中如果使用验证模式，被验证的核心证据只能是证人证言。在这种情况下，法官使用验证模式判断证明活动是否完成，与被告人供述作为核心证据的案件大体相似，只是在这种案件中，被告人的辩解、否认会带来疑问，法官在判断时必须排除由此带来的怀疑。以下通过一个案例展现被害人陈述作为核心证据时，验证模式的运作现状。

---

　　〔1〕　很多贿赂犯罪案件中，行贿人并没有被追究刑事责任，因此其在受贿案件中是以证人身份出现，其提供的证据为证人证言。

[**案例2**] 在陈某强奸一案中，陈某被指控趁被害人孤立无援、酒后性保护能力较弱之机，强行与被害人发生性关系，构成强奸罪。被告人陈某一直否认实施强奸犯罪，辩称被害人自愿与其发生性关系。一审法院认定被告人陈某构成强奸罪，但是二审法院经过审理，认为该案的证明没有达到法定标准，判决被告人无罪。根据法官分析，该案中被告人与被害人发生过性行为的事实，各证据证明指向完全一致，可以认定；该案的关键问题是，发生性行为是双方自愿，还是被告人采取暴力手段强迫所致。在证明该关键情节的证据中，被告人一直不承认自己有罪，被害人则指控被告人违背其意志、强行发生性关系。因此，对于被告人是否构成强奸罪，关键证据是被害人陈述，确定被害人陈述的证明力是认定案件事实的关键。

二审法官通过以下几种方法进行比较分析，确定被害人陈述的证明力：一是将被害人陈述与被告人供述进行比较分析，发现两者之间相互矛盾。二是分析被害人陈述本身的内容。被害人陈述前后矛盾、描述不一、变化大且细节越描越细，结合案发的时间、地点、条件、环境，以及案发时的情况，法官认为该陈述虚假的可能性较大，如果没有其他证据予以印证，不足以采信为认定被告人采用暴力手段的依据。三是间接证据对被害人陈述的印证。案件中的间接证据无法证明被害人衣物损坏、身上的轻微伤痕，系被告人暴力行为所致，间接证据的证明方向不唯一。四是被告人陈述始终比较稳定，部分细节有间接证据能够证明，这对于分析事实具有证明意义。最终，法院根据以上分析，认定本案并没有达到法定的证明标准，宣告被告人无罪。[1]

在该案中，被告人对于犯罪事实一直否认，能够证明案件事实的直接证据只有被害人陈述。通过案例分析可见，法院在认定案件事实时，以被害人陈述为验证核心，通过对被害人陈述和案件中间接证据的分析，最终认定间接证据无法对被害人陈述进行验证。而

---

[1] 参见"陈某强奸案"，载中华人民共和国最高人民法院刑事审判第一、二、三、四、五庭主办：《刑事审判参考》（总第50集），法律出版社2006年版，第19~27页。

且，被告人辩解的部分情节获得了间接证据的印证，因此被告人辩解提出的疑问没有得到合理排除。在这种情况下，法院认定本案的证明活动没有达到证明标准，宣告被告人无罪。虽然本案中法院最终宣告被告人无罪，以被害人陈述为核心的证据体系没有得到法院的认可，但是以被害人陈述为核心证据的验证模式在本案的证明过程中仍然得到体现，法院按照验证模式的思路去认定案件事实是否达到证明标准。因此，本案分析同样展现出验证模式在司法实践中的运作，只是因为验证证据无法证明核心证据，最终没有达到证明标准，但这不能否认验证模式在我国司法实践中的客观存在。

三、刑事证明的体系模式

司法实践中并非每一个案件都能收集到直接证据，当被告人一直保持沉默，或者始终否认自己有罪，也缺乏可能作为定案根据的被害人陈述、证人证言、视听资料、电子数据、书证，或者已经收集到直接证据，但是其他证据无法进行有效验证，这种情况下要认定案件事实，就需要依靠间接证据。如何使用间接证据认定案件事实，与具有直接证据的案件相比，在证明模式上存在哪些差别，这对于研究证明模式问题同样非常重要。

对此问题，2012 年《刑诉法解释》第 105 条作出了明确规定："没有直接证据，但间接证据同时符合下列条件的，可以认定被告人有罪：①证据已经查证属实；②证据之间相互印证，不存在无法排除的矛盾和无法解释的疑问；③全案证据已经形成完整的证明体系；④根据证据认定案件事实足以排除合理怀疑，结论具有唯一性；⑤运用证据进行的推理符合逻辑和经验。"从该规定可以看出，使用间接证据认定案件事实，需要将每个间接证据查证属实，确保间接证据之间相互印证，在此基础上通过逻辑推理形成完整的证明体系，排除证据之间的矛盾和疑问，认定的案件事实排除合理怀疑，得出唯一性结论。可见，使用间接证据认定案件事实，需要形成完整的证明体系，本书将其概括为刑事证明的"体系模式"。

如前所述，验证模式中存在被验证的核心证据和验证证据两类。而在体系模式中，并没有处于被验证核心地位的直接证据，或者直接证据无法被其他证据所验证，这种情况下认定案件事实需要采取体系模式。因此，使用体系模式的基本前提是没有包含案件主要事实信息的直接证据能够作为定案根据。在有些案件中，无法收集到直接证据，如被告人始终不供认，也就是司法实践中所说的"零口供"，案件中又没有证人证言、被害人陈述、视听资料、书证等其他直接证据，法院只能根据间接证据认定案件事实；[1] 而在有些案件中，办案机关已经收集到包含案件主要事实信息的直接证据，但是该直接证据无法获得其他证据的验证，这种情况下法院不能将其作为定案根据，只能依靠其他间接证据认定案件事实。[2]

可见在体系模式中，发挥证明作用的均为间接证据，作为定案根据的证据中没有一个单独证据能够包含案件主要事实的信息，这是体系模式中证据的特殊性。具体来说，体系模式中的间接证据，既包括在证据属性上只能证明部分案件事实的证据，如物证、鉴定意见等，也包括内容上没有包含案件主要事实信息的证人证言、被害人陈述、视听资料、书证等，例如只能证明案件起因或者被告人作案后情况的证人证言，并不知道谁是作案人的被害人陈述等。当然，有些案件中的直接证据具有相应的形式和内容，但是该直接证据无法得到其他证据的验证，这种情况下相当于案件中没有直接证据，对于案件事实的证明仍然要遵循体系模式。

由于体系模式中不存在需要验证的核心证据，因此其证明过程与验证模式也不相同。使用间接证据证明案件事实，需要在确认每一个间接证据真实性、关联性、合法性的基础上，使用间接证据证明案件主要事实的片段，并将间接证据相互印证，进行逻辑推理，

---

〔1〕 具体案例分析可以参见"陈某东故意杀人案"，载中华人民共和国最高人民法院刑事审判第一、二、三、四、五庭主办：《刑事审判参考》（总第77集），法律出版社2011年版，第11~19页。

〔2〕 具体案例分析可以参见"陈某军故意伤害案"，载最高人民法院刑事审判第一、二、三、四、五庭主办：《刑事审判参考》（总第77集），法律出版社2011年版，第27~34页。

形成完整的证明体系，排除证据之间的矛盾和证明体系可能存在的疑问，达到证明标准。因此，使用间接证据认定案件事实通常要完成两项证明活动：一是使用间接证据证明案件主要事实的片段；二是将间接证据相互印证，进行逻辑推理，形成完整的证明体系。

其中，第一项证明活动是在明确证据的真实性、关联性、合法性的基础上，确定每一个间接证据能够证明的案件事实。由于间接证据不包含案件主要事实的全部信息，其能够证明的只是案件主要事实的片段。例如，作为物证的凶器经过鉴定后，如果与被害人的损伤能够吻合，则可以证明该凶器是造成被害人损伤的物品；经过鉴定凶器上的指纹，如果能够与被告人的指纹相吻合，那么可以证明被告人接触过该凶器。但是，该物证只能证明上述案件主要事实的片段，而被告人是否持凶器伤害了被害人，仅使用该物证是无法证明的。

在确定每一项间接证据能够证明的案件事实的基础上，需要进行第二项证明活动，即判断间接证据能否形成一个完整的体系，案件的主要事实能否得到间接证据的完整证明，这是体系模式的核心环节。在我国传统的证明标准理论中，体系模式也被称为"证据锁链"，其要求案件中的间接证据相互衔接、环环相扣，形成一个完整的锁链，由此达到法定的证明标准。[1]

上述使用间接证据认定案件事实的体系模式，主要是对司法实践做法的理论总结，下面通过分析具体的案例展现体系模式的运作现状。

[**案例3**] 在杨某故意杀人一案中，杨某在被害人李某莲的居住地将其杀害，杨某自杀未遂被当场抓获。被告人杨某拒不认罪，被害人已经死亡，案件发生时没有目击证人，因此该案只能使用间接

---

〔1〕 也有学者质疑"锁链说"的概念，认为使用间接证据证明案件事实实际上是一种"证据绳索"，使用间接证据定案就像一条用几条绳子织成的绳索。参见阮堂辉：《"证据锁链"的困境及其出路破解——论间接证据在我国刑事诉讼中的独立定案功能》，载《中国刑事法杂志》2006年第4期。

证据认定案件事实。该案中的间接证据包括证人证言、现场勘验检查笔录、尸体检验鉴定书、生物物证鉴定书、关于李某莲死亡一案的专家会诊意见、手机通信记录、公安机关的到案经过、破案情况等。该案中由于没有直接证据证明被告人杨某杀害了被害人李某莲，且被告人在庭审中辩称李某莲系与其一同自杀，其没有故意杀人，因此要认定被告人有罪，需要间接证据形成完整的体系，排除被害人自杀或者被第三人杀害的可能性。

根据法官分析，首先确认该案中所有间接证据经查证均是客观真实的。在此基础上，法官认为间接证据分别证实本案事实的某一方面，相互结合，共同证明一个完整的事实。具体体现为：四名证人的证言相结合，能够证明被告人杨某有以自杀、杀人方式胁迫李某莲与其交友的心理倾向，具有杀人动机；六名证人的证言相结合，能够证明被害人李某莲与杨某虽然存在感情纠葛，但无自杀或与杨某相约自杀的想法；六名证人的证言和现场勘查笔录、生物物证鉴定书相结合，证明党某波（被害人男友）到场后李某莲尚未死亡，现场房内只有杨某、李某莲二人，杨某有作案条件，并可排除第三人作案；尸体检验鉴定书、专家会诊意见和法医的证言证明被害人李某莲系他杀，排除了自杀的可能性。这些间接证据综合起来形成的唯一、排他性的结论：被告人杨某故意杀害了李某莲。[1]

通过以上案例分析，可以展现出使用间接证据认定案件事实的体系模式的运作情况。该案中没有证人证言、被害人陈述等直接证据；与此相反，被告人一直否认自己实施了杀人行为，这种情况下只能使用间接证据证明案件事实。法官首先确认每一个间接证据的客观真实性；之后，通过对间接证据的分析，明确其能够证明案件事实的方面，例如被告人的杀人动机、被告人实施杀人行为的条件、排除被害人自杀的可能性等。在此基础上，通过全部间接证据的相互印证、逻辑推理，法官得出被害人是被人杀害而非自杀、被告人

---

〔1〕 参见"杨某故意杀人案"，载中华人民共和国最高人民法院刑事审判第一、二、三、四、五庭主办：《刑事审判参考》（总第65集），法律出版社2009年版，第7～16页。

是唯一的犯罪嫌疑人这一案件主要事实。在此过程中，尸体检验鉴定书、专家会诊意见等证据相互印证，排除了被害人自杀的可能性，对被告人的辩解给予了回应，排除了可能存在的疑问。基于以上分析，本案的间接证据形成了完整的证明体系，能够得出排他性的唯一结论。

当然，司法实践中使用间接证据认定案件事实的案例并不太多，有些研究者提出间接证据的独立定案功能遇到困境。[1] 在司法实践中，虽然不乏使用间接证据独立定案的典型案例，但相关的研究和媒体的报道可能更映衬出它们仅仅是"典型"案例，在司法实践中并不普遍。而且，最高人民法院主办的《刑事审判参考》刊登了为数不多的独立使用间接证据定案的案例，还有不少单独使用间接证据无法定案的案件，特别是在被告人翻供的案件中，间接证据无法独立证明案件事实，法院只能宣告被告人无罪，这显示出间接证据证明案件事实的功能并不突出。尽管如此，我们认为这并不影响将其概括为一种证明模式。因为在一些案件中使用间接证据无法独立证明案件事实，并不能否定使用间接证据认定案件事实的运作模式，这与验证模式中分析的第二个案例是同样的道理。

四、对两种刑事证明模式的评价

验证模式和体系模式是基于我国立法和司法实践提出的证明模式理论，它们是对法官使用证据证明案件事实方式的描述和理论概括。模式化研究的目的，并非为了"模式"提出"模式"，而应当据此发现我国刑事证明方式中存在的问题，同时与现有的刑事证明模式理论进行学术对话，推动理论发展。那么，验证模式和体系模式的理论概括对于司法实践有何意义？笔者认为回答这个问题，需要通过分析两种刑事证明模式的优劣来展现。

如前所述，刑事证明的两种模式体现出完成证明任务的两种不

---

〔1〕　参见阮堂辉：《"证据锁链"的困境及其出路破解——论间接证据在我国刑事诉讼中的独立定案功能》，载《中国刑事法杂志》2006 年第 4 期。

同方式和过程，验证模式和体系模式是基于定案根据的证据类型所作的理论分类。在验证模式中，作为定案根据的证据包括直接证据和间接证据，而在体系模式中只有间接证据。由于作为定案根据的证据种类不同，在完成证明任务的方式上也存在差异。

在验证模式中，由于存在包含案件主要事实信息的直接证据，因此认定案件主要事实的活动转变为对直接证据真实性的验证活动，只要直接证据的真实性获得验证，案件主要事实就得到了证明。那么，案件中其他证据对直接证据的验证，成为验证模式中完成证明活动的主要环节。与此相对，体系模式中并没有包含案件主要事实信息的直接证据作为定案根据，只有若干能够证明案件主要事实片段的间接证据，因此要完成证明任务，需要在确定每一个间接证据的真实性、关联性、合法性以及能够证明的案件事实的基础上，对间接证据进行相互印证、逻辑推理，由此形成完整的证明体系，并排除可能存在的矛盾和疑问。在该证明活动中，更加强调证据之间的相互关联，发挥事实裁判者逻辑推理的作用，确保证明体系的完整性。对于上述两种证明模式，笔者试图从认定案件事实可能达到的证明程度、难易程度，以及错误认定案件事实的可能性三个角度分析各自的优劣。

（一）从认定案件事实可能达到的证明程度来说，验证模式比体系模式具有一定的优势

由于验证模式中存在直接证据，其包含着案件主要事实的信息；作为直接证据来源的被告人、被害人、证人等往往亲身经历了犯罪过程，视听资料、电子数据、书证等记录了案件主要事实的信息，因此对于案件事实的证明能够提供比较全面的信息，包括一些只有亲身经历者才可能了解的情况。那么，只要能够验证直接证据的真实性，案件主要事实往往会得到比较全面的证实，而且可以达到较高的证明程度，证据之间的疑问、矛盾几乎都能够得到排除或者合理解释。而且，在使用直接证据认定案件事实的验证模式中，一旦法官使用其他证据验证直接证据的真实性，案件主要事实的证明活动即告完成，证明环节相对简单，这同样有利于提高认定案件事实的证明程度。

在体系模式中，只有间接证据用来证明案件事实，每一个证据所能证明的案件事实比较有限；而且在使用体系模式完成证明任务时，需要证据之间相互证明，由事实裁判者进行逻辑推理得出结论。那么，间接证据所包含信息的有限性，限制了其能够证明的案件事实范围；每一份间接证据只能证明案件主要事实的片段，通过多份间接证据很可能无法拼凑出完整的案件主要事实，会降低认定案件事实的准确性和完整性；在证明过程中强调证据之间的相互印证，增加了达到证明标准的环节，也提高了认定案件事实中出现误差甚至是错误的风险；在认定案件事实的过程中，需要依赖事实裁判者的逻辑推理，这将对认定案件事实的准确性增加更多的不确定因素。两相比较，体系模式所能达到的证明程度很可能低于验证模式。

（二）从认定案件事实的难易程度来说，验证模式相对体系模式拥有优势

使用验证模式认定案件事实，最核心的工作是收集、验证直接证据。由于直接证据往往是言词证据，获取的成本相对较低，而且被告人口供等直接证据能够提供收集其他证据的线索，因此通过验证模式证明案件事实的难度相对较低、效率较高。而在体系模式中，无法收集到包含案件主要事实信息的直接证据，每一个间接证据包含的案件信息有限，因此需要收集的证据数量可能较多；而且，间接证据所包含的信息具有不确定性，会影响寻找其他间接证据的可能性，这会增加认定案件事实的困难。更为关键的是，使用体系模式认定案件事实，需要法官进行逻辑推理，判断间接证据之间是否形成了完整的证据锁链，这无疑会在客观上增加认定案件事实的难度，降低诉讼效率。

（三）验证模式在错误认定案件事实可能性方面具有劣势

在验证模式中，由于直接证据是整个证明活动的核心，确保其真实性对于准确认定案件事实至关重要。如果包含案件主要事实信息的直接证据是真实的，其他证据能够验证其真实性，则案件主要事实的准确性能够得到保障；然而，如果案件中的直接证据是虚假的，其他证据也许在形式上能够验证该直接证据，这种情况下相关

的验证证据数量越多，对直接证据的验证程度越高，则其出现的错误越发严重。

例如，发生在云南昆明的杜培武案件中，杜培武在受到刑讯逼供的情况下作出有罪供述，这是作为定案根据的直接证据；为证明其有罪供述的真实性，侦查机关收集了其他间接证据，包括警犬嗅觉实验证据、测谎实验证据等进行验证。在这种情况下，作为验证证据的上述间接证据对于杜培武的有罪供述发挥着证明作用，然而该有罪供述是虚假的，相关的验证活动只能使错误的直接证据得到加强，导致最终出现了错案。基于此，如果直接证据的真实性无法得到保障，将直接影响验证模式中认定案件事实的准确性，而这是此模式中出现错误的主要环节。

在我国司法实践中，办案机关对于直接证据，尤其是被告人有罪供述的追求和依赖是众所周知的事实。由于被告人供述、证人证言、被害人陈述等主要的直接证据为言词证据，其中包含案件主要事实的信息，获得直接证据在很多情况下相当于成功破案；而且，办案机关在获得言词证据方面具有很多便利条件，需要付出的成本相对低廉。[1] 这种情况下，办案机关很可能通过各种手段获得直接证据，特别是被告人的有罪供述。而直接证据的真实性出现问题，势必会影响认定案件事实的准确性，司法实践中出现的冤假错案，已经展现出这种证明模式在错误认定案件事实方面的劣势。

当然，体系模式对于错误认定案件事实的风险并非不存在。在体系模式中，间接证据之间形成完整的体系、排除证据之间的矛盾和疑问，是达到证明标准的判断依据，因此证明体系的完整性、疑点的排除是其核心要求，也是需要防范的主要问题。具体来说，间接证据形成的证明体系是否真正完整，证据之间是否能够闭合为一个没有缺口的锁链，证据之间的矛盾是否能够被排除，证明体系中的疑问是否具有合理的解释，是该模式完成证明活动的关键。而证

---

〔1〕 关于口供的成本收益分析，参见谢川豫：《刑讯逼供的经济学解析——以刑事侦查为视角》，载《法学论坛》2005 年第 5 期。

明体系不完整，包括证据锁链没有形成，以及证据之间的矛盾、疑问没有得到排除或者合理解释，是体系模式出现问题的主要环节。

例如，一个案件中某人具有重大犯罪嫌疑，但是缺乏其实施犯罪行为的证据，[1]或者缺乏犯罪第一现场的证据，或者作案工具的认定缺乏证据，或者被害人的被害时间无法确定，[2]那么行为人构成犯罪的证明体系不可能完整，犯罪构成要件事实无法得到间接证据的证明，当然也就无法达到证明标准的要求。在有些案件中，间接证据在形式上形成了证明体系，但是对于证据之间的矛盾和疑问，使用案件中的证据无法排除，使得已经形成的证明体系又被"撕出"新的缺口，这种情况下也没有完成证明任务。[3]

然而，体系模式中由于不存在处于核心地位的直接证据，需要依靠多个间接证据的相互证明形成体系，这种方式能够防止对于个别证据的过分依赖；虽然间接证据的信息较为分散，但是多角度的信息能够为案件事实的认定提供更为发散的分析思路和质疑，有可能提高防止错误认定案件事实的能力。从司法实践的角度来说，使用体系模式认定案件事实的成功案例不多，这一方面体现出体系模式在认定案件事实方面的难度较大，但从另一个角度也可以展现出其防止错误认定案件事实的客观效果。

五、与刑事证明模式理论的学术对话

关于证明模式问题的研究，目前已经存在不少重要的成果。那么从理论角度来说，验证模式和体系模式的理论概括与现有的刑

---

〔1〕　参见"陈某军故意伤害案"，载中华人民共和国最高人民法院刑事审判第一、二、三、四、五庭主办：《刑事审判参考》（总第 77 集），法律出版社 2011 年版，第 27~34 页。

〔2〕　具体案例可参见"余某平、余某成被控故意杀人案"，载中华人民共和国最高人民法院刑事审判第一、二、三、四、五庭主办：《刑事审判参考》（总第 57 集），法律出版社 2007 年版，第 19~26 页。

〔3〕　具体案例可参见"陈某东故意杀人案"，载中华人民共和国最高人民法院刑事审判第一、二、三、四、五庭主办：《刑事审判参考》（总第 77 集），法律出版社 2011 年版，第 11~19 页。

事证明模式理论是何关系？笔者试图通过两种刑事证明模式的概括与现有理论进行学术对话，展现验证模式和体系模式的学术价值。

综观目前的研究成果，对于刑事证明模式问题存在两种研究思路：一种是以比较法为基础的研究成果，一种是对我国实践做法的理论提炼。其中，在比较法的研究视野中，对于刑事证明模式的概括，包括自由证明模式与法定证明模式、[1] 自由裁量主义证明模式和严格规则主义证明模式、[2] 自由证明模式与严格证明模式[3]等几种表述。而对于我国实践做法的理论提炼中，最受关注的当属印证证明模式理论。其中，前一种研究思路中的自由证明模式和法定证明模式、自由裁量主义证明模式和严格规则主义证明模式，尽管使用的术语不同，但是所概括的内容大体相似，本书将其作为一类学术对话的对象，并统称为自由证明模式和法定证明模式。

自由证明模式，是指法律对司法证明活动没有任何限制，司法者在诉讼过程中可以自由地采纳证据并运用证据认定案件事实，自由心证的范围可以涵盖证据能力和证明力两大领域；而法定证明模式，则是指法律为司法证明活动设计了具体的规则，确立了一系列具有高度技术性的证据规则来规范法庭的证据采纳活动，司法者在采纳证据和运用证据认定案件事实时必须遵守这些规则，不具有可采性的

---

〔1〕 该文章通过对刑事证明模式的历史考察，认为自由证明和法定证明是人类社会司法证明制度的两种基本模式，并且两者的发展历史遵循了"否定之否定"的规律；自由证明模式和法定证明模式各有利弊，我国证据制度改革的方向应当是从自由证明走向法定证明。参见何家弘：《从司法证明模式的历史沿革看中国证据制度改革的方向》，载《法学家》2005 年第 4 期。

〔2〕 该文章通过对比较法资料的考察，将大陆法系和英美法系国家的刑事证明模式分别概括为自由裁量主义证明模式和严格规则主义证明模式，两者的产生与诉讼模式、审判主体等要素紧密相关，并且具有各自的优劣。我国未来刑事证明模式的选择，应当正确对待自由心证和法定证据，在严格规则和自由裁量之间进行选择，确立法定证明与自由心证相结合的刑事证明模式。

〔3〕 参见［德］克劳思·罗科信：《刑事诉讼法》，吴丽琪译，法律出版社 2003 年版，第 208 页。国内有研究者将严格证明和自由证明认定为刑事证明的模式，并将此作为分析我国问题的前提。参见简乐伟：《论量刑程序证明模式的选择》，载《证据科学》2010 年第 4 期。

证据不得进入裁判者的评价视野，具有明显的法定证据色彩。[1]

　　严格证明和自由证明是大陆法系国家证据法上的基本概念，最早由德国学者迪恩茨（Ditzen）提出，之后由德国传至日本等地，在学说和判例中得以发展。[2] 在德国法中，严格证明是指对于攸关认定犯罪行为之经过、行为人之责任及刑罚之高度等问题的重要事项，法律规定需以严格之方式提出证据。严格证明有两项限制：一是法定证据之限制，即证据种类限于法律规定之内；二是严格证明之证据只得依法律规定之规则使用。而自由证明是指，对于严格证明对象之外的事项，法院得以一般实务之惯例以自由证明方式调查，可不拘任何方式来获取可信性，在许多案例中对此只要有纯粹的可使人相信之释明程度即可。自由证明适用于只具有诉讼上之重要性之事实认定，以及除判决以外之裁判中之事实认定。[3] 有学者提出，严格证明与自由证明在证明对象、证明方法、所运用的证据方法、证明使法官所达到的确信程度等方面都存在差别。[4] 再来看印证证明模式。印证证明模式是基于我国的立法规定和司法实践做法而提出的理论概括，由于我国刑事诉讼中证据的证明力未受法定限制，个别证据的证明力判断以及证据的综合判断主要依靠法官根据案件的具体情况作出，因此印证模式仍然属于自由心证体系。印证证明模式具备四个特征：获得印证性直接支持证据是证明的关键；注重证明的"外部性"而不注重"内省性"；要求证据间相互印证导致很高的证明标准，在信息有限的司法环境中达到该标准的难度很大；易于采用比较灵活的取证手段。印证证明模式的出现，有我国的审理方式、裁判方式、法官素质、诉讼中主导的认识论等方面的原因，

　　〔1〕　参见何家弘：《从司法证明模式的历史沿革看中国证据制度改革的方向》，载《法学家》2005 年第 4 期。

　　〔2〕　参见闵春雷：《严格证明与自由证明新探》，载《中外法学》2010 年第 5 期。

　　〔3〕　参见［德］克劳思·罗科信：《刑事诉讼法》，吴丽琪译，法律出版社 2003 年版，第 208 页。

　　〔4〕　参见陈瑞华：《刑事证据法》（第 4 版），北京大学出版社 2018 年版，第 447～449 页。相关论述也可见林钰雄：《刑事诉讼法》（上册），中国人民大学出版社 2005 年版，第 348～362 页。

但在司法实践中存在现实的困境。[1]

笔者认为，与比较法中的理论模型相比，验证模式、体系模式的理论概括所针对的对象不同，具有不同的理论价值；而与印证证明模式相比，验证模式、体系模式对司法实践的概括和分析更加细致，具有独立的学术意义。

具体来说，以比较法为基础的自由证明模式和法定证明模式，实际是对法官审查判断证据方式的一种理论概括，其区分的主要标准是法官审查判断证据的方式。而严格证明模式和自由证明模式的区别，主要体现在认定事实时可以使用的证据种类、审判判断方式，以及需要达到的证明程度等几个方面，其研究对象是法官实现证明任务过程中可以使用的证据种类和审查判断的方式等。由此可见，在比较法为基础的上述两种理论中，主要是对法官审查判断证据的方式，以及庭审中可以使用的证据种类等问题进行概括，而法官使用证据认定案件事实的过程和方式问题，并不是这些理论概括的内容。

根据前文的分析，验证模式和体系模式是基于我国的立法和司法实践，对法官运用证据认定案件事实过程和方式的描述。也就是说，当法官面对已经具备证据能力的证据时，按照何种思路和方式使用证据认定案件事实、达到证明标准的要求，是验证模式和体系模式所要解决的问题。在这种理论概括中，并不关注哪些证据能够进入庭审过程、哪些证据能够作为定案根据，而是在证据已经具有证据能力的基础上，讨论如何根据这些证据认定案件事实。

显而易见，验证模式、体系模式的理论概括与比较法为基础的上述理论，在研究对象上是不同的，由此会带来研究意义的差异。在自由证明和法定证明模式中，强调法官审查判断证据方式的差异，其最终目的是规范法官在审查判断证据中的行为，体现约束法官权力的不同方式；而在严格证明和自由证明中，则是强调基于不同的

---

[1] 参见龙宗智：《印证与自由心证——我国刑事诉讼证明模式》，载《法学研究》2004 年第 2 期。

证明对象可以选择不同的证明方式，并对证据种类、审查方式和证明标准加以区分，其实质意义是为不同种类的证明对象提供差异性的证明方式，解决刑事证明的多样性、层次性要求。可以说，自由证明和法定证明、自由证明与严格证明主要解决法官权力的约束、证据资格的审查、证据种类的限制等问题，它们为法官使用证据认定案件事实提供了前提，从审查方式等静态的角度研究证明模式；而验证模式和体系模式是在此基础上，进一步对法官认定案件事实方式和过程的概括，是对司法证明动态过程的研究成果，是比较法中两种模式的延续和扩展。

与比较法中的两种理论模型相比，验证模式和体系模式的学术价值在于，展现了法官认定案件事实的现实思路，并分析两种思路的优劣，指出了各自可能达到的证明程度、难易程度和错误认定案件事实的可能环节，为分析冤假错案发生的原因、提高认定案件事实的准确性提供理论模型。而且，验证模式和体系模式的提出，能够使证明模式问题的研究从静态走向动态、从局部走向整体，将对证明方式、过程的研究增加到证明模式中，完善了证明模式理论体系。

再来比较验证模式、体系模式与印证证明模式。研究者认为，印证证明模式是对法官认定案件事实过程的描述，通过证据之间的印证达到法定证明标准；通过与自由心证的对比，提出了我国的印证证明模式。笔者认为，印证证明模式的核心贡献是指出这种证明方式重视外部的形式要件、忽视法官心证的价值，而且认为证明的关键是获得印证性直接支持证据，体现出对我国司法现状的关注。

然而，印证证明模式的理论概括还可以继续深入探讨。一般来说，"印证"主要是指两个以上具有独立信息来源的证据，对各自的真实性和可靠性相互给予验证的活动；印证既包括作为证明力要求的证据规则，也包括作为证明标准的证据规则。[1] 从认定案件事实方式的角度来说，印证是证据发挥证明作用的必然方式，但是以印

---

[1] 参见陈瑞华：《刑事证据法》（第4版），北京大学出版社2018年版，第161页。

证证明模式概括我国的刑事证明过程和方式，似乎过于概括，对印证实现证明任务的方式缺乏更为具体的描述和分析。另外，研究者对于印证证明模式的研究，是以自由心证作为参照系，研究成果中更多的是概括印证证明模式与自由心证的差异，运用证据认定案件事实的过程被纳入法官心证的范畴，因此没有具体的分析。

如前文所述，验证模式和体系模式的提出是为了解释我国刑事法官认定案件事实的方式和过程。基于我国的立法和司法实践，前文提出、论证了以直接证据为核心的验证模式，以及间接证据之间形成锁链的体系模式，并指出了法官认定案件事实的两种模式中可能出现的错误，这是印证证明模式所无法涵盖的内容，解决了印证证明模式过于概括的问题。从实践层面来说，验证模式和体系模式提出了我国刑事证明过程中可能出现错误的环节，这实际上是对司法实践中出现冤假错案的理论回应，由此从证明过程的角度解释其出现的原因，体现出理论的实践价值。另外，验证模式和体系模式是以我国立法和司法实践为基础，具体描述法官根据证据认定案件事实的方式和过程，这种理论概括是基于我国经验事实提出的模式化研究成果，并非比较法理论的中国表述，具有一定程度的理论创新性。

六、结语

按照现代证据法学的基本观点，证据法规范的主要对象应当是证据能力或者可采性问题，对认定案件事实的过程和方式应当属于法官自由裁量权的范畴。然而，笔者认为对于法官认定案件事实的方式和过程问题，却可以成为学术研究的对象，它是证明模式理论的必要组成部分，是完善刑事证明理论的重要步骤，其学术研究的价值和意义不应被否定。验证模式和体系模式这两种刑事证明模式，即是在此研究思路上提出的理论模型。本书试图通过提出验证模式和体系模式的概念，拓展刑事证明模式理论的体系，使其更为丰富和立体化，推动关于刑事证明模式问题的理论进展。

　　还需要说明的是，刑事证明的验证模式和体系模式是基于我国的立法和司法实践，特别是针对司法实践中出现冤假错案这一状况而提出，文章试图从证明方式和过程的角度为冤假错案的发生提供一个新的解释思路。如果侦查人员、检察人员在收集和审查判断证据时、法官在认定案件事实过程中，能够充分关注证明过程和方式的影响，避免验证模式和体系模式在认定案件事实过程中出现错误的可能环节，将有助于在一定程度上减少冤假错案的发生。目前，司法实践部门已经对此问题有所关注，一些侦查机关在查办案件过程中提出"由供到证"到"由证到供"的转变，由此指导案件的证据搜集和审查；有的法院在审查判断证据时要求，先审查口供之外的证据，判断是否能够达到法定的证明标准，在此基础上再与口供证据进行印证。[1] 这种转变对于改革我国的证明模式、防治冤假错案具有积极的推动意义。当然，证明模式仅仅是冤假错案出现的一个原因，而且可能出现错误的证明环节会受到复杂因素的影响，如法官素质的羁绊、诉讼效率的影响、考核机制的制约、公检法关系的牵制，等等。因此，想要真正减少、解决冤假错案问题，我们必须进行更为深入、全面的研究，提出更为系统的应对之策！

----

　　〔1〕《安徽寿县反贪局转变侦查方式 侧重"由证到供"》，载 http://www.jcrb.com/procuratorate/jckx/201211/t20121113_985269.html，最后访问日期：2022年8月9日。

第七章

证明困难的解决模式

—— 以毒品犯罪明知为例的分析

在中国司法实践中，犯罪构成要件的证明困难是一个屡屡出现却未得到深入研究的课题，其中如何认定毒品犯罪主观明知的难题尤为突出。那么，司法实践中存在何种犯罪构成要件的证明难题？规范性文件和司法实践中存在解决证明困难的哪些模式？在这些模式背后隐含着哪些理论问题？对此，本书将以毒品犯罪主观明知为例——进行解析。

一、证明困难与解决模式概说

针对毒品犯罪中明知的证明困难，在规范性文件和司法实践中存在一些解决方法，可以概括为三种模式。本部分将对证明困难进行描述和分析，并概括性地介绍证明困难的三种解决模式。

（一）证明困难

刑事诉讼中的证明困难，可以从广义和狭义两个方面进行理解。广义的证明困难，既包括诉讼证明中遇到困难，但仍可获取证据进行证明的情形，又包括难以获得必要证据以证明案件事实的情形；而狭义的证明困难，则专指无法取得必要证据，无法证明案件事实的情形。以毒品犯罪案件为例，"明知"要件的证明在客观上确实存在困难，但是在大部分案件中，办案机关可以通过获取被告人口供等证据解决这一证明难题；而在少数案件中，办案机关无法搜集到这些证据，导致被告人是否明知无法被证明。这两种情况都属于广义的证明困难，而后者则是狭义证明困难的体现。本书将主要分析狭义的证明困难。

对于司法实践中证明困难的存在，司法实务工作者与学者已达成了基本共识。比如毒品犯罪案件中，在嫌疑人、被告人拒不供认的情况下，如何认定嫌疑人、被告人对于毒品的明知，以及其主观上的目的，存在明显的证明困难。[1] 在很多目的犯中，如何认定嫌疑人的主观目的，也存在着相同的困境，[2] 比如走私犯罪主观方面的证明困难长期困扰着司法实践。[3] 而巨额财产来源不明罪的设置和持有型犯罪的出现，在某种程度上同样是证明困难的产物。[4] 证明困难在司法实践中屡屡出现，引起了普遍关注。对于其中特别突出的毒品犯罪中的证明困难问题，理论界与实务界进行过集中讨论，本书也将以此为例展开分析，以期对文中所讨论的"证明困难"的具体内涵和外延进行明确界定。

我国《刑法》分则第六章第七节专门规定了走私、贩卖、运输、制造毒品罪，用 12 个条文对毒品犯罪的相关问题作出了专门规定。根据刑法学界的通常理解，毒品犯罪属于故意犯罪，行为人对于毒品应当具有主观明知，否则无法成立毒品犯罪。然而在司法实践中，毒品犯罪的隐蔽性、证据制度的不完善等原因，导致对毒品犯罪主

---

〔1〕　具体报道和观点参见《人民检察》2007 年第 21 期。另外，有不少学者和实务工作者针对毒品犯罪中的证明困难进行过讨论，代表性论述和案例可参见崔敏等：《论查处毒品犯罪中的几个问题》，载《中国法学》2004 年第 3 期；"宋某华贩卖毒品案"，载中华人民共和国最高人民法院刑事审判第一庭、第二庭编：《刑事审判参考》（总第 46 集），法律出版社 2006 年版。

〔2〕　相关论述参见沈丙友：《诉讼证明的困境与金融诈骗罪之重构》，载《法学研究》2003 年第 3 期；付立庆：《主观违法要素理论——以目的犯为中心的展开》，中国人民大学出版社 2008 年版。

〔3〕　相关论述参见苗有水等：《〈最高人民法院、最高人民检察院、海关总署关于办理走私刑事案件适用法律若干问题的意见〉的理解与适用》，载姜伟主编：《刑事司法指南》（总第 11 辑），法律出版社 2002 年版；徐秋跃等：《走私罪认定与处理的若干疑难问题研究》，载姜伟主编：《刑事司法指南》（总第 5 辑），法律出版社 2001 年版。

〔4〕　相关论述参见万红：《浅析非法持有毒品罪的立法背景》，载《焦作师范高等专科学校学报》2003 年第 1 期。

观明知要件的证明存在诸多困难。

[案例1] 2004 年 11 月 29 日，嫌疑人吴某乘飞机从芒市到昆明，在昆明机场被公安民警抓获，从其携带的旅行箱夹层内查获毒品海洛因净重 446 克，据吴某称：其在广州打工，受老板之命到云南考察玉石生意行情，考察完后到广州可得 3000 元的好处费。其从广州乘飞机经昆明到芒市，到芒市后一个妇女接她到当地宾馆住下，三天后，该妇女给了她一个红色密码箱，打开后里面是一件女式衣服，该妇女说是买了送给她的。同时，该妇女为其买了从芒市至昆明再到广州的机票。后吴某从芒市乘飞机至昆明，在昆明机场被公安民警查获。但吴某从始至终皆辩称自己不知旅行箱夹层内藏有毒品海洛因，是被老板利用、欺骗所致。在该案中，在没有被告人吴某口供的情况下，案件中的其他证据无法证明被告人吴某对运输毒品的主观明知。检察院经过审查，以运输毒品罪向法院提起公诉，法院经过审理后认为证明被告人运输毒品主观明知的证据不足，拟判无罪，后检察机关撤回起诉，公安机关又对该案作出撤案处理，将嫌疑人释放。[1]

本案涉及的运输毒品犯罪是毒品犯罪证明困难的典型情形。特别是箱包藏毒案件中，在被告人辩解自己对于箱包中的毒品不知情，又没有其他证据予以证实的情况下，如何认定被告人对于毒品的明知成为一个非常棘手的问题。在本案审查公诉过程中，检察官之间对于能否根据现有证据认定被告人的主观明知存在不同意见，在一定程度上反映了这种证明困难。有的检察官提出，应当根据已知事实和嫌疑人的辩解推定其具有运输毒品的主观明知。比如，被告人是外省人，却到云南的边境地区活动；被告人辩称来云南考察市场，老板却未到，这种辩解不具有合理性；被告人来往云南均乘坐飞机，如果仅仅是考察市场，这样的交通方式成本过高，不免令人生疑；

---

〔1〕 参见景碧昆：《"箱包藏毒案件"嫌疑人主观明知认定》。本章是笔者在云南省昆明市人民检察院调研期间获得的案件，感谢昆明市人民检察院提供的帮助。

而且，被告人辩称到云南的目的是考察玉石市场，但其到云南后却从未进行过相关活动。被告人的一系列行为与辩解的目的不符，因此可以认定其明知毒品而进行运输。但有的检察官认为，被告人的行为与辩解确实存在诸多矛盾和不合理之处，但如此推定所依据的仅仅是一部分人的客观经验，并不能代表所有人都具有这种客观经验，因此不能推定被告人对于运输毒品的主观明知。另外，检察院以运输毒品罪提起公诉，却又在法院拟判无罪的情况下撤回起诉，也从侧面反映出证明困难的存在。

由此可见，要认定运输毒品罪成立，必须对嫌疑人、被告人明知毒品而运输进行证明；而嫌疑人、被告人是否明知，属于其内心世界的认识，最有效的证明方法是取得嫌疑人、被告人的供述，在嫌疑人、被告人否认自己明知或者不予供认的情况下，很难通过其他证据直接加以证明。这种难以取得必要证据以证明被告人主观明知的"证明困难"，就是本书所要讨论的狭义证明困难。[1]

（二）解决证明困难的三种模式

从理论上说，为了达到查清案件事实、保障被告人权利、实现司法理性等目标，使用证据证明《刑法》所要求的待证事实是认定案件事实的理想方式。事实裁判者根据《刑法》和《刑事诉讼法》的要求，通过证据——证明犯罪构成的主客观要件，最终达到认定案件事实的目标，无论从认定方法还是从待证事项来说，都是最为完整和规范的。这意味着，在认定方法上，它要求按照证据法的基本规范对待证事实进行证明；在待证事实方面，完整而准确地按照犯罪构成要件确定需要证明的事实是其应有之义。

然而，如前所述，证明困难的存在，使得无法运用理想化的认

---

[1] 在《刑法》分则第六章第七节规定的关于毒品犯罪的12个罪名中，都要求行为人"明知"，不过明知的对象存在一定差别，有些罪名要求行为人对毒品或者毒品原植物等的"明知"（如走私、贩卖、运输、制造毒品罪），有些罪名要求行为人对毒品犯罪分子的明知（如包庇毒品犯罪分子罪），而有些罪名要求行为人对制毒物品的明知（如非法买卖制毒物品罪）。因此，除了上述案例介绍的运输毒品罪中主观明知的证明难题之外，在其他涉及毒品的犯罪中基本上都存在主观"明知"的证明困难。

定案件事实的方式实现既定目标。为了解决证明困难，实践中出现了多种方式，如推定、概括性认识、推定加法律拟制等。笔者认为，这些解决证明困难的具体方式都是对理想化认定案件事实方式的调整。如果说理想化认定案件事实的方式是从认定方法和待证事实两个角度进行确定，那么解决证明困难的具体方式也可以从这两个角度进行归纳：或者对认定方法进行调整，或者对待证事实进行变更，或者同时降低两方面的要求。因此，本书以理想化认定案件事实的要求为参照系，从认定方法和待证事实两个角度加以区分，在此基础上提炼出规范性文件和司法实践中解决毒品犯罪明知证明难题的三种模式：一是调整认定方法模式，二是变更待证事实模式，三是同时降低对待证事实和认定方法的要求模式（以下简称"双降模式"）。

具体而言，所谓"调整认定方法"，是裁判者对于待证事实认定方法的调整。在证据裁判原则的要求下，裁判者应当使用证据证明待证事实，从而得出唯一的结论。认定方法的调整，意味着裁判者在认定特定犯罪构成要件时不再依靠证据证明，而是根据被证明的基础事实直接认定推定事实的成立，这无疑是对"证明"这种认定方式的调整。而"变更待证事实"，就是对毒品犯罪案件中需要认定的事实重新解释或者界定，进而对《刑法》中规定的犯罪构成要件进行调整。这种调整方式既包括对《刑法》中一些基本概念进行重新解释，创设某些法律拟制，也包括在《刑法》现有概念之外创设新的概念和术语。所谓"双降模式"，则是在立法规范或者司法实践中同时降低对待证事实和认定方法的要求，从两个角度解决证明难题，兼采以上两种方式。比如针对毒品犯罪中明知的证明困难，既变更需要认定的事项——将"应当知道"拟制为"明知"，也调整认定案件事实的方法——用推定替代证明，这种"推定加法律拟制"的方式是此模式的典型体现。

需要说明的是，本书概括的解决证明困难的三种模式，并不仅仅针对毒品犯罪的主观明知。实际上在对一些其他罪名犯罪构成要素的认定上，这三种方式也在发挥作用。比如在目的犯的认定中使用"推定"，已经成为学者的共识；在走私犯罪的认定中，"概括性认识”和“推定加法律拟制”的方法甚至同时被应用。[1]

二、以“推定”为代表的调整认定方法模式

对于司法实践中的证明困难，推定是一种比较重要的解决方式，同时它是调整认定方法模式的主要代表。这种方式在我国规范性文件和司法实践中都有所体现。

（一）规范分析

最高人民检察院公诉厅出台的《毒品犯罪案件公诉证据标准指导意见（试行）》（以下简称《公诉厅意见》），以及云南省高级人民法院、云南省人民检察院、云南省公安厅制定的《关于毒品案件证据使用若干问题的意见（试行）》（以下简称《云南意见》）对于毒品犯罪中如何认定“明知”给出了指导意见，两份文件都明确认可了“推定”是解决毒品犯罪案件证明困难的一种基本思路。[2]对比这两份规范性文件我们可以发现，《公诉厅意见》和《云南意见》先后颁布，两者在内容上具有很大的相似性，甚至某些表述都是一致的；当然，在具体制度设置方面，两者又各具特点。

对于推定的基础事实，两份文件都作出了列举式规定，但在具体情形方面存在一些差异。总体来说，无论是仅仅根据基础事实即可适用推定的具体情形，还是需要结合其他证据确定推定的规范，《云南意见》都比《公诉厅意见》规定得更为具体，前者将司法实践中常见的情形予以规范化，以此来明确实践中的事实判断。这些

---

〔1〕 详细论述参见陈兴良：《论金融诈骗罪主观目的的认定》，载姜伟主编：《刑事司法指南》（总第1辑），法律出版社2000年版；张明楷：《金融诈骗罪的非法占有目的及其认定》，载张仲芳主编：《刑事司法指南》（总第23集），法律出版社2005年版；苗有水等：《〈最高人民法院、最高人民检察院、海关总署关于办理走私刑事案件适用法律若干问题的意见〉的理解与适用》，载姜伟主编：《刑事司法指南》（总第11辑），法律出版社2002年版；《最高人民法院、最高人民检察院、海关总署关于办理走私刑事案件适用法律若干问题的意见》第5、6条。

〔2〕 虽然《云南意见》中没有明确使用“推定”一词，但是根据笔者的访谈，云南的司法机关基本上认为这实际上是对推定的规定。

差异意味着，云南作为毒品犯罪案件的多发地，遇到的难以证明的情形更为具体和复杂，所以《云南意见》列举的证明困难的具体情形也更为详实。

比如《公诉厅意见》第 1 条第 2 项规定，具有下列情形之一，并且犯罪嫌疑人、被告人不能做出合理解释的，可推定其明知，但有相反证据的除外：①故意选择没有海关和边防检查站的边境路段绕行出入境的；②经过海关或边检站时，以假报、隐匿、伪装等蒙骗手段逃避海关、边防检查的；③采用假报、隐匿、伪装等蒙骗手段逃避邮检的；④采用体内藏毒的方法运输毒品的。

而《云南意见》第 1 条第 2 项在对《公诉厅意见》上述后三种情形加以确认的基础上，增加了以下四种实践中常见的情形：①公安机关按照《云南省禁毒条例》的规定，在机场、车站、港口和公安检查站的显著位置设置公示牌，告知往来人员为他人携带、运输毒品应当承担法律责任，并告知行为人若为他人携带、运输物品发现有疑似毒品物的应当及时报告，但行为人未如实申报，在其所携带的箱包和物品内发现藏有毒品的。②执法人员在检查时要求行为人申报为他人携带的箱包、物品或其他疑似毒品物，并告知其法律责任后，行为人未如实申报，在其所携带的箱包和物品内发现藏有毒品的。③行为人遇执法人员检查时有逃跑或将携带的物品丢弃等非正常行为，且从其携带或丢弃的物品中查获毒品的。④行为人对从其物品中查获的毒品表示不明知，辩称该物品是受他人委托携带的，但行为人供述的委托人经侦查部门查证不属实或者查无此人的。

对"能否推定明知还需结合其他证据予以综合判断"的，《公诉厅意见》列举了四种情形：①受委托或雇佣携带毒品，获利明显超过正常标准的；②犯罪嫌疑人、被告人所有物、住宅、院落里藏有毒品的；③毒品包装物上留下的指纹与犯罪嫌疑人、被告人的指纹经鉴定一致的；④犯罪嫌疑人、被告人持有毒品的。

而《云南意见》第 1 条第 3 项除了认可《公诉厅意见》上文的第三种情形之外，又列举了与《公诉厅意见》不同但是实践中更为常见且更为具体的其他三条规则：①采用高度隐秘的联系方式交易毒品的。在毒品犯罪高发区域，毒品交易多为单线联系，获取的视听资料里一般讲的也是"四号""马药"等特指海洛因、鸦片的黑话和暗语。这些黑话和暗语具有一定程度的"广知化"。②采用高度隐蔽的方式携带、运输毒品的。行为人将毒品隐匿于随身穿戴的服装、鞋子的夹层等不易被发现和比较隐秘的地方。③采用高度诡秘的方式交、接毒品的。行为人将毒品放在特定的地方等候他人来取，一旦被抓，辩称不知为何被抓，但能证实毒品确系该人所放的。

对于推定的效力，两份文件都给予裁判者自由裁量权。《公诉厅意见》规定："具有下列情形之一，并且犯罪嫌疑人、被告人不能做出合理解释的，可推定其明知，但有相反证据的除外……"《云南意见》规定："对于具有下列情形之一，并且犯罪嫌疑人、被告人不能做出合理解释的，为主观明知，但有相反证据的除外……"这意味着，两份文件中的推定不具有强制性效力，检察官或者法官只是"有权"而非"必须"适用推定，他们在是否适用推定的问题上，享有一定的自由裁量权。

需要注意的是，两份文件对基础事实进行了分类，并赋予其不同的效力。有些情况下，存在基础事实就可以直接推定"明知"。比如《公诉厅意见》第1条规定的第一种情形和《云南意见》第1条第2项规定的情形。而另一些情况下，基础事实需要结合其他证据才能确定能否推定。比如《公诉厅意见》第1条规定的第二种情形和《云南意见》第1条第3项规定的情形。这意味着，不同的基础事实具有不同的效力。

另外，两个文件都赋予嫌疑人、被告人解释的权利，将"犯罪嫌疑人、被告人不能做出合理解释"作为推定成立的前提，并将"相反证据的存在"作为推定成立的例外规则，这意味着推定的效力受到一定程度的限制。

（二）案例分析

在司法实践中，推定对于解决证明困难同样非常重要。下面通过一个案例来分析推定对于认定毒品犯罪案件中明知的作用。

[**案例2**] 2005 年 12 月 21 日，嫌疑人黄某某从云南芒市乘 CA4456 航班到达昆明，在昆明机场被公安民警抓获。公安民警当场从嫌疑人黄某某所携带的黑色旅行包内查获一套溶有毒品可疑物的女式乳白色保暖内衣，后采用无水乙醇分离法从该套内衣中提取毒品海洛因净重 298 克。在该案诉讼过程中，被告人一直辩称，这套女式乳白色保暖内衣是其在南伞镇玩时，一个叫"王子"的女子怕被告人回家路上冷送给他的，其根本不知道其中有毒品。在审查本案过程中，检察院认为被告人的辩解存在以下诸多不合理之处：被告人解释到云南的目的是做生意，但是从其行程和携带钱物来说与此不相符合；被告人说乘飞机是回家，但是其随身携带的钱不够回家的路费；被告人曾多次向"王子"等人借钱赌博，且芒市到昆明的机票也是"王子"代为购买，如果仅仅是赌友，与常识不符；"王子"为何送给被告人保暖内衣，而且是女式的，没有合理解释；女式内衣浸入毒品后手感较硬，比一般内衣重，且有醋酸刺激性气味，常人通常会认为内衣有问题。通过以上方面的分析，昆明市人民检察院以运输毒品罪向昆明市中级人民法院起诉，法院以运输毒品罪判处被告人无期徒刑。[1]

本案中，检察院或法院根据案件中的诸多间接证据——被告人在云南的活动、运输方式、藏匿毒品的物品、随身携带的钱物等综合判断，推定被告人的主观明知，从而解决证明难题。在这一认定过程中，如果仅仅依靠能够证明的被告人的活动、随身携带的钱物、女式保暖内衣、乘坐飞机等事实的证据，无法证明被告人对于毒品的主观明知。因为被告人活动诡异，可能是意图从事其他违法行为，甚至可能是其本身性格所致；女式保暖内衣也可能是在被告人确实不知情的情况下被人利用而携带。也就是说，对于客观行为出现的原因存在其他可能的解释，这些客观方面的证据并不能排他性地证明被告人具有主观明知，此种情况下认定被告人的主观明知并非依

---

〔1〕 参见黎国梁：《毒品犯罪中主观明知推定的运用》，昆明市人民检察院调研材料。

靠证明，而是推定。在根据一些基础事实可以推导出多种推定事实的情况下，检察官或法官排除其他可能性，并直接认定其中一种推定事实，这是运用推定认定案件事实的典型思路。

进而言之，规范性文件和司法实践中通过推定的方式解决证明难题，是调整认定方法模式的体现。根据证据法学的通识，"推定"是指在基础事实得到证明的基础上，根据经验法则、逻辑法则、刑事政策、法律规定等，直接认定推定事实成立的一种认定案件事实的方法，它是一种替代证明的方式。从待证事项和认定方法的角度来说，推定没有变更证明对象，而是省略了一个证明环节：在证明"客观行为"的基础上，本应根据证据进一步证明"主观明知"；而根据推定的逻辑结构，在证明"客观行为"的基础上，根据法律规定、经验法则、逻辑法则等可以直接认定"主观明知"，从而省略了对"主观明知"的证明环节，改变了对待证事实的认定方式。

三、以"概括性认识"为代表的变更待证事实模式

对于毒品犯罪中明知的证明困难，还存在以"概括性认识"为代表的变更待证事实模式。虽然这种方式在司法实践中运用不多，但是其体现的解决证明困难的思路，值得研究者重视。

（一）规范分析

为了应对运输毒品犯罪中的证明困难，上海市高级人民法院早在 2000 年就在《关于审理毒品犯罪案件具体应用法律若干问题的意见》（以下简称《上海意见》）中提出了解决思路——"概括性认识"。《上海意见》规定："如果没有足够的证据证实行为人在主观上明知是毒品，但能够证实其对所承运物品的非法性具有概括性认识，行为人为了赚钱不计后果接受他人雇佣，事实上实施了运输毒品行为的，可以认定运输毒品罪，在量刑时酌情给予从轻处罚。如果确有证据证实行为人不知是毒品，而系受蒙骗实施运输毒品行为的，则不能认定为犯罪。"由此规定可以看出，"概括性认识"的具体含义是，在运输毒品案件中，只要能够证明嫌疑人、被告人对于

运输物品的非法性具有概括性认识，不需要证明行为的具体对象是毒品，即可认定成立犯罪。也就是说，在没有足够证据证明嫌疑人、被告人具有运输毒品的主观明知时，可以通过改变证明对象的方式解决证明难题。

对于"概括性认识"的适用范围，《上海意见》规定得比较明确，即运输毒品犯罪。具体情形是，有证据证明行为人对所承运物品的非法性具有概括性认识，为了赚钱不计后果接受他人雇佣，事实上实施了运输毒品的行为。除此之外，有的司法工作者提出，在贩卖毒品案件中也可以适用概括性认识，主要包括两种场合：一是行为人受他人指使贩卖毒品的；二是陪同贩毒。[1]可见，使用"概括性认识"解决毒品犯罪的证明难题，主要适用于贩卖、运输毒品犯罪。对于如何证明行为人的概括性认识，《上海意见》中没有明确规定，有的司法工作人员总结实践中的经验提出据以判断的几个标准：报酬、放置物品地点、包装方式、交接方式、行程路线、行为人的经历、行为人对毒品的了解程度、嫌疑人与同案人的交往和了解、共同犯罪人的口供及其他证言、行为人被抓获时的举动等。[2]在效力方面，《上海意见》从量刑和被告人辩解两方面限制"概括性认识"的适用——量刑从轻和被告人反证不明知者不定罪。

需要明确的是，作为解决证明难题的方式，"概括性认识"与推定是两种不同的方式。在适用"概括性认识"处理案件时，需要对证明对象进行变更，例如案件中本需证明 A，现在调整为证明 B，但是对于 B 仍然需要证明。而在适用推定处理证明困难时，变更的是认定方法而非认定对象：案件中本需认定 A，实际依然认定 A，只是可以通过证明 B 来推定 A，而不再需要直接证明 A。由此可见，在认定对象和认定方法方面，两种解决证明难题的方式存在巨大差别。当然，这并不意味着两者相互排斥，实际上在某些案件中两种方式

---

〔1〕 参见肖晓祥：《贩卖、运输毒品罪的司法认定》，载游伟主编：《华东刑事司法评论》（第 3 卷），法律出版社 2003 年版，第 96 页。

〔2〕 参见李士勇：《运输毒品罪主观要件研究》，载《铁道警官高等专科学校学报》2005 年第 3 期。

可以同时使用。

（二）案例分析

在被告人以"不明知"为由翻供，公诉方没有直接证据证明"明知"的案件中，法院使用"概括性认识"的方式改变毒品犯罪案件中明知的证明对象，从而解决证明困难，这种方法在实践中并不普遍，在判决书中明确表述使用该方法的案例更是少之又少。

[**案例3**]　2000 年 2 月 13 日下午，洪某同其熟人孙某在街上相遇，孙某给洪某一个"三五"牌烟盒，二人一起到上海市舟山路碧波池浴室门口，由孙某按事先联系好的数量及价格与吸毒人员魏某进行毒品交易。在双方进行交易时，洪某站在距二人较远的地方。孙某从洪某处取得先前给洪某的"三五"牌烟盒交给魏某（烟盒内装有 19.4 克海洛因），并从魏某处收取毒资人民币 5000 元交洪某藏匿，被公安人员当场抓获。检察机关以贩卖毒品罪对洪某提起公诉。洪某及其辩护人都提出，其不知烟盒内藏有毒品。而法院认为，洪某对"三五"牌烟盒内藏有毒品是"明知"的，至少是一种概括性的明知：洪某曾经因贩毒被判过刑，而且此次事情发生在其刚刚刑满释放后不久，他对毒品交易的过程和特点是很清楚的；洪某辩称是在其向孙某讨烟抽时孙某给其"三五"牌烟盒的，但根据常理，给人香烟只会给一根而不是一盒，并从烟盒中取烟，但是洪某拿到烟盒后并没有取烟，这与常理不符；当洪某看到孙某从其手上取走烟盒交给魏某，并从魏某手中取走 5000 元人民币时，根据以往贩毒经验，洪某应知这是在进行毒品交易，但他仍为孙某保存 5000 元毒资。综合以上因素，可以认定洪某对烟盒内藏有毒品海洛因具有概括性明知。最后法院以贩卖毒品罪判处洪某有期徒刑 4 年，洪某没有上诉。[1]

本案中没有被告人和同案被告人的供述等直接证据，只有一些

〔1〕　参见肖晚祥：《贩卖、运输毒品罪的司法认定》，载游伟主编：《华东刑事司法评论》（第 3 卷），法律出版社 2003 年版，第 97~98 页。

能够证明被告人客观行为的间接证据，比如洪某从孙某处取得一个烟盒，然后将其交给孙某，随后又为孙某隐匿 5000 元人民币。在洪某辩解称自己不知道烟盒内藏有毒品的情况下，法官无法根据以上客观行为以及被告人的个人情况认定其对烟盒内毒品的明知，但是可以认定被告人洪某明知烟盒内物品的非法性。也就是说，现有证据能够证明被告人知道烟盒内是违禁品，但未必知道违禁品的具体类型。基于《上海意见》的规定，事实裁判者使用"概括性明知"的方式改变了需要证明的对象内容，在现有证据能够证明被告人了解物品非法性的基础上，即认定其构成贩卖毒品罪。

从本案可以看出，《上海意见》所确定的"概括性认识"的方式，为解决证明困难提供了一个新的视角，体现出解决证明难题的第二种模式——变更待证事实。"概括性认识"是对待证事项的一种调整，从要求明知特定的犯罪对象到明知犯罪对象具有违法性，实际上降低了毒品犯罪中"明知"的证明要求。而从刑法理论的角度来看，从明知对象的具体内容到明知对象具有违法性，"概括性认识"对犯罪构成要件进行了变更。从证明"具体对象"变为证明"对象具有违法性"，实际上从刑法的角度变更了犯罪构成要件，从证据法的角度调整了证明对象，这是变更待证事实模式的基本思路。

四、以"推定加法律拟制"为代表的双降模式[1]

调整认定方法与变更待证事实的证明困难解决方式，可能同时出现和使用，这就是本部分将要讨论的双降模式。

（一）规范分析

最高人民法院、最高人民检察院、公安部联合发布的《办理毒品犯罪案件适用法律若干问题的意见》（以下简称《两高一部意见》）使用"应当知道"的概念解决证明困难，这是双降模式的具

---

〔1〕 关于刑事法中的"法律拟制"，参见张明楷：《刑法分则的解释原理》（第 2 版），中国人民大学出版社 2011 年版，第 631 页以下。

体体现。[1]《两高一部意见》规定："走私、贩卖、运输、非法持有毒品主观故意中的'明知'，是指行为人知道或者应当知道所实施的行为是走私、贩卖、运输、非法持有毒品行为。"该意见以列举的方式规定："具有下列情形之一，并且犯罪嫌疑人、被告人不能做出合理解释的，可以认定其'应当知道'，但有证据证明确属被蒙骗的除外。"[2]

《两高一部意见》对毒品犯罪"明知"的认定方法具有以下特点：其一，对明知含义进行了扩大解释，不仅包括"知道"，而且包括"应当知道"。其二，详细列举了可以认定"应当知道"的具体情形。这些情形与《公诉厅意见》《云南意见》中适用推定的具体规定大体相似，只是没有区分可否直接推定。其三，对于"应当知道"的认定，嫌疑人、被告人同样有权提出相反证据，而且在有证据证明被蒙骗的情况下推翻对"应当知道"的认定。其四，检察官、法官对于"应当知道"的认定享有一定的自由裁量权，他们"可以"而非"必须"认定"应当知道"。其五，本意见中对"明知"的认定规则，只适用于走私、贩卖、运输、非法持有毒品罪，而《公诉厅意见》《云南意见》适用于所有毒品犯罪案件。

需要注意的是，对于毒品犯罪中"明知"的证明困难，《两高一部意见》在名义上使用了与《公诉厅意见》《云南意见》不同的解决方法：前者将"明知"的含义作出了包括"应当知道"的界定，并列举了可以认定"应当知道"的具体情形，名义上不涉及

---

〔1〕 2008 年最高人民法院《全国部分法院审理毒品犯罪案件工作座谈会纪要》第 10 条规定了主观明知的认定问题。虽然在基本界定部分，法条中没有区分"知道"或者"应当知道"，但是在列举认定明知的具体情形中，最后一项为"有其他证据足以认定行为人应当知道的"，显示出认定思路中也包括了"应当知道"的情形。

〔2〕《两高一部意见》列举的情形包括：①执法人员在口岸、机场、车站、港口和其他检查站检查时，要求行为人申报为他人携带的物品和其他疑似毒品物，并告知其法律责任，而行为人未如实申报，在其所携带的物品内查获毒品的；②以伪报、藏匿、伪装等蒙蔽手段逃避海关、边防等检查，在其携带、运输、邮寄的物品中查获毒品的；③执法人员检查时，有逃跑、丢弃携带物品或逃避、抗拒检查等行为，在其携带或丢弃的物品中查获毒品的；④体内藏匿毒品的；⑤为获取不同寻常的高额或不等值的报酬而携带、运输毒品的；⑥采用高度隐蔽的方式携带、运输毒品的；⑦采用高度隐蔽的方式交接毒品，明显违背合法物品惯常交接方式的；⑧其他有证据足以证明行为人应当知道的。

"推定"；而后者使用"推定"的方法，在特定客观情形出现时推定行为人具有主观"明知"。然而，如果抛开使用的名词，两种方式在解决证明困难的具体方法上存在诸多相同之处：首先，从解决思路来说，"应当知道"与"推定"都是根据行为人的某些客观行为认定主观心理状态，体现出"根据客观认定主观"的相同思路。其次，在客观行为方面，三份文件列举的具体情形没有本质差别，而且很多表述是一致的。最后，在认定效力方面，三份文件都授予事实裁判者自由裁量权，并赋予嫌疑人、被告人辩解的权利。那么，针对毒品犯罪中明知的证明困难，《两高一部意见》到底采取何种解决方式呢？与前两种方式相比，"应当知道"的方法具有哪些独特性呢？

笔者认为，《两高一部意见》采取两步式的处理方式应对毒品犯罪主观明知的证明困难：第一步，将"应当知道"视为明知，这实际上通过法律拟制的方式扩大了明知含义的范围；第二步，通过客观行为认定"应当知道"，这是通过客观行为推定"应当知道"。从具体操作层面来说，该意见指引实务工作者分步骤解决明知的证明难题：首先，通过证据证明《两高一部意见》中列举的客观行为；其次，根据已经证实的客观行为，推定被告人在主观方面"应当知道"；最后，根据规范性文件将"应当知道"拟制为"明知"，从而实现对明知的认定。

为何将"应当知道"视为"明知"是法律拟制呢？笔者认为，因为《两高一部意见》的规定符合法律拟制的基本要求。根据部分刑法学者的观点，将《刑法》中的规定界定为法律拟制，需要符合两方面的要求：其一，作为法律拟制的条文，会导致原本不同的行为按照相同的行为处理。也就是说，尽管立法者明知两个行为在事实上不完全相同，但是仍然赋予两者相同的法律效果，那么对于被调整的行为来说，这就是法律拟制。其二，法律拟制仅仅适用于法律所限定的情形，而不具有普遍意义，如果法律没有明确规定，就不得比照拟制规定处理。[1]

---

[1] 参见张明楷：《刑法分则的解释原理》，中国人民大学出版社2004年版，第253~255页。

　　将"应当知道"视为"明知"是符合上述要求的：一方面，"应当知道"与"明知"是不同的概念，仅仅由于规范性文件中的规定而赋予两者相同的法律效果。有的学者一针见血地提出，不能将"应当知道"解释为"明知"的表现行为，"应当知道"就是不知，不知岂能是"明知"。实际上，在"应当知道"这一用语中，人们想要描述的是一种不同于确切知道的认识状态。[1] 很明显，"应当知道"与"明知"并非同义，规范性文件中的规定使得"应当知道"具有与"明知"相同的法律效果。另一方面，将"应当知道"视为"明知"，仅仅在规范性文件有明确规定时才适用，而不具有普遍意义。仔细分析《刑法》和相关司法解释的规定可以发现，从立法本意来说，"明知"并没有包括"应当知道"，"应当知道"并非"明知"的固有含义，而仅仅是在《刑法》或者司法解释有明确规定时才视为"明知"，产生法律拟制的效果。从以上两方面的分析可以看出，"应当知道"实为一种法律拟制，而并非"明知"的固有含义。

　　在规范性文件将"应当知道"拟制为"明知"的基础上，解决证明困难的第二步是通过推定认定"应当知道"。对于"应当知道"的认定，笔者之所以认为是通过推定而非证明的方式，主要出于两方面原因：其一，《两高一部意见》中规范的结构和效力符合推定的一般原理。"具有下列情形之一，并且犯罪嫌疑人、被告人不能做出合理解释的，可以认定其'应当知道'，但有证据证明确属被蒙骗的除外……"这意味着在出现特定客观情形时，被告人要承担自己不明知的证明责任，如果没有"合理解释"，也就是被告人不能证明自己不明知，则认定被告人"应当知道"。这条规定实际上将"应当知道"的部分证明责任转移给被告人承担，符合推定的结构和效力。其二，《两高一部意见》中的认定方式，决定了认定"应当知道"的方法是推定而非证明。该意见列举了八种特定行为，并提出依据其中之一即可认定被告人"应当知道"。如果案件中仅仅存在能够证

────────

〔1〕　参见陈兴良：《"应当知道"的刑法界说》，载《法学》2005年第7期。

明其中一种行为的证据，那么这些证据基本上无法直接证明被告人"应当知道"，据此方式认定被告人"应当知道"显然不是"证明"，而是"推定"。另外，稍加对比《两高一部意见》《公诉厅意见》《云南意见》就会发现，三份规范性文件中列举的很多具体情形基本是一致的，那么为何后两者是"推定"而前者不是呢？无疑，《两高一部意见》中采用推定认定"应当知道"。

作为解决证明困难的一种方式，《两高一部意见》中的"推定加法律拟制"两步式认定体现出解决证明难题的第三种模式——双降模式。推定是对案件事实认定方法的变更，这一点在前面已经论述；而法律拟制将非"明知"本来含义的"应当知道"纳入进来，变更了需要认定的犯罪构成要件主观方面，这显然是对待证事实的调整。因此，《两高一部意见》实际上同时变更了认定方法和待证事实来应对证明困难。除此之外，有些刑事案件的处理方式也体现出这种模式。例如《上海意见》对于如何认定毒品犯罪的主观明知并没有详细规定，而实践中的案例显示，有些案件使用推定的方式认定"概括性认识"。[1] 这意味着，"概括性认识"的方式在规范性文件调整待证事实的基础上，司法实践可能对认定方法也进行调整，进而从两个方面降低认定案件构成要件的难度，这是双降模式的又一体现。

（二）案例分析

在一些案件中，行为人主观明知的认定较为困难，因此法官将被告人"明知"的认定转变为"应当明知"的认定，同时通过推定的方式认定行为人"应当明知"，通过双降模式进一步解决证明困难。

[**案例4**] 四川省成都市人民检察院指控，2009 年 8 月，张某成（同案被告人，已判刑）和刘某兴合谋出资到云南购买毒品回成都贩卖牟利。其中张某成出资 6.5 万元、刘某兴出资 1 万元并从李某刚处借款 1 万元。同月 16 日，张某成和刘某兴携带毒资至云南省景洪市中南大酒店，从祝某平（同案被告人，已判刑）手中以 8 万元的

---

〔1〕 参见肖晚祥：《贩卖、运输毒品罪的司法认定》，载游伟主编：《华东刑事司法评论》（第 3 卷），法律出版社 2003 年版，第 98 页。

价格购得毒品麻古 543.25 克。为将毒品运送回成都，张某成、刘某兴在当地购买了一些土特产并将所购毒品藏匿于其中，于当日通过昆明铁杆物流公司托运回成都。同月 20 日下午 5 时许，被告人刘某兴在成都市金牛区五块石货运市场飞顺达货运部领取托运回成都的货物时被公安机关抓获。同年 9 月 9 日下午 6 时许，公安机关在成都市金牛区光荣北路 7 号 2 单元 3 楼 8 号将张某成抓获；同年 11 月 27 日早晨 5 时许，公安机关在云南省景洪市勐龙镇华杰宾馆将祝某平抓获。被告人刘某兴对起诉指控其参与资金筹集、前往云南、收取托运的货物等事实供认不讳。其与辩护人提出如下辩解和辩护意见：刘某兴帮张某成收取货物，不知道货物中夹杂有毒品，刘某兴被张某成利用。据此请求宣告刘某兴无罪。

四川省成都市中级人民法院认为：被告人刘某兴应当明知其办理托运和收取的货物中夹带有毒品。首先，本案毒品藏匿在食品包装袋内，并混同在其他食品中，属于采用以其他合法物为掩盖以高度隐蔽的方式运输毒品。其次，刘某兴如不知其办理托运的货物中藏匿有毒品，而仅是托运板栗、麦片等所谓云南土特产，则无需假冒张正、王威之名以虚假身份办理托运手续，其取货也无需假冒王威同事和受王威委托的事实。因此，根据本案查获毒品的过程、毒品藏匿方式，结合被告人刘某兴在办理托运和取货过程中的行为表现等情况，可以认定刘某兴应当明知其收取的货物中夹带有毒品。据此判决：被告人刘某兴犯运输毒品罪，判处有期徒刑 15 年，并处没收个人财产人民币 10 万元。[1]

通过分析判决书中的认定可以发现，法官在该案中对被告人主观明知的认定，采取了"推定加法律拟制"的双降模式：

第一，判决书中明确认定，被告人刘某兴应当明知其办理托运和收取的货物中夹带有毒品。这里的"应当明知"与《刑法》中规定的构成本罪的"明知"存在一定的差别。从理论上来说，"应当

---

〔1〕　四川省成都市中级人民法院（2010）成刑初字第 194 号刑事一审判决书。

明知"并非"明知"，但是基于实践中的高度关联性，以及解决证明困难的客观需求，法律解释中将"应当明知"拟制为"明知"，本案法官也以此认定被告人具备犯罪构成的主观方面，从"明知"内涵的角度降低证明难度。

第二，对于"应当明知"的认定，法官采取了推定的方式，即根据被告人采取高度隐匿的方式进行邮寄，通过虚假身份办理托运手续并进行取货等行为，推定被告人主观上应当明知收取的货物中夹带毒品。审判法官在分析中指出，利用行为人的客观行为来推定其是否具有主观故意，符合《两高一部意见》第2条的规定；同时，该认定符合推定的基本认定结构：基础事实必须具有真实性，基础事实与推定事实之间必须具有高度盖然性联系，没有进行二次推定，已允许被告人反驳。[1]

通过以上分析可以明确，法官对毒品犯罪中被告人的主观明知证明困难，采取了"推定加法律拟制"的解决方式，即在"明知"的界定中通过"应当明知"这种法律拟制的方式降低证明要求，又通过推定的方式替代对"应当明知"的证明，从而实现对证明困难的双重解决。

五、解决证明难题三种模式的评价

通过上述分析看出，无论是调整认定方法模式，还是变更待证事实模式，抑或双降模式，都能在一定程度上减轻控诉方的证明困难，实现控制犯罪的目标。然而，对于三种模式的客观评价，需要从更多的角度分析它们的优劣。

调整认定方法是从证据法角度提出的解决模式，以推定最为典型。此模式具有以下几方面的优势：首先，它可以解决实践中的证明困难，而又不触及《刑法》，并能用证据学的制度弥补《刑法》

---

[1] 参见郝廷婷、杨中良：《运输毒品主观上明知的认定》，载《人民司法》2013年第6期。

中犯罪构成理论的某些缺陷；其次，使用推定等调整认定方法的具体方式解决证明难题，能体现特定刑事政策，实现打击严重刑事犯罪的目的；最后，从实践层面来说，推定已经得到比较广泛的应用，并成为司法实践中解决证明难题的重要方式。

当然，以推定为代表的调整认定方法模式，在理论与实务界都面临着一些质疑，这可以在一定程度上反映该模式可能存在的弊端。例如一些学者提出，推定与证据裁判原则、无罪推定原则、有利被告原则是否存在冲突？作为起源于英美法系的制度，推定与我国大陆法系传统的《刑法》是否能够协调？在缺乏必要证据的情况下认定案件事实，是否会带来裁判者的主观臆断？被告人的权利如何保障？从实践来说，使用推定是否会影响正确认定案件事实？尽管推定得到不少司法工作人员的认可，但法律中缺少对推定的必要规制，这是否会导致推定的滥用？事实裁判者如果拥有适用推定的自由裁量权，那么主观臆断的理论质疑是否会变为现实？

变更待证事实模式本质上是从刑法角度揲出的变更犯罪构成要件的模式。该模式的主要优势是在不变更证明规则的前提下解决证明难题，法官仍然通过证据证明的方式认定案件事实，避免了缺乏证据带来的"主观臆断"的指责。而且，很多规范性文件制定者和刑法学者认为，"应当知道"等概念是对犯罪构成要件的含义在其应有意义内的解释，不存在扩大解释或者法律拟制的问题，这样就进一步摆脱了任意变更构成要件的指责。在前面列举的两份规范性文件中，《公诉厅意见》明确使用推定的概念，而《两高一部意见》却改采"应当知道"的解决方法，这种变化可能就是为了避免使用"推定"带来的批评。

但是，变更待证事实模式也面临着不少难题和质疑。比如，应当如何界定"概括性认识"的概念？如何定位"应当知道"？在刑法学界内部仍然存在争论。[1] "概括性认识"和"应当知道"实际

---

[1] 对于"应当知道"问题的具体分析，参见陈兴良：《"应当知道"的刑法界说》，载《法学》2005 年第 7 期。

上都对犯罪构成要件进行了变更，只是两者的方式不尽相同，前者是明确更改，而后者是遮遮掩掩。那么《两高一部意见》和《上海意见》这种层次的规范性文件，是否具有变更犯罪构成要件的权力？这样的做法是否突破了罪刑法定的基本要求？其实换个角度来看，这个问题直指变更待证事实模式的制定程序。谁有权变更待证事实？需要经过何种程序？应当受到何种限制？在这些问题没有解决的情况下，通过变更待证事实模式解决证明困难的正当性必然受到质疑。

　　双降模式同时对待证事实和认定方法进行调整，实为兼采前两种模式解决证明困难。在双降模式中，不但减少了待证事实的数量或者降低了证明的难度，而且不必对某些待证事实进行证明，这无疑进一步降低了认定案件事实的难度。与此同时，前两种方式各自具有的优势，比如体现特定刑事政策和通过证据法弥补实体法的不足等，都能够在双降模式中得以发挥。当然，双降模式将前两种模式合并使用，也就可能遇到它们分别遇到的质疑，双降模式的理论正当性将面临更加严峻的挑战。而且，更多具体方式的出现可能带来更多的理论挑战和实践风险，比如法律拟制的设置和适用面临着各方面的考验，这必然带来对于双降模式正当性的冲击。而在实践中，双降模式在解决证明难题的同时，能否平衡各种利益，并确立自己的正当地位，尚待更多案例加以验证。

六、证明困难的解决模式对现代刑事法基本原则的挑战

　　根据现代刑事法的基本假设，认定一个人的行为构成犯罪，应当运用证据证明犯罪构成的主客观要件，这是证据裁判原则和主客观相统一原则的基本要求。而调整认定方法、变更待证事实、同时对认定方法和待证事实进行变更这三种解决证明困难的模式，对证据裁判原则和主客观相统一原则提出了挑战，[1] 笔者尝试作如下

　　　　[1]　由于第三种模式是前两种模式的集合，它对于现代刑事法基本原则的挑战体现在前两种模式的挑战中，因此本部分的分析不再单独围绕第三种模式展开。

解读：

（一）证据裁判原则与调整认定方法模式

证据裁判原则又称为"证据裁判主义"，是现代刑事诉讼的基石，已经为我国诉讼法学理论界所普遍认可。[1] 有的学者提出，在现代刑事诉讼中，"依据证据认定事实"是理所当然的;[2] 有的学者认为该原则是证据规定的帝王条款之一。[3] 在日本、法国等地的刑事诉讼法中，对于证据裁判原则均有明确规定。虽然我国《刑事诉讼法》没有明确规定证据裁判原则，但是仍然有不少体现着该原则精神的具体规则。例如法院作出有罪判决需达到"事实清楚、证据确实充分"的标准，即是运用证据认定案件事实的具体规则，它体现了证据裁判原则的基本精神。

根据学界的通识，证据裁判原则是指诉讼中的事实应依证据认定，如果没有证据则不能对有关事实予以认定。[4] 据此，证据裁判原则包括三方面的含义：一是不得以证据以外的其他客观现象为依据来认定事实；二是不得仅凭法官个人的主观推测和印象来认定事实；三是法官认定事实以有证据存在为前提，无证据则无认定事实的依据。[5] 然而，刑事诉讼中哪些事项需要运用证据进行证明，在不同国家有不同规定。德国刑事诉讼中需要运用证据证明的是裁判形成所必需的事实，不包括程序法事实；日本刑事诉讼中需要加以证明的是实体法事实，不包括众所周知的免证事实和诉讼法事实；而在英美法系国家，控方需要对所有争议事实承担证明责任，法定例外情形除外。[6] 当然，对于特定事实也可不依证据而认定。比如

---

〔1〕　陈光中主编：《中华人民共和国刑事诉讼法再修改专家建议稿与论证》，中国法制出版社 2006 年版，第 320 页。

〔2〕　[日] 松尾浩也：《日本刑事诉讼法》（下册），丁相顺译，中国人民大学出版社 2005 年版，第 3 页。

〔3〕　林钰雄：《刑事诉讼法》（上册），自刊 2007 年版，第 450 页。

〔4〕　参见樊崇义、张小玲：《现代证据裁判原则若干问题探讨》，载《北京市政法管理干部学院学报》2002 年第 2 期。

〔5〕　参见徐静村主编：《刑事诉讼法》（上册），法律出版社 1999 年版，第 137 页。

〔6〕　参见宋英辉、李哲：《证据裁判原则评介》，载《政法论坛》2003 年第 4 期。

推定，如果相反的事实没有得到证明，则推定事实不必经过证明即可成为法庭裁判的根据。虽然很多学者认为这是证据裁判原则的固有含义，但是从另外一个角度来看，推定等免证事实的存在可以视为证据裁判原则的例外。

据此原则的要求，在毒品犯罪案件中，事实裁判者应当运用证据认定犯罪构成要件以作为裁判的事实基础，无证据证明则不能认定犯罪构成要件，也就无法认定毒品犯罪之构成。如果案件中无证据证明被告人对毒品的"明知"，就无法认定被告人的犯罪主观方面，也就无法认定被告人构成毒品犯罪。这是证据裁判原则的基本要求，也是实践中很多司法工作人员办案的基本准则。

然而按照调整认定方法模式，事实裁判者对案件事实的认定并非完全依靠证据进行证明，而是采用推定等替代证明的方式，这无疑是证据裁判原则的例外。比如运输毒品案件的被告人拒不承认自己"明知"毒品时，若按证据裁判原则的要求，应当使用其他证据证明"明知"；而根据前面介绍的规范性文件以及司法实践中的做法，事实裁判者可根据一些间接证据认定被告人携带毒品的方式和费用等客观情况，并由此推定被告人对毒品的主观明知。在该认定过程中，证据只证明了一些客观情况，但是在客观情况和"明知"之间还有一定距离，对于应提出证据证明的"明知"，实际上缺少必要的证据，而代之以推定。无疑，推定是证据裁判原则的一种例外。

作为证据裁判原则的例外，以推定为代表的调整认定方法模式的出现具有特定原因：一方面，由于调整认定方法是针对证明困难的一种模式概括，因此解决证明难题是其出现的一个重要原因。在准备本书过程中，笔者查阅了有关的文献资料，并进行了调研，了解到推定是解决毒品犯罪中"明知"证明困难的主要方式。虽然在规范性文件和司法实践中，变更待证事实也是解决证明困难的重要出路，但是其重要程度远远不及推定。[1] 另一方面，推定的设置和

---

[1] 其实对比查到的文献资料就能发现，从证明困难的角度讨论推定的文章有数十篇，而从此角度讨论"应当知道"和"概括性认识"的文章寥寥无几。

适用同样可以体现特定的刑事政策。改变毒品犯罪案件中认定事实的方式，对难以证明的事项不再要求直接证明，这对于实现打击特定犯罪的刑事政策是非常重要的。除此之外，法律中缺乏有效的制约机制，事实裁判者拥有是否适用推定的自由裁量权，也在一定程度上助长了推定的广泛运用。

（二）主客观相统一原则与变更待证事实模式

主客观相统一原则是苏俄刑法学的遗产之一，它在我国刑法学中产生了重大影响。[1]尽管它没有被我国现行《刑法》规定为基本原则，但是大多数刑法学者都将其视为刑法的基本原则之一。有的学者提出，主客观相统一原则是整个刑法理论的基点，将它称之为支撑起我国刑法理论的"阿基米德支点"一点也不夸张，因为离开了主客观相统一原则，犯罪构成、刑事责任以及社会危害性理论都难以成立[2]；有的学者认为主客观相统一原则与思想应当成为我国刑法理论的精髓。[3]

根据刑法学界的理解，主客观相统一原则是指，犯罪的成立不仅要求在客观上实施了危害社会的行为，而且要求主观上具有犯罪的故意或者过失，还要求主客观的内容具有一致性；刑事责任的确定不仅要求考虑行为的客观危害，还要考虑行为人的主观罪过及其

〔1〕　参见陈兴良：《主客观相统一原则：价值论与方法论的双重清理》，载《法学研究》2007年第5期。

〔2〕　齐文远、周详：《对刑法中"主客观相统一"原则的反思——兼评主观主义与客观主义》，载《法学研究》2002年第3期。

〔3〕　参见聂立泽：《刑法中的主客观相统一原则研究》，法律出版社2004年版，第36页。2003年最高人民法院公布了《关于行为人不明知是不满十四周岁的幼女，双方自愿发生性关系是否构成强奸罪问题的批复》，苏力教授对此发表了一些不同意见；随后，刑法学界的众多知名学者召开专门研讨会进行批驳，其中一个重要的共识是"必须坚持主客观相统一原则"，并以《主客观相统一原则岂能动摇》为题发表了该研讨会的综述，以《主客观相统一：刑法现代化的坐标》为题出版了该研讨会的论文集，由此可见主客观相统一原则在刑法学界的地位。参见中国人民大学刑事法律科学研究中心：《主客观相统一原则岂能动摇——有关"奸淫幼女犯罪"司法解释专题研讨会纪要》，载《法学》2003年第10期；赵秉志主编：《主客观相统一：刑法现代化的坐标——以奸淫幼女型强奸罪为视角》，中国人民公安大学出版社2004年版。

人身危险性。[1] 这意味着，主客观相统一原则要求犯罪构成的主观要件与客观要件具有共存性、关联性，它要求犯罪构成的主观心态与客观行为在性质和内容上须保持一致。正如学者所指出的，"行为人的行为是在其主观认识支配下进行的，主观认识与行为活动存在着内容的一致性、因果关联性，只有在主观要件事实与客观要件事实符合一致时，司法人员才能据以定罪。"[2]

据此原则的要求，认定一个行为构成犯罪必须同时证明主观要件和客观要件符合法律的具体规定，且主观要件和客观要件之间应当具有一致性。比如按照主客观相统一原则认定运输毒品犯罪，应当运用证据证明被告人实施了运输毒品的客观行为，主观上明知运输的物品是毒品而故意运输，并且运输行为与主观明知具有一致性。只有达到如此要求，才是符合主客观相统一原则的做法。

然而，在办理毒品犯罪案件中，如果使用变更待证事实模式解决证明困难，会与主客观相统一原则发生冲突。具体来说，在毒品犯罪的认定中，行为人应当明知行为对象是"毒品"，这既要求行为人"明确知道"，同时要求行为人明知是"毒品"，这两点是毒品犯罪主观要件的明确要求。而若使用变更待证事实模式认定行为人的主观明知，则无法达到上述要求。如果使用"应当知道"的概念，实际是将"应当知道"拟制为"明知"，但两者在本质上并不相同，"应当知道"是一种与明知不同的状态。"概括性认识"更是如此，它只要求行为人明知行为对象的非法性，不需要明确知道对象为"毒品"，这无疑是对"明知"概念的异化。由此可见，"应当知道"与"概括性认识"都改变了主观要件的内容。行为人在客观上实施了毒品犯罪行为，但主观上只是"应当知道"行为对象是毒品，或者知道行为对象是"非法的"，这样的主观要件和客观要件显然不具有一致性，势必会突破主客观相统一原则。

---

[1] 参见张明楷：《刑法学》（第2版），法律出版社2003年版，第49页。

[2] 参见江礼华、周洪波：《从主客观相统一原则看最高人民法院关于奸淫幼女犯罪的〈批复〉》，载赵秉志主编：《主客观相统一：刑法现代化的坐标——以奸淫幼女型强奸罪为视角》，中国人民公安大学出版社2004年版，第159页。

有的学者提出，"明知"包括"应当知道"违背了主客观相统一原则。[1] 那么，这是否意味着不再需要遵守主客观相统一原则呢？笔者认为并非如此。作为刑法的基本原则，主客观相统一原则对于正确处理犯罪构成主客观要件之间的关系，保障嫌疑人、被告人的权利，推进刑事法制的民主化和科学化等具有非常重要的意义，在刑事法领域中必须坚持主客观相统一原则。但是，任何原则都有适用的特定范围，任何原则都有例外。发现基本原则的例外，并不意味着原则的终结，而是为基本原则划定了逐渐清晰的适用界限。一个原则、理论走向成熟和完善的标志，不是适用范围的任意扩大，而是理论边界的不断精确；这与人的成熟是同样道理，人的成熟是以逐渐知其可为与不可为作为标志的。使用变更待证事实模式解决毒品犯罪中明知的证明难题，即是主客观相统一原则的例外。

当然，任何一个原则的例外均非可以任意为之，而是基于特定的原因和目标。毒品犯罪主观"明知"认定中之所以设定主客观相统一原则的例外，主要出于两方面原因：一是毒品犯罪中存在证明困难。如前所述，由于毒品犯罪的隐蔽性高等原因，取证非常困难，而取得用于证明"明知"证据的难度尤为突出。二是体现特定的刑事政策。众所周知，毒品犯罪案件具有很大的社会危害性，严厉打击毒品犯罪是我国一直以来的刑事政策。在此情况下，取证困难与严厉打击犯罪就出现了矛盾；而对犯罪构成要件进行适当变更，设置主客观相统一原则的例外，就成为解决矛盾的一种有效途径。可以设想，如果在立法和司法实践中顽固地坚持主客观相统一原则，意味着很多毒品案件的被告人无法受到法律的制裁，有效控制毒品犯罪的刑事诉讼目标无法实现；而如果变更毒品犯罪的特定构成要件，设定主客观相统一原则的例外，就可以实现控制犯罪等目标。两种方式孰优孰劣？

进而言之，作为原则的例外，不仅需要具备特定的条件，而且

---

〔1〕　参见周洪波：《走私普通货物、物品罪司法疑难问题的认定》，载姜伟主编：《刑事司法指南》（总第16辑），法律出版社2003年版，第24页。

在使用中应当严格限制。例如在适用条件上，只能针对毒品犯罪和走私犯罪等特别严重的刑事犯罪；只能适用于明知等特定的犯罪构成要件；只能在确实出现证明困难时才可适用；应当以法律等规范性文件的明确规定作为适用前提。在程序控制上，应当受到上诉程序和再审程序的严格审查等。如此严格的适用条件和限制措施，就是为了保障主客观相统一原则的例外只是"例外"，不能"出格"。

第八章

电子证据真实性的三个层面

——以刑事诉讼为例的分析

一、问题的提出

电子数据证据是 2012 年《刑事诉讼法》增加的一种法定证据形式。[1] 其实,在 2012 年《刑事诉讼法》作出明确规定之前,电子证据在司法实践中已经存在并运用多年。2010 年《死刑案件证据规定》已经规定了电子证据的审查判断要求。从证据法的角度看,电子证据的取证、审查面临的核心问题是真实性问题。[2] 例如,《死刑案件证据规定》第 29 条规定了审查电子证据的基本内容和思路,其中列举的大部分内容都是针对真实性问题。2012 年《刑诉法解释》第 93 条列举了大体相似的审查条款;第 94 条规定了不得作为定案根据的电子证据的两种情形,也是针对真实性无法得到有效保障的电子证据。2016 年最高人民法院、最高人民检察院、公安部《关于办理刑事案件收集提取和审查判断电子数据若干问题的规定》(以下简称《电子数据规定》)第 22 条集中列举了电子证据真实性

---

〔1〕 本书将电子数据视为电子数据证据的信息存在形式。如果使用"电子数据"指代电子数据证据这种法定证据形式,会造成概念混淆;而如果表述为"电子数据证据",又略显繁琐。因此,本书将电子数据证据这种法定证据形式简称为"电子证据"。

〔2〕 有学者认为,电子证据的关联性是电子证据运用中的第一障碍。参见刘品新:《电子证据的关联性》,载《法学研究》2016 年第 6 期。

审查的详细要求；第 28 条规定了三种非法证据排除情形，均是针对真实性存在问题的电子证据。[1]

关于电子证据真实性的具体指向，上述规范性文件均要求审查电子证据的内容是否真实，是否存在增加、修改、删除等问题，这意味着电子证据的真实性包括内容是否真实。[2] 与此同时，上述规定还列举了法官审查时需要关注的重点事项，例如存储介质是否提交，电子证据的形成和制作情况是否有笔录记载，电子证据的提取、保存、使用程序是否合法、可否重现，相关人员是否签名、盖章等。显然，这些规则与电子证据的真实性相关，但并非指向证据内容的真实性，而是属于存储介质问题。另外，2012 年《刑诉法解释》第 93 条第 1 项规定："在原始存储介质无法封存、不便移动或者依法应当由有关部门保管、处理、返还时，提取、复制电子数据是否由二人以上进行，是否足以保证电子数据的完整性，有无提取、复制过程及原始存储介质存放地点的文字说明和签名。"这一规定显然也是为了保障电子证据的真实性，但其中的"电子数据"与电子证据的储存介质不同，与电子证据的内容也有差异。由此可见，虽然上述规定都与电子证据的真实性问题有关，但其指向的真实性却处于不同层面。

上述电子证据真实性的不同层面，在司法实践案例中也有体现。比如，在"广州顺亨汽车配件贸易有限公司等走私普通货物案"中，部分被告人提出，该案据以认定犯罪数额的电子证据证明力弱。法官认为，该案中证据方面的最大争议是电子数据的证据资格认定问题。对于该问题，需要从真实性、合法性和关联性角度进行分析。对于其真实性，该案中的认定思路是，侦查机关现场固定电子证据时采用了"封存-扣押"模式：召集见证人—切断电源及接口—封存介质—拍照、录像固定—制作搜查笔录和扣押清单—送有资质部

---

〔1〕 在司法实践中，对于电子证据的取证和审查，真实性的问题也很突出。参见南英、高憬宏主编：《刑事审判方法》，法律出版社 2013 年版，第 242 页。

〔2〕 这里的"内容"并非仅指本书所概括的电子证据内容真实性所指的"内容"，相关分析见后文。

门鉴定。对于计算机中未被删除的数据，在其他证据足以佐证的前提下，采用"打印－确认"模式。最终固定、提取涉案电脑一百多台，一批 U 盘、移动硬盘、手机卡等存储介质。侦查机关在获得上述电子数据材料后即提交给电子数据鉴定机关进行鉴定，鉴定意见均在法庭审理时予以出示并进行质证。同时，在不破坏数据的情况下，侦查机关对扣押的一百多台电脑中的现有数据进行提取、分析，对已删除数据进行恢复后提取。所有提取、固定的电子证据材料，在侦查和起诉阶段均打印成文字件，并交由相关被告人及证人进行签认。另外，侦查机关通过电子邮件所属服务商确定网络服务商的地址，向服务商调取了 30 个涉案邮箱中的 20 万封电子邮件，经过筛选后将其中与本案有关联的部分邮件作为电子数据材料提交法庭。同时，向第三方取证的数据材料均由第三方单位存储在只读光盘里，从而保证了电子数据材料的真实性。[1]

在该案例中，法官详细分析了审查电子证据真实性的基本思路，主要是对侦查取证中采取技术措施、遵守程序规则的情况予以确认。具体来说，法官在该案中审查电子证据，主要针对五个问题：一是侦查取证中固定电子证据的方式；二是处理未被删除的电子数据的方式；三是对于存储介质的提取；四是电子数据的提取、鉴定；五是对电子邮件的调取。如果以电子证据真实性的不同层面为标准，上述措施可以分为三大类：第一类为固定电子证据的方式、对存储介质的提取，主要是对电子证据载体真实性的审查；第二类为处理未被删除的电子数据的方式，与电子数据的提取、鉴定等问题，与证据载体的真实性无关，而是指向电子数据的真实性；第三类为"其他证据佐证"的问题，这涉及电子证据内容的真实性。由此可见，该案例中对电子证据真实性的审查，涉及电子证据真实性的三个层面。

总结以上对规范性文件和典型案例的分析可知，电子证据的真实性有三个不同的层面：电子证据载体的真实性、电子数据的真实

---

〔1〕 "广州顺亨汽车配件贸易有限公司等走私普通货物案"，载中华人民共和国最高人民法院刑事审判第一、二、三、四、五庭主办：《刑事审判参考》（总第 93 集），法律出版社 2014 年版，第 6 页以下。

性以及电子证据内容的真实性。鉴于电子证据具有高科技性、无形性等特点，[1] 其真实性问题有自身的特殊性，应建立相应的独立规则，[2] 故本书分别针对上述三个层面展开研讨。

二、电子证据载体的真实性

电子证据载体的真实性，是指存储电子数据的媒介、设备在诉讼过程中保持原始性、同一性、完整性，不存在被伪造、变造、替换、破坏等问题。电子证据具有高科技性、无形性等特点，因此，其存储、展示、解读等需要借助一定的介质、设备；离开了存储介质和设备，电子证据将无法被有效认知、理解和运用。从电子证据真实性的角度来说，以存储介质、设备为表现形式的证据载体，在分析电子证据的真实性时具有独立价值。

电子证据载体的真实性，主要包括两方面的要求：一是电子证据载体来源的真实性。具体来说，法官审查电子证据时往往会关注：提交的电子证据是否包括原始存储介质，以及原始存储介质的收集程序、方式是否符合法律规定和有关技术规范；如果无法提取原始存储介质，如何确保其他存储介质能够保障电子数据的真实性。这是对电子证据载体原始性和同一性的审查。二是电子证据载体在诉讼流转中的真实性。刑事案件经过侦查、起诉、审判等程序，电子证据也要随之移送、流转。在此过程中需要考察：电子证据载体在流转中能否保持同一性，是否符合鉴真的要求；[3] 电子证据载体能

---

〔1〕 参见樊崇义主编：《证据法学》，法律出版社 2012 年版，第 238 页。

〔2〕 对于电子证据的搜查、扣押，美国的司法实践遵循令状原则，而且对于电子证据的载体和电子数据，在特定情况下需要分别获得令状，这已经显示出对于电子证据应有相应的独立规则。参见陈永生：《电子数据搜查、扣押的法律规制》，载《现代法学》2014 年第 5 期。

〔3〕 关于鉴真问题，参见 [美] 罗纳德·J. 艾伦、[美] 理查德·B. 库恩斯、[美] 埃莉诺·斯威夫特：《证据法：文本、问题和案例》（第 3 版），张保生等译，高等教育出版社 2006 年版，第 212 页以下；陈瑞华：《实物证据的鉴真问题》，载《法学研究》2011 年第 5 期。

否保持完整性，没有被破坏等。从法官审查电子证据的角度来说，审查庭审中出示的电子证据载体与侦查时固定、封存、提取的电子证据载体是否同一，该证据载体在诉讼过程中的保管链条是否完整，以及证据载体本身的完整性，都是为了确保电子证据载体的真实性。

在《死刑案件证据规定》、2012年《刑诉法解释》、《电子数据规定》、2012年最高人民检察院《人民检察院刑事诉讼规则（试行）》（以下简称"2012年《检察院规则》"）、公安部《计算机犯罪现场勘验与电子证据检查规则》（以下简称《公安部规则》）等规范性文件均对电子证据载体的真实性规定了取证和审查规则。概括而言，主要包括以下几个方面：

第一，在侦查过程中，侦查人员采取技术措施、遵守程序规则，保障电子证据载体的完整性、真实性、原始性[1]。为保障电子证据载体的真实性，"公安部规则"规定了技术措施，以及需要遵守的程序规则。例如，封存电子证据的存储介质时，应当采用能够保障封存效果的方法，并通过拍照、制作封存电子证据清单的方式，保障电子证据载体的真实性，防止电子证据的存储介质发生变化;[2] 固定电子数据的存储介质时，可以通过完整性校验、[3] 备份和封存等方式，保障电子证据存储介质的完整性;[4] 在对电子数据进行检查前，对于以封存方式保护的电子设备或存储媒介，检查人员应当比

---

〔1〕《公安部规则》第12条第1款规定，固定和封存电子证据的目的是保护电子证据的完整性、真实性和原始性。

〔2〕《公安部规则》第13条规定，封存电子设备和存储媒介的方法是：①采用的封存方法应当保证在不解除封存状态的情况下，无法使用被封存的存储媒介和启动被封存电子设备。②封存前后应当拍摄被封存电子设备和存储媒介的照片并制作《封存电子证据清单》，照片应当从各个角度反映设备封存前后的状况，清晰反映封口或张贴封条处的状况。

〔3〕 完整性校验值是对电子数据进行计算而获得的一组数据。如果原始数据被修改，完整性校验值必定发生变化，这是保障电子数据真实性的技术手段。

〔4〕《公安部规则》第14条规定，固定存储媒介和电子数据包括以下方式：①完整性校验方式。是指计算电子数据和存储媒介的完整性校验值，并制作、填写《固定电子证据清单》；②备份方式。是指复制、制作原始存储媒介的备份，并依照第13条规定的方法封存原始存储媒介；③封存方式。对于无法计算存储媒介完整性校验值或制作备份的情形，应当依照第13条规定的方法封存原始存储媒介，并在勘验、检查笔录上注明不计算完整性校验值或制作备份的理由。

对封存的照片与当前封存的状态是否一致。[1]

从程序规则的角度，侦查机关通过制作封存笔录、清单、拍照、录像、见证人在场等方式，保障电子证据存储介质的真实性。例如，根据 2012 年《检察院规则》的相关规定，对于查获的电子数据及其存储地点应当拍照，并用文字说明有关情况，必要时可以录像；对于电子数据存储介质，应当制作说明、笔录，对相关情况进行详细记载，妥为保管。[2] 另外，对于电子证据的搜集、提取，要求见证人在场并在笔录上签名。

第二，在审查起诉时，检察官通过多种方式审查电子证据载体的真实性。根据 2012 年《检察院规则》的规定，检察官审查起诉时，对电子数据的勘验、检查笔录存在疑问，可以要求侦查人员提供获取电子数据的相关情况，必要时可以询问笔录制作人、见证人，对电子数据进行技术鉴定。[3] 电子证据载体的相关笔录是保障其真实性的一种重要手段，通过上述方式确认笔录的真实性，实际上是为了保障电子证据载体的真实性。

第三，庭审中，电子证据的存储介质需要提交，法官从技术措施和程序规则两个方面进行审查，确认其真实性。《电子数据规定》

---

〔1〕《公安部规则》第 26 条规定，办案人员将电子证据移交给检查人员时应同时提供《固定电子证据清单》和《封存电子证据清单》的复印件，检查人员应当依照以下原则检查电子证据的完整性：①对于以完整性校验方式保护的电子数据，检查人员应当核对其完整性校验值是否正确；②对于以封存方式保护的电子设备或存储媒介，检查人员应当比对封存的照片与当前封存的状态是否一致；③存储媒介完整性校验值不正确、封存状态不一致或未封存的，检查人员应当在《电子证据检查笔录》中注明，并由送检人签名。

〔2〕 2012 年《检察院规则》第 228 条规定，对于查获的重要书证、物证、视听资料、电子数据及其放置、存储地点应当拍照，并且用文字说明有关情况，必要的时候可以录像。第 238 条第 3 款规定：对于可以作为证据使用的录音、录像带、电子数据存储介质，应当记明案由、对象、内容，录取、复制的时间、地点、规格、类别、应用长度、文件格式及长度等，妥为保管，并制作清单，随案移送。

〔3〕 2012 年《检察院规则》第 370 条规定：人民检察院对物证、书证、视听资料、电子数据及勘验、检查、辨认、侦查实验等笔录存在疑问的，可以要求侦查人员提供获取、制作的有关情况。必要时也可以询问提供物证、书证、视听资料、电子数据及勘验、检查、辨认、侦查实验等笔录的人员和见证人并制作笔录附卷，对物证、书证、视听资料、电子数据进行技术鉴定。

第 22 条、《死刑案件证据规定》第 29 条、2012 年《刑诉法解释》第 93 条均对审查电子证据载体作了规定。[1] 概括来说，与电子证据载体相关的审查规则主要针对以下三方面问题：一是相关笔录中是否载明电子证据形成的时间、地点、对象、制作人、制作过程及设备情况等；对电子证据的形成、制作情况进行审查，包括对电子证据载体的形成和制作进行审查，以确定其原始性和同一性。二是制作、储存、传递、获得、收集、出示等程序和环节是否合法；这是对电子证据载体的保管链条进行审查，以确认电子证据载体在流转过程中保持同一性、完整性。三是取证人、制作人、持有人、见证人等是否签名或者盖章；通过相关主体的签名、盖章来证明程序的合法性，从而证明电子证据载体的真实性。

需要明确的是，电子证据载体的真实性与载体的原始性应当加以区分。由于很多电子证据是在网络、计算机系统中生成，导致无法判断、认定哪台计算机、哪个存储设备是电子证据的原始载体。因此，在判断电子证据载体的真实性时，首先要审查是否存在电子证据的原始存储介质。如果能够确认，则通过原始存储介质来认定电子证据载体的真实性；如果没有收集到原始存储介质，则需要通过技术措施、程序规则来确认电子证据载体的同一性。这意味着，电子证据载体的真实性与原始性并不相同；真实性的判断并不要求载体必须具备原始性，而具备原始性的载体也不一定是真实的。从这一角度看，《电子数据规定》和 2012 年《刑诉法解释》的规定更为细致，既强调应移送原始存储介质，又明确规定在无法提交原始存储介质时，应如何保障电子数据的完整性。

---

〔1〕《电子数据规定》第 22 条第 1 项规定：是否移送原始存储介质；在原始存储介质无法封存、不便移动时，有无说明原因，并注明收集、提取过程及原始存储介质的存放地点或者电子数据的来源等情况。《死刑案件证据规定》第 29 条第 1 项规定：该电子证据存储磁盘、存储光盘等可移动存储介质是否与打印件一并提交。2012 年《刑诉法解释》第 93 条第 1 项规定：是否随原始存储介质移送；在原始存储介质无法封存、不便移动或者依法应当由有关部门保管、处理、返还时，提取、复制电子数据是否由二人以上进行，是否足以保证电子数据的完整性，有无提取、复制过程及原始存储介质存放地点的文字说明和签名。

综合上述规定可以发现，关于电子证据载体真实性的规则包括技术措施和程序规则两个方面。其中，技术措施主要是在侦查中进行封存、固定、检查时使用的措施，以及在诉讼过程中电子证据流转时采取的措施。程序规则则是在诉讼过程中为了保障电子证据载体的真实性，以及为电子证据载体真实性问题提供证据而需要遵守的程序规则。根据上述规定，通常的程序规则包括制作笔录，对电子证据的提取、固定、保存、传递、获得、出示等过程做详细记载，由取证人、制作人、持有人、见证人等在笔录上签名或者盖章，以及拍照、录像等。在庭审过程中，法官主要是对笔录、签名和盖章以及照片、录像等进行审查，相关人员很少出庭作证。除此之外，为了确认电子证据载体的真实性，在特定情况下可以进行鉴定。

需要说明的是，对于电子证据载体的真实性而言，实质性的保障和审查措施应当是技术性的，但法官、检察官、律师等通常不具备相应的专业知识，因此难以进行实质性的审查、质证。在审判过程中，法官对技术问题的审查主要采取两种方式：一是依靠鉴定意见，通过审查鉴定意见的方式对电子证据载体的真实性进行审查、认定；二是将技术问题转化为法律程序问题，通过审查遵守程序规则的相关证据是否完备，从法律形式上确认电子证据载体的真实性。

三、电子数据的真实性

电子数据的真实性问题，是指作为电子证据信息在技术层面存在形式的电子数据是否真实，是否与原始数据保持一致，是否存在被修改、删除、增加等问题。例如，作为电子证据的电子邮件，虽然从内容上说是文字、图片、符号等表现出来的信息，但在技术层面，其是按照编码规则处理而成的0、1数字组合；同时，电子邮件内容的相关附属信息，如邮件的收发时间、收发地址等，也是以电子数据形式在技术层面存在。如果电子数据被修改、删除、增加，则电子邮件的文字、图片、符号等内容信息，以及收发时间、收发地址等附属信息也会发生变化。因此，电子数据的真实性是电子证据内容保持原始性、同一性、完整性的技术前提，其对于电子证据真实性的审查判断具有基础性意义。

根据所包含的内容、所发挥的作用不同，电子证据可分为数据电文证据、附属信息证据和关联痕迹证据。数据电文证据是数据电文之正文本身，即记载法律关系发生、变更与灭失的数据，如电子邮件、EDI、网络聊天记录的正文。附属信息证据，是指在数据电文生成、存储、传递、修改、增删时发生的记录，如电子系统的日志记录、电子文件的附属信息等，其作用主要是证明电子数据的来源和形成过程。关联痕迹证据，是指生成、存储、传递、修改、增删数据电文而导致的电子环境更新产生的相关痕迹，其对于判定数据电文的真实性具有特别的价值。[1] 由此可见，电子数据的真实性既包括数据电文的真实性，也包括附属信息证据和关联痕迹证据的真实性；由于电子数据在技术方面的特殊性，附属信息证据和关联痕迹证据对于保障、证明电子数据的真实性具有特殊意义。

从法律规则来说，电子数据的真实性主要包括两方面要求：一是电子数据来源的原始性、同一性。由于电子数据存储于网络、服务器等介质之中，在诉讼过程中使用电子数据，必须进行提取，因此在提取环节应确保电子数据来源的原始性、同一性。二是电子数据在诉讼过程中保持同一性、完整性。在诉讼过程中，存储于介质内的电子数据会随着诉讼进程的发展而流转，因此应防止电子数据在流转过程中被修改、删除或者增加。

2012 年《刑诉法解释》第 93 条列举了审查判断电子证据的五个重点问题。[2] 该条第 3 项明确指出："电子数据内容是否真实，

---

〔1〕 参见刘品新主编：《网络时代刑事司法理念与制度的创新》，清华大学出版社 2013 年版，第 191 页。

〔2〕 2012 年《刑诉法解释》第 93 条规定，对电子邮件、电子数据交换、网上聊天记录、博客、微博客、手机短信、电子签名、域名等电子数据，应当着重审查以下内容：①是否原始存储介质移送；在原始存储介质无法封存、不便移动或者依法应当由有关部门保管、处理、返还时，提取、复制电子数据是否由二人以上进行，是否足以保证电子数据的完整性，有无提取、复制过程及原始存储介质存放地点的文字说明和签名；②收集程序、方式是否符合法律及有关技术规范；经勘验、检查、搜查等侦查活动收集的电子数据，

有无删除、修改、增加等情形。"根据司法解释起草者的分析，该条规定主要针对电子数据的内容和制作过程进行审查，判断有无删除、修改、增加等情形。[1]笔者认为，该规定对"内容"的界定比较模糊，而且"有无删除、修改、增加等情形"的表述也没有明确"内容"的具体指向。结合司法实践的现状分析，该规定中的"内容"所指较为宽泛，应当既包括电子数据的真实性问题，也包括电子证据内容的信息能否与其他证据内容的信息相互印证。

为保障电子数据的真实性，现行规范性文件确立了一些规则，其中既包括技术措施，也包括程序规则。例如，在侦查过程中，侦查机关对电子数据的固定，可以采取完整性校验方式、备份方式和封存方式，在远程勘验过程中应计算完整性校验值。[2]同时，对电子数据进行检查，原则上在复制的存储介质上进行，复制、备份过程应符合法律要求；在特殊情况下，如果需要直接在原始存储介质上进行检查，应当已计算存储媒介的完整性校验值，检查过程能够保证不修改原始存储媒介所存储的数据。[3]另外，《电子数据规定》

是否附有笔录、清单，并经侦查人员、电子数据持有人、见证人签名；没有持有人签名的，是否注明原因；远程调取境外或者异地的电子数据的，是否注明相关情况；对电子数据的规格、类别、文件格式等注明是否清楚；③电子数据内容是否真实，有无删除、修改、增加等情形；④电子数据与案件事实有无关联；⑤与案件事实有关联的电子数据是否全面收集。对电子数据有疑问的，应当进行鉴定或者检验。

〔1〕 参见张军、江必新主编：《新刑事诉讼法及司法解释适用解答》，人民法院出版社 2013 年版，第 108 页。

〔2〕《公安部规则》第 22 条规定：远程勘验过程中提取的目标系统状态信息、目标网站内容以及勘验过程中生成的其他电子数据，应当计算其完整性校验值并制作《固定电子证据清单》。

〔3〕《公安部规则》第 29 条规定，复制、制作原始存储媒介的备份应当遵循以下原则：①复制并重新封存原始存储媒介。②对解除封存状态、开始复制、复制结束、重新封存等关键步骤应当录像记录检查人员实施的操作。③复制完成后应当依照第 13 条规定重新封存原始存储媒介，并制作、填写《封存电子证据清单》。第 30 条规定，除下列情形外，不得直接检查原始存储媒介，应当制作、复制原始存储媒介的备份，并在备份存储媒介上实施检查：①情况紧急的重大案件，不立即检查可能延误案件的侦查工作，导致严重后果的；②已计算存储媒介的完整性校验值，检查过程能够保证不修改原始存储媒介所存储的数据的；③因技术条件限制，无法复制原始存储媒介的。

第 22 条规定，应当审查"电子数据是否具有数字签名、数字证书等特殊标识"，这其实是对保障电子数据真实性的技术措施的审查。这些技术规则的适用，就是为了保障电子数据在提取、使用过程中保持完整性、同一性。

对于电子数据的提取、固定、保存等，也有相应的程序规则。例如，在原始存储介质无法封存、不便移动或者依法应当由有关部门保管、处理、返还时，对电子数据的审查应当关注提取、复制电子数据是否由二人以上进行，是否足以保证电子数据的完整性，有无提取、复制过程及原始存储介质存放地点的文字说明和签名；在远程勘验过程中，应采用录像、照相、截获计算机屏幕内容等方式，记录提取、生成电子证据等关键步骤，并制作相关笔录。

对于庭审中电子数据的审查方式，2012 年《刑诉法解释》的起草者认为，审判人员应通过听取控辩双方意见、询问相关人员等多种方式进行审查，必要时可以进行庭外调查。由于电子数据技术性较强，对其真实性的审查往往需要辅助手段，即通过鉴定意见，或者采取侦查机关检验与司法机关认定相结合的方式。对于采取检验方式的，经法院通知，检验人应当出庭作证。[1]

对于如何审查保障电子数据真实性的技术措施，考虑到法官、检察官和辩护人等大多不具备专业知识，对相关技术措施不具备实质审查、判断、质证能力，因此庭审中的审查方式主要包括以下四种：一是从形式上审查侦查人员是否采取了必要的技术措施。司法解释的起草者认为，在审判过程中，应当审查侦查机关是否采取记录电子数据完整性校验值等方式来保证电子数据的完整性。[2] 二是审查保障电子数据真实性的程序规则是否得到遵守。司法实践中，对电子数据真实性的审查和认定，在某种程度上已经转化为对电子数据提取、固定等程序规则的审查。三是鉴定、检验等方式。通过

---

〔1〕 参见张军、江必新主编：《新刑事诉讼法及司法解释适用解答》，人民法院出版社 2013 年版，第 108 页。

〔2〕 参见张军、江必新主编：《新刑事诉讼法及司法解释适用解答》，人民法院出版社 2013 年版，第 106 页。

专业技术人员的鉴定、检验，可以为法官确认电子数据的真实性提供技术支持，从而确保电子数据的真实性。四是审查电子数据的收集、提取过程是否可以重现，以间接审查保障电子数据真实性的技术措施是否得到了合适的运用。

需要明确的是，虽然法官在审判过程中可以通过审查侦查人员是否采取了必要的技术措施、是否遵守了程序规则等方式，从形式上确认电子数据的真实性，但是，对电子数据真实性的实质审查，仍然需要通过技术手段。因此，电子数据的真实性本质上是技术问题而非法律问题。对于电子数据是否具备原始性、同一性、完整性，即电子数据真实性的判断，需要由专业技术人员通过鉴定等方式提供意见，辅助法官进行认定。

有观点认为，审判中应提交原始数据，而原始数据都存在于特定的可移动存储介质之中，故在司法实践中，电子数据的原始数据泛指包含原始数据的可移动存储介质。[1] 笔者认为，不能将原始数据与包含原始数据的可移动存储介质等同，不能将电子证据载体真实性的保障措施等同于对电子数据真实性的保障。因为在很多情况下，电子数据的变化并不会在电子证据载体层面表现出来；另外，电子证据的载体虽然没有变化，但载体内存储的电子数据却可能已经面目全非。

四、电子证据内容的真实性

电子证据内容的真实性，是指电子证据所包含的信息与案件中其他证据所包含的信息能够相互印证，从而准确证明案件事实，此即证据事实的真实性问题。电子证据内容的真实性是电子证据真实性的核心问题，司法实践中所说的电子证据的真实性，往往也是指电子证据内容的真实性。比如，2012 年《刑诉法解释》第 93 条第 3 项规定的"电子数据内容"，既包括电子数据的真实性，也包括电子

---

〔1〕 参见张军主编：《刑事证据规则理解与适用》，法律出版社 2010 年版，第 230 页。

证据内容的真实性。

关于证据内容真实性的审查方式，主要包括两种：鉴定和证据相互印证。对于在证据载体方面不存在异议的实物证据，规范性文件强调交由鉴定人运用科学知识、技术、经验和设备制作鉴定意见，从而揭示那些足以证明案件事实的真实信息。同时，为避免采纳孤证可能带来的认识错误，刑事证据法反复强调证据相互印证的重要性。[1]

上述审查方法同样适用于电子证据内容真实性的审查。《死刑案件证据规定》第 29 条第 3 款规定："对电子证据，应当结合案件其他证据，审查其真实性和关联性。"这意味着，法官在审查电子证据内容的真实性时，应当审查证据的内容信息之间能否相互印证，是否存在无法排除的矛盾和无法解释的疑问；如果能够相互印证，且不存在无法排除的矛盾和无法解释的疑问，则可以认定电子证据的内容为真。

基于电子证据所具有的特点，在有些情况下，对其内容的真实性进行判断需要借助鉴定的方式。有观点认为，由于电子证据具有很高的科学技术含量，很难通过常规手段审查内容的真实性；当事人在法庭上提交的电子证据通常表现为打印件，由于法庭不具备专门知识，也不具备专门仪器设备，不可能在法庭上使用高科技手段检验电子证据的可采性，因此，如果对电子证据内容的真实性存在疑问，就应当进行鉴定。[2] 对电子证据进行鉴定，主要是为了确认电子证据的内容信息，并在个别情况下展示电子证据的内容信息，对各类存储介质、设备中存储或者已删除数据的内容，以及加密文件数据的内容进行认定，[3] 以之作为与其他证据信息相互印证的

---

〔1〕 参见陈瑞华：《刑事证据法》（第 4 版），北京大学出版社 2018 年版，第 136 页。

〔2〕 参见张军主编：《刑事证据规则理解与适用》，法律出版社 2010 年版，第 232 页。

〔3〕《人民检察院电子证据鉴定程序规则（试行）》第 4 条对电子证据鉴定范畴作了规定：①电子证据数据内容一致性的认定；②对各类存储介质或设备存储数据内容的认定；③对各类存储介质或设备已删除数据内容的认定；④加密文件数据内容的认定；⑤计算机程序功能或系统状况的认定；⑥电子证据的真伪及形成过程的认定；⑦根据诉讼需要进行的关于电子证据的其他认定。

基础。

例如，对于电子数据交换、电子签名、域名等电子证据，判断其内容是否真实，一个重要的前提是展示电子证据所包含的信息；由于特定的电子证据是字母、数字、符号的结合，对其中包含的信息，无法通过直接阅读、查看的方式了解，而必须借助鉴定的方式。在某些情况下，作为电子证据的短信、邮件等被删除，若要判断该电子证据的内容是否真实，首先需要恢复被删除的短信、邮件，这同样需要鉴定等技术手段。当然，这些鉴定活动的主要目的是恢复、展示电子证据的内容信息，这是确认电子证据内容真实性的基础。

在司法实践中，证据相互印证和鉴定是确认电子证据内容真实性的主要方式，有些情况下二者还会同时使用。例如，有观点认为，对电子证据的审查，应当重点听取电子证据制作者、提取者、见证人的证言，同时结合电子证据的鉴定意见、被告人供述和被害人陈述，综合评断电子证据的真伪和证明价值。[1] 这一观点既涉及审查电子证据真假的基本思路，也包含了评断电子证据证明价值的基本方法，其提出的审查方式就是相互印证和鉴定意见的结合。[2]

五、电子证据真实性三个层面的理论分析

以上对电子证据真实性的三个层面逐一作了分析和讨论。概括而言，电子证据载体的真实性，是针对作为电子证据载体的存储介质，确认其来源的原始性、同一性及其在流转过程中的同一性、完整性，确保证据载体没有被伪造、变造、替换、破坏等；电子数据的真实性，则针对电子数据来源的原始性、同一性，以及电子数据在诉讼过程中能否保持同一性、完整性，是否存在被删除、修改、增加等问题进行审查；而电子证据内容的真实性，主要解决电子证据内容中包含的信息，能否与其他证据所包含的信息相互印证，能

---

〔1〕 参见张军主编：《刑事证据规则理解与适用》，法律出版社 2010 年版，第 232 页。

〔2〕 这里其实也涉及电子数据真实性的审查方式，即通过相关主体的证言、鉴定结论等对电子数据是否具有原始性、同一性进行认定。对于这一问题的分析，详见后文。

否准确证明案件事实等问题。由此可见，电子证据真实性的三个层面所针对的是不同意义上的电子证据真实性问题。

以手机短信"我杀了张三"为例，其证据载体是手机，证据信息的技术存在形式是"我杀了张三"背后的电子数据，而内容信息是"我杀了张三"这句话所表现出来的信息。此时，关于电子证据载体的真实性，需重点审查信息提取的手机是否原始、同一，是否为发短信者所使用的那部手机，手机在侦查、审查起诉、审判的过程中是否被调换、破坏等问题；关于电子数据的真实性，则需要从技术层面确定手机短信背后的数据及相关附属信息，是否保持了原始、同一、完整的状态，"我杀了张三"的短信内容背后是否具有原始、同一、完整的数据形态，其显示的发送时间等附属信息是否真实；关于电子证据内容的真实性，则要重点审查短信内容信息即"我杀了张三"是否真实存在，该短信内容能否与其他证据相互印证，确认案件事实是否为发短信者杀了张三。

那么，与其他证据的真实性相比，电子证据的真实性存在哪些特殊性？如何从理论上解读电子证据真实性三个层面之间的关系？三个层面的理论对司法实践中的电子证据审查判断有何影响？在审查判断的过程中，如何明确电子证据真实性与同一性、原始性、完整性之间的关系？这些问题都需要在理论层面作进一步的分析。

（一）电子证据真实性的特殊之处

按照目前主流的证据法理论，证据的真实性有两个层面的含义：一是证据载体的真实性，即证据的表现形式本身必须是真实存在的，而不能是虚假的或者伪造的。二是证据事实的真实性，即证据所揭示或反映的事实必须是可靠和可信的，而不能是虚假的。[1] 根据上述观点，通常情况下，我们说一个证据是真实的，往往是指两方面：一是证据载体的原始性，以及证据载体在诉讼过程中保持同一性；二是证据中包含的信息与其他证据所包含的信息印证一致，排除其

---

〔1〕　参见陈瑞华：《刑事证据法》（第4版），北京大学出版社2018年版，第134页。"证据事实的真实性"与"证据内容的真实性"在具体内涵上大体相同，故本书将两者等同使用。

间的矛盾和疑问，准确认定案件事实。

然而，由于电子证据的特殊性，即电子证据的证据载体与证据信息存在形式可以分离的特性，上述证据真实性的两层面划分面临挑战。具体而言，存储于计算机中的电子证据，可以同计算机这一存储介质分离，存储于移动硬盘、U 盘等存储介质之中；作为电子证据信息存在形式的电子数据，可以非常方便地在存储介质之间转移。在这种情况下，电子证据载体与电子数据的真实性是两个独立的问题，二者之间可能没有关联。因此，在审查电子证据的真实性时，既要审查电子证据载体即存储介质的真实性，关注 U 盘、移动硬盘等数据存储介质是否具有原始性、同一性、完整性，还要审查电子证据的信息存在形式即电子数据的真实性，确认电子数据在诉讼过程中是否被修改、增加、删除，是否具有原始性、同一性、完整性。因此，电子证据真实性的内涵应当从两层面扩展到三层面，即在证据载体、证据内容真实性的基础上，扩展为电子证据载体、电子数据和电子证据内容的真实性，而这种三层面真实性的划分，将对电子证据规则的构建和司法实践的运作产生重要影响。

（二）电子证据真实性三个层面之间的关系

电子证据真实性的三个层面之间既有关联又相互区别：

1. 三个层面之间是有内在联系的

具体来说，电子证据载体的真实性是电子数据真实性的外部保障。虽然电子证据载体与电子数据有本质区别，但是，如果能够确保电子证据载体的原始性、同一性和完整性，则能够在一定程度上保证电子数据的原始性、同一性、完整性。电子数据的真实性是电子证据内容真实性的技术基础。一旦电子数据被修改、增加、删除，电子证据的内容及相关附属信息就会相应地发生变化，其同一性难以得到保证。电子证据内容的真实性是相对于案件事实而言的真实性，需要以内容的同一性为基础，不具有同一性的电子证据的内容，其真实性难以得到认定。从这一角度来说，电子证据载体和电子数据的真实性，是电子证据内容真实性的前提。

2. 三个层面之间也是相互区别的

首先，电子证据载体的真实性与电子数据的真实性有显著差异。基于数据与载体可分离的特点，存储于移动硬盘、U 盘等介质之中的电子数据，可以非常方便地在介质之间进行转移；而且，电子数据的修改、增加、删除等变动不会影响到电子证据载体，也不会体现在电子证据载体层面。因此，电子证据载体的真实性与电子数据的真实性不能相互替代。电子证据载体具有原始性、同一性，不意味着存储于其中的电子数据也具有原始性、同一性。同时，电子证据的存储介质发生变化，如在庭审中没有移送原始的存储介质，也不必然意味着电子数据不具有真实性。

其次，电子证据载体的真实性与电子证据内容的真实性是明显不同的问题。虽然从某种程度上说，电子证据载体的真实性有助于保障电子证据内容的真实性，但不能由前者直接得出后者，二者之间没有必然的因果关系，需要分别加以证明。载体的真实性主要指向电子证据的外部媒介，而内容的真实性关注电子证据包含的信息能否证明案件事实。即使是原始的电子证据存储介质，在流转中能够保持同一性、完整性，其内容信息同样可能是不真实的。正如前文例证所示，手机的真实性与手机短信能否真实地证明案件事实，是完全不同的问题。

最后，电子数据的真实性与电子证据内容的真实性属于不同层面的问题。前者针对数据的原始性、同一性、完整性问题，其对电子证据内容的影响，主要在于确保电子证据内容在流转过程中是同一的。而后者是指电子证据的内容信息与其他证据所包含的信息能够相互印证，从而准确认定案件事实。由此可见，电子数据的真实性是确保电子证据内容真实性的基础，但并不能由电子数据的真实性直接推导出电子证据内容的真实性。电子数据的真实性只能说明电子证据的内容具有同一性基础，而无法说明其对案件事实具有证明作用。

基于电子证据真实性三个层面的内涵和相互关系，司法实践中对电子证据的真实性进行审查判断时，应遵循以下基本顺序：首先审查电子证据载体的真实性，在此基础上审查电子数据的真实性，最后审查电子证据内容的真实性。这一审查判断顺序的设定，主要是考虑到电子证据真实性三个层面之间的逻辑关系：电子证据载体的真实性是电子数据真实性的外部保障，电子数据的真实性是电子证据内容真实性的技术基础，电子证据载体和电子数据的真实性是电子证据内容真实性的前提，即大致呈现出"电子证据载体→电子数据→电子证据内容"的逻辑顺序。

以上审查判断顺序具有一定的强制性。也就是说，这一顺序原则上不应被违反，否则会导致后续审查步骤的无效。以手机短信的真实性审查为例，如果没有首先明确手机或其他载体的真实性，而直接审查短信背后的电子数据的真实性，则可能导致电子数据真实性的审查缺乏根基，即所审查的短信本身可能为错误的审查对象。审查电子证据内容的真实性时，应当首先明确电子证据的载体和电子数据的真实性，否则，即使电子证据的内容能够获得其他证据信息的印证，也是没有意义的，电子证据内容真实性的认定还会存在巨大隐患。

（三）电子证据的真实性与同一性、原始性、完整性的关系

电子证据的同一性，是指在来源、流转等环节，电子证据载体、电子数据保持不变，或者电子证据内容与其他证据所包含的信息能够相互印证的属性。例如，在前文分析电子证据载体的真实性时，强调证据载体在诉讼过程中保持不变，通过拍照、封存、完整性校验值等方式来保障存储介质的同一性。在分析电子数据的真实性时，同样需要相应的技术手段来保障电子数据的同一性，防止数据发生变动。对于电子证据内容的真实性，主要通过鉴定、证据印证等方式进行审查；印证本质上是两个以上的证据所包含的事实信息发生了完全重合或者部分交叉，使得一个证据的真实性得到了其他证据的验证，[1] 这实际上也是对证据同一性的检验。可见，同一性是电子证据真实性的重要组成部分，贯穿于电子证据真实性的三个层面。

---

〔1〕　参见陈瑞华：《刑事证据法》（第4版），北京大学出版社2018年版，第161页。

电子证据的原始性，是指在诉讼过程中，电子证据载体、电子数据等保持原始状态的属性。如前所述，侦查取证过程中，需要采取技术措施确保电子证据载体和电子数据的原始性；如果无法取得原始的载体或者数据，也应采取必要措施确保载体、数据与原始状态保持一致。法官在审查电子证据载体的真实性时，会重点考虑提交法庭的载体是否为原始存储介质，对于原始存储介质的提取是否采取了必要技术措施。法官在审查电子数据的真实性时，同样要考察其来源是否具有原始性，是否采取了必要措施来保障电子数据的原始性。

电子证据的完整性，是指收集、提取的电子数据保持未被篡改、破坏的状态。可以说，电子数据的完整性是真实性最重要的要素。[1] 考察电子证据的完整性，主要是针对电子证据载体和电子数据的真实性。侦查机关在取证时采取完整性校验值、备份、封存等方式的一个重要目的是确保电子证据载体和电子数据的完整性，防止载体、数据被篡改、破坏；法官在审查电子证据的真实性时，需要重点审查电了证据载体和电子数据是否存在被破坏、修改、增加、删除等问题。可见，确保电子证据载体、电子数据的完整性，是认定电子证据真实性的重要组成部分。当然，电子证据的完整性和同一性考察有一定的重合，具有同一性的电子数据基本上可以确保其完整性，而完整性分析也是认定同一性的重要方式。

总体来说，同一性、原始性、完整性是电子证据真实性的体现和保障。具有同一性、原始性和完整性的电子证据，在某种程度上可以被认定为具有真实性；电子证据的真实性通过同一性、原始性、完整性来加以保障。当然，这三种属性对于电子证据真实性三个层面的认定意义有所不同。在电子证据载体真实性的层面，从来源方面强调原始性、同一性，从流转方面则强调同一性、完整性；在电子数据真实性的层面，从来源方面强调原始性、同一性，从流转方

---

[1]　参见周加海、喻海松：《〈关于办理刑事案件收集提取和审查判断电子数据若干问题的规定〉的理解与适用》，载《人民司法（应用）》2017 年第 28 期。该文所指的"电子数据"实际是指电子证据的整体，而非本书所指的技术层面的电子数据。

面强调同一性、完整性；在电子证据内容真实性的层面，主要强调电子证据所包含的信息与其他证据信息的相互印证，确保电子证据内容的同一性。[1]

需要注意的是，电子证据的真实性与同一性、原始性、完整性不完全等同，它们之间并非一一对应的关系：一方面，就电子证据真实性的某个层面来说，具有同一性、原始性或者完整性，并不必然可以认定电子证据在该层面是真实的；另一方面，由电子证据某层面的同一性、原始性或者完整性，无法认定电子证据其他层面的真实性。以电子证据的同一性为例，具有同一性的电子证据载体并不一定是真实的，除同一性外还要考察其他影响因素；在电子证据载体和电子数据具有同一性的情况下，电子证据的内容依然可能为假。这是因为电子证据载体和电子数据的同一性，并不必然能确保电子证据内容的真实性。

六、对现行电子证据真实性规则的反思

将电子证据真实性的三个层面作为理论分析工具，可以发现现行的电子证据真实性规则存在四个方面的基本问题，详述如下：

第一，没有区分电子证据真实性的三个层面，更没有明确三个层面之间的审查判断顺序。现行的电子证据真实性审查规则将电子证据的真实性作为一个整体加以规范，由此带来了规则内容的模糊与混乱。以 2012 年《刑诉法解释》第 93 条的规定为例，其第 1 项规定："是否随原始存储介质移送；在原始存储介质无法封存、不便移动或者依法应当由有关部门保管、处理、返还时，提取、复制电子数据是否由二人以上进行，是否足以保证电子数据的完整性，有

---

[1] 需要说明的是，审查电子证据内容的真实性，主要采取相互印证的方式，但这并不否定在电子证据内容真实性的审查中，也会考虑原始性和完整性的问题。由于电子证据内容的原始性、完整性，与电子数据的原始性、完整性在某种程度上具有一致性，对电子数据原始性、完整性的考察基本可以代替对电子证据内容原始性、完整性的考察，因此不再单独列举对原始性、完整性的要求。

无提取、复制过程及原始存储介质存放地点的文字说明和签名。"其中,"是否随原始存储介质移送"是针对电子证据载体,而后面的内容是针对电子数据,二者之间是否存在审查判断顺序,也未有明确表示。

现行电子证据真实性规则缺乏对真实性三个层面的区分,没有明确三个层面之间的审查顺序,导致法官在审查电子证据时缺乏明晰的"路线图"。例如,在前述"广州顺亨汽车配件贸易有限公司等走私普通货物案"中,法官并未有意识地区分电子证据载体、电子数据和电子证据内容三个不同层面,也未明确电子证据载体和电子数据的审查判断顺序,而是依次列举了侦查取证中固定电子证据的方式、处理未被删除的电子数据的方式、对存储介质的提取、对电子数据的提取和鉴定以及对电子邮件的调取等。这实际上是将电子证据载体和电子数据的审查混为一谈。

第二,电子证据真实性各个层面的审查规则缺乏系统、明确的规定。前文已述,在审查电子证据载体的真实性时,应考察载体的同一性、原始性、完整性;在审查电子数据的真实性时,应考察电子数据的同一性、完整性、原始性;在审查电子证据内容的真实性时,则应重点关注其同一性。因此,审查电子证据的真实性,应根据上述每个层面的具体内容来确定具体规则。虽然现行规则中有针对不同层面真实性的部分审查规则,但相关规定并不系统、清晰。

以《电子数据规定》第22、23条的规定为例,这两条规定了审查电子证据真实性、完整性的具体事项。但是,对于具体事项的指向,是针对电子证据真实性的哪个层面、何种具体属性的要求,则缺乏明确的规范。例如,"是否移送原始存储介质"是针对电子证据载体的原始性;"在原始存储介质无法封存、不便移动时,有无说明原因,并注明收集、提取过程及原始存储介质的存放地点或者电子数据的来源等情况",主要是针对电子证据载体的同一性;而"审查原始存储介质的扣押、封存状态",则是针对电子证据载体的完整性。作为针对电子证据载体真实性的不同属性的审查要求,本该系统地规定在一个条文之中,现在却散见于不同条文以及同一条文的不同款项，体现出现有规定在系统性、明确性方面的问题。有关电子证据真实性其他层面的具体审查规则，也存在同样的问题。

第三，对电子证据真实性不同层面同类问题的规则，没有作出区分。根据前文的论述不难发现，对于不同层面的电子证据真实性，可能会有同类问题。例如，对于电子证据载体的真实性，应审查其来源的原始性、同一性，以及证据载体在流转过程中的同一性、完整性；对于电子数据的真实性，应重点审查电子数据来源的原始性、同一性，及其在流转过程中的同一性、完整性。由此可见，审查电子证据载体和电子数据的真实性，均涉及来源和流转过程中的同类问题。因此，法官在审判中应当审查，是否有充分的证据能够分别证明电子证据载体和电子数据的来源原始、同一，并且在流转过程中保持同一、完整。然而，现行规范性文件并未对电子证据载体和电子数据真实性的同类问题加以区分。

换个角度来说，对于同一属性的真实性要求，在某些情况下会遵循相同的程序规则，采用相同的技术保障措施。因此，如果法官在审查某种程序规则或者技术措施时，没有明确该规则或者措施所针对的电子证据真实性的具体层面，则可能导致电子证据的真实性无法获得有效的保障和审查。例如，根据相关规定，提取电子证据的载体，应制作详细的笔录、提取清单，并采取拍照、录像等方式加以固定；提取电子数据，同样需要制作笔录、提取清单，并采取拍照、录像等方式固定提取过程。也就是说，制作笔录、提取清单，采取拍照和录像等方式固定提取过程，实际上针对的可能是电子证据真实性的多个层面。那么，法官在审查侦查机关是否采取了制作笔录、提取清单、拍照、录像等措施时，应当明确是针对哪个层面的电子证据真实性。

然而，现行审查规则并未区分电子证据真实性的不同层面。在这种情况下，法官审查是否制作了提取笔录和清单，有无拍照和录像，可能只是针对电子证据真实性的某个层面，由此可能造成对其他层面真实性审查的遗漏或者混淆。比如，在"广州顺亨汽车配件贸易有限公司等走私普通货物案"中，法官在分析"封存-扣押"

方式时，提到了制作搜查笔录、扣押清单、拍照、录像等问题，这些都是提取电子证据载体的程序规则要求。然而，在审查电子数据时，法官却并未提到上述程序规则的适用和审查。在未区分电子证据真实性不同层面的情况下，这种审查中的遗漏较难避免。

第四，电子证据真实性的具体保障措施和审查方式亟须完善。对于电子证据真实性的保障措施和审查方式，法律规则中应有明确要求。其中，两方面的要求需要重点关注：一是技术措施和程序规则的有效配置与衔接。基于电子证据的高科技性特点，其真实性的保障措施和审查方式具有很强的技术性，需要相应的技术措施；与此同时，电子证据需要在诉讼程序中流转，对其真实性的保障和审查也离不开程序规则。因此，技术措施和程序规则是必不可少的两类措施。而且，基于电子证据真实性三个层面的不同内涵和要求，保障和审查每个层面真实性的技术措施和程序规则应当有所区别；同时，应当确保技术措施和程序规则能够有效衔接。二是法庭审理方式的直接言词化。由于电子证据的高科技性和专业性特点，法官在审查判断电子证据的真实性时，需要借助鉴定意见等方式，并依据相关笔录、程序规则等来加以认定。因此，鉴定人、笔录制作人、见证人、取证人等的证言对于确定电子证据的真实性具有关键作用。为确保审查的实质性、有效性，在法庭审理过程中应采取直接言词方式，由相关主体出庭作证，接受控辩双方的询问，从而保障电子证据真实性的有效审查和确认。

然而，现行规则对上述两方面的问题并未作出有针对性的规定。从技术措施和程序规则的有效配置和衔接来看，现行规则虽然列举了一些技术措施和程序规则，但并未区分电子证据真实性的三个层面，因此，无法对保障、审查每个真实性层面甚至每个属性上的技术措施、程序规则作出区分和配置。例如，《电子数据规定》笼统地规定了审查电子证据真实性的要求，列举了需要审查的具体事项，但由于未区分电子证据真实性的三个层面，故无法有针对性地规定审查电子证据真实性的技术措施和程序规则。而对于技术措施和程序规则的衔接，目前有一些规定，但并不完善。例如，关于保障电子数据真实性的技术措施，前文列举了法庭审查的四种方式，它们对于衔接技术措施和程序规则有一定的作用。但是，从审查的有效性来说，还有很多问题需要解决。

对于法庭审理方式，在 2012 年《刑诉法解释》以及《死刑案件证据规定》《电子数据规定》确立的审查规则中，过多依赖笔录、鉴定意见等书面证据，而鉴定人、检验人、电子证据提取者、笔录制作人、见证人等几乎不出庭作证。例如，从 2012 年《刑诉法解释》第 93 条的规定看，审查电子证据的真实性，基本是围绕笔录展开，通过勘验、检查、搜查等笔录的记载，认定电子证据来源的真实性。《死刑案件证据规定》第 29 条第 3 项提到了"取证人、制作人、持有人、见证人等是否签名或者盖章"，这同样是对相关笔录提出的要求，同样是围绕笔录展开审查。《电子数据规定》第 26 条虽然规定了鉴定人出庭作证的规则，但对于鉴定人是否出庭，决定权掌握在法院手中，这无疑会大大影响控辩双方质证权利的实现。

七、电子证据真实性审查规则的重构

第一，重构电子证据真实性的审查规则，需要区分电子证据真实性的三个层面，并明确三个层面之间的审查顺序。如前所述，电子证据真实性的三个层面具有不同的内涵和要求；明确区分三个层面，对于完善电子证据真实性的审查规则具有基础性意义。因此，在重构电子证据真实性审查规则时，应针对电子证据载体、电子数据和电子证据内容分别构建真实性审查规则，而不能笼统地将电子证据的真实性视为一个整体。

具体来说，对于电子证据载体的真实性，需重点关注两个问题：证据载体来源的真实性和证据载体在流转中的真实性。关于电子数据的真实性，也应当从这两方面进行规范：电子数据来源的真实性和电子数据在流转中的真实性。对于电子证据内容的真实性，取证和审查的关键在于电子证据包含的信息能否与其他证据的信息相互印证，这通常需要法官根据经验、理性和常识进行判断；为确保电子证据包含的信息能够得到有效展示和印证，需对特定电子证据进行鉴定。

对于电子证据的真实性审查，还应当明确三个层面之间的审查顺序，即首先应审查电子证据载体的真实性；在载体的真实性得到确认后，再审查电子数据的真实性，最后审查电子证据内容的真实性。

第二，针对电子证据真实性的不同层面，建立系统、明确的审查规则。如前所述，电子证据真实性的不同层面有不同属性的要求。基于此，针对电子证据载体的真实性，应分别构建载体来源的原始性规则、同一性规则，载体在流转中的同一性规则、完整性规则；针对电子数据的真实性，应分别构建数据来源的原始性规则、同一性规则，电子数据在流转中的同一性规则、完整性规则；针对电子证据内容的真实性，应构建电子证据内容的同一性规则。

在每一种规则内部，应根据各个层面真实性的不同属性要求，吸收现行规则并加以完善、补充。以电子证据载体真实性的审查规则为例，法官在审查时依次审查载体来源的原始性、同一性，载体在流转中的同一性、完整性。如前所析，《电子数据规定》第22、23条规定了电子证据载体来源的原始性、同一性规则，以及流转中的完整性规则。在重构规则时，应按照载体真实性的规则体系对以上审查事项依次进行列举，并补充电子证据载体在流转中的同一性规则。

第三，在重构电子证据真实性的审查规则时，明确区分针对真实性不同层面同类问题的规则。如前所述，对于电子证据真实性的不同层面，可能存在同类问题。因此，在重构电子证据真实性审查规则时，应构建针对同类问题的不同规则。例如，分别构建电子证据载体的来源真实性规则和流转中的真实性规则，以及针对电子数据的来源真实性规则和流转中的真实性规则。这意味着，在电子证据的真实性问题上，需要建立双重鉴真规则，并加以区分。[1] 从规

〔1〕　关于电子证据的鉴真问题，参见刘品新：《电子证据的鉴真问题：基于快播案的反思》，载《中外法学》2017年第1期；谢登科：《电子数据的鉴真问题》，载《国家检察官学院学报》2017年第5期。

则的目的看，两个来源真实性规则都是为了确保电子证据的来源具有原始性、同一性，而两个流转中的真实性规则都是为了保障电子证据在诉讼过程中保持同一性、完整性；从规则的具体内容看，保障来源真实性和流转中真实性的规则在形式上基本一致，技术规则也存在重合之处。

当然，由于适用对象不同，两个来源真实性规则之间以及两个流转中真实性规则之间也存在差异。从技术层面看，电子证据载体与电子数据的保障规则之间存在差异，需要从技术措施上加以区分、控制。在程序规则层面，虽然对电子证据载体和电子数据的真实性均要通过制作笔录、拍照、录像等方式加以保障，但审查的重点不同。例如，电子证据载体通常是有形物，在有些情况下还是特定物，因此对其真实性的认定，除了确认保管链条的完整性，还可以使用辨认的方式。而电子数据本身通常是无形的，则无法使用辨认的方式判断其真实性。因此，在重构规则时，需要明确区分针对真实性不同层面同类问题的规则。

第四，电子证据真实性审查规则的重构，需要实现技术措施与程序规则的有效配置与衔接，并确保电子证据庭审方式的直接言词化。在电子证据真实性的三个层面中，电子证据载体的真实性和电子数据的真实性，是技术措施和程序规则交叉作用的领域，应分别建立相应的技术措施和程序规则。例如，对于电子证据载体和电子数据的真实性，应构建取证中的技术措施和标准，保障载体和电子数据的原始性、同一性、完整性，并为法官审查判断提供相应的技术标准。同时，应构建相应的程序规则，明确规定为保障电子证据载体和电子数据的真实性，侦查机关应遵守哪些程序规则，制作、形成哪些证据，法官应审查哪些证据，它们对应的是哪些层面的电子证据真实性。电子证据内容的真实性主要是法律问题，在审查电子证据内容信息能否与其他证据的信息相互印证的问题上，法官主要通过行使自由裁量权加以判断。当然，电子证据内容的真实性审查也包括技术问题，在特定情况下，需通过鉴定的方式展现、鉴别电子证据的内容信息。

　　需要明确的是，在电子证据载体和电子数据的真实性问题上，技术措施与程序规则的作用并不相同。程序规则主要从形式上为真实性提供保障，并且在某种程度上为不具备专业知识的法官提供判决依据，但这些规则并不能从实质上确保电子数据的真实性。按照经验常识，电子数据能否在诉讼过程中保持原始性、完整性、同一性，与侦查取证主体是否制作了笔录、清单，是否邀请见证人在场，以及是否拍照、录像等没有实质关联；即使这些程序规则都得到遵守，并且形成了相应的证据，也不能排除电子数据被修改、删除、增加等情况的出现。从这一角度来说，技术措施对于保障电子证据的真实性更具有实质性，在重构规则时应对之予以重点考虑。

　　重构电子证据真实性审查规则，还需要考虑技术措施与程序规则的衔接。如前文所述，现行规则已经确立了一些衔接手段，但未来还需要进一步完善。例如，如何提高法官对技术措施的实质审查能力，如何通过程序规则更好地规制技术措施。其中，进一步发挥鉴定的作用，通过鉴定人出庭作证等方式对相关技术措施进行审查，以及完善具有专门知识的人在审判中的辅助作用，未来应重点关注。

　　根据证据法学的基本原理，对于电子证据来源的真实性和流程中的真实性的审查、认定，发挥直接证明作用的主要是取证人、制作人、保管人、持有人、见证人、鉴定人、检查人等，笔录只是相关人员对电子证据提取、制作、保管、使用活动的记载。如果以笔录代替相关人员的出庭作证，以笔录为中心构建电子证据真实性的审查措施，将无法提供有效的审查机制；而且，相关人员不出庭，代之以笔录等书面意见，会剥夺被告人一方的质证权利。另外，对于相关人员是否出庭作证，如果由法院掌握最终的决定权，也无法真正有效保障控辩双方的质证权。

　　因此，重构电子证据真实性的保障和审查规则，应以取证人、制作人、保管人、持有人、见证人、鉴定人、检查人等出庭作证为审查规则的基础；诉讼过程中制作的笔录、作出的鉴定意见、拍照、录像等，只应是证明电子证据真实性的辅助手段。具体而言，对于电子证据载体来源、流转中的真实性，应将电子证据载体的取证人、制作人、保管人、持有人、见证人、鉴定人、检查人等出庭作证作为审查规则的核心，并辅之以笔录、照片、录像等方式；如果对电子证据载体来源、流转中的真实性存在疑问，可以进行鉴定、检查，并由鉴定人、检查人等出庭作证。同样地，在电子数据的来源真实性、流程中的真实性问题上，应以制作、储存、传递、获得、收集、出示电子证据的相关人员为核心构建审查规则，并确保相关人员出庭作证。同时需要注意，当控辩双方对电子证据的真实性存在疑问时，应有权要求相关人员出庭作证，只有将相关人员是否出庭作证的决定权从法院转移到控辩双方，电子证据的真实性才能得到有效的审查和认定。

第九章

证人不出庭的逻辑演变与课题展望

　　证人不出庭作证是我国刑事诉讼中的核心问题之一，这一点已经在理论和实务界达成共识。针对该问题的现状、原因，很多学者从实证或者理论推演的角度，提出了分析思路和观点，对于解决该问题具有重要意义。[1] 针对该问题，立法机关也给予高度关注，并在 2012 年《刑事诉讼法》修正案中作出详细规定，包括证人应当出庭作证的一般规范、证人保护措施、证人补助措施、证人不出庭的强制措施及后果等问题。从这些规定可以推导出，立法机关试图通过证人保护、证人补助、证人不出庭的强制措施及制裁等规定，推进证人出庭作证、解决证人出庭难的问题。我们由此可以了解到，立法机关对于证人不出庭的原因，定位于证人缺乏保护、出庭没有补助、不出庭没有强制措施、缺少制裁等方面。那么，证人不出庭作证是因为缺乏这些外在保障措施吗？这种立法方案是否找对了病根？笔者认为，对于证人不出庭问题，需要发现问题背后的逻辑演变过程，并分析其原因，由此才可能提出解决问题的有效方案。

　　要发现证人不出庭的逻辑演变过程，笔者认为必须考察司法实践中证人出庭作证的替代品——庭外证言笔录。[2] 一般而言，诉讼

---

　　〔1〕　代表性研究成果，参见左卫民、马静华：《刑事证人出庭率：一种基于实证研究的理论阐述》，载《中国法学》2005 年第 6 期；王亚新、陈杭平：《证人出庭作证的一个分析框架——基于对若干法院民事诉讼程序的实证调查》，载《中国法学》2005 年第 1 期；易延友：《证人出庭与刑事被告人对质权的保障》，载《中国社会科学》2010 年第 2 期。

　　〔2〕　本书所讨论的庭外证言笔录包括书面证言。

过程中证人证明案件事实的方式主要包括两种：一是通过证人出庭作证来证明案件事实，二是通过庭外证言笔录证明案件事实。从诉讼理论研究和比较法的视角来看，出庭作证应当是证人证明案件事实的基本方式，庭外证言笔录只能在法律规定的例外情况下使用，而且其适用范围和功能需适用严格责任。而在我国，证人不出庭并代之以庭外证言笔录证明案件事实，实际上经历了立法和司法实践的两重逻辑转变：在立法中，从出庭作证为原则、使用庭外证言笔录为例外，转变为"同等对待"两种方式；在司法中，从两种方式的"同等对待"发展到使用庭外证言笔录为原则、出庭作证为例外。在这种逻辑演变过程中，蕴含着立法、理论基础、诉讼主体的利益需求和博弈等多方面问题。梳理清楚这种逻辑演进的过程，对于发现证人不出庭作证的深层次原因，并提出下一步的改革课题，将具有指导意义。

一、规范证人作证方式的一般原则：出庭作证为原则、使用庭外笔录为例外

对于证人作证方式的一般原则，目前主要从两条路径展开论证和分析——理论推演与比较法视野的考察。

首先来看理论推演视角下的证人出庭作证。按照研究者的论证思路，在出庭作证与使用庭外笔录两种方式中，证人出庭作证具有理论上的正当性和必要性，使用庭外笔录只能在特定的例外情况下被允许。对于证人应当出庭作证的理论基础，归纳目前的论证理由主要包括三点：实现程序正义、保障质证权，以及防止错误定案。

按照程序正义的基本理论，诉讼主体应当有意义地参与法庭审判，裁判者必须确保诉讼各方向法庭提出有利于本方的主张、意见和证据，并对其他各方提出的证据和主张进行质证、反驳和评论，其中控辩双方对证人的质证无疑是体现该程序正义要求的重要方式。如果辩方无法对不利于被告人的证人进行有效质证，则不可能进行

有效的辩护，这种情况下刑事审判活动会沦为行政治罪程序，程序公正根本无从谈起。[1] 据此理论，证人作证的方式中，出庭作证应当是具有理论正当性的一般方式，使用庭外证言笔录只能作为例外情况出现。

很多学者从保障对质权的角度论证证人出庭作证的必要性。质证权是国家公民的重要权利，已经被规定在《公民权利与政治权利国际公约》中，《美国联邦宪法》甚至将其规定为公民的基本权利。在英美法系国家的审判中，交叉询问制度的核心是对质权，而对质权实现的逻辑前提是证人出庭作证，那么证人出庭作证是保障当事人对质权的必然要求，这为保障证人出庭作证提出了直接要求和权利基础，甚至是宪法保障。因此，在对质权的视野下，证人出庭作证具有必要性；同时，只有控辩双方对证人证言存在争议的情况下，才存在对证人进行质证的问题，证人才需要出庭作证，这是对出庭证人范围的限定；由于证人出庭作证的权利保障属性，法庭对于不出庭的证人可以采取强制性措施；而且对于证人应当出庭而不出庭作证的，应当规定程序性制裁后果。[2]

对于证人出庭作证与发现事实真相的关系，理论研究经历了不同的发展阶段。在传统的理论研究中，研究者认为证人出庭作证的理论基础是发现事实真相。然而，很多研究者以及实务工作者认为，证人出庭作证与发现事实真相之间并没有必然的因果关系。在刑事庭审过程中，为了查清案件事实，法官可以采纳较为稳定且内容明确的证人证言笔录，因为侦查机关、检察机关在审前阶段制作的证言笔录，在准确性方面未必比证人出庭作证差，从某种程度来说，证言笔录对于发现事实真相可能更具便利和优势。随着探讨的深入

---

〔1〕 参见周菁：《权利视角的回归——关于证人作证的观念转型问题》，载《金陵法律评论》2004 年秋季卷。

〔2〕 参见易延友：《证人出庭与刑事被告人对质权的保障》，载《中国社会科学》2010 年第 2 期；熊秋红：《从保障对质权出发研究证人出庭作证》，载《人民检察》2008 年第 24 期；周菁：《权利视角的回归——关于证人作证的观念转型问题》，载《金陵法律评论》2004 年秋季卷。

和理论发展，研究者更多地从防止错误认定案件事实的角度认识证人出庭作证的必要性。因为证人出庭接受控辩双方的质证，可以有效防止伪证。也就是说，证人出庭作证对于积极发现事实真相未必有效，但是对于消极地防止错误认定案件事实却具有明显的效果，这一点已经得到越来越多研究者的认可。

以上从实现程序正义、保障质证权，以及防止错误定案三个方面，梳理出证人出庭作证必要性的理论基础。通过以上分析可见，在证人作证的方式中，证人出庭作证应为首选方式，它是保障程序正义的必要措施，是实现对质权的前提条件，而且对于防止错误认定案件事实具有积极功效。当然，在例外情况下庭外证言笔录也有使用的空间，如控辩双方对于该证人证言没有争议，则没有对质的必要。

再来看比较法视野的分析。在比较法视野的考察中，大陆法系国家和英美法系国家对证人作证方式的规范采取了不同的路径——直接言词原则和传闻证据规则。虽然两种规则在性质等方面存在很大差别，但是对于规范证人作证的方式却具有基本相同的效果，即将证人出庭作为一般原则，庭外证言笔录在法定例外情况下使用。

对于直接言词原则的内涵和要求，学者作出了以下总结：所谓直接原则包括两方面要求：一是在场原则，即法庭开庭审判时，被告人、检察官以及其他诉讼参与人必须亲自到庭出席审判，而且在精神和体力上具有参与审判活动的能力；二是直接采证原则，即从事法庭审判的法官必须亲自直接从事法庭调查和采纳证据，直接接触和审查证据，证据只有经过法官以直接采证方式获得才能作为定案的根据。言词审理原则要求参加审判的各方应以言词陈述的方式从事审理、攻击、防御等各种诉讼行为；在法庭上提出的任何证据材料均应以言词陈述的方式进行，诉讼各方对证据的调查应以口头方式进行。这两项原则均要求法官的裁判必须建立在法庭调查和辩论的基础上，而严禁以控诉方提交的书面卷宗材料作为法庭裁判的依据。[1]

据此原则，证人在诉讼过程中发挥证明作用，必须亲自出庭作证，并且以言词方式提供证据，原则上不能代之以庭外证言笔录。例如《德国刑事诉讼法》规定的直接原则，要求法庭必须争取使用可能获得的最佳证据，如果法庭可以传唤目击证人，就不能听取询问过该证人的法官的证言，或者以宣读询问该证人的笔录来代替。[2] 当然，作为例外的庭外证言笔录，在特定情况下也具有证据资格，可以在诉讼过程中作为证据使用。《德国刑事诉讼法》在确立了证人证言优先于书面证据的前提下，对直接原则确立了例外规定，例如证人死亡，或者有严重疾病，或者由于居所遥远不能被合理期望到庭，或者因其他原因在不定期内无法出庭；陈述中包含被告人供述的；以及公诉人、被告人及其律师同意宣读该笔录的；法庭已经确认可以在证人出庭作证后宣读有关其先前陈述的记录，甚至在作证过程中为了唤醒其记忆也可以这样做。[3]

在英美法系国家，对于证人作证方式的约束则是通过传闻证据规则实现的。根据这一规则，某一证人在法庭外就案件事实所作的陈述内容被他人以书面方式提交给法庭，或者被另一证人向法庭转述或者复述出来，这种书面证言和转述证言均为传闻证据，它们既不能在法庭上出现，也不能成为法庭据以对被告人定罪的根据。[4]据此规则，证人同样必须出庭作证，否则其书面证言或者转述证言将被视为传闻证据，法官应予排除。

例如《美国联邦证据规则》规定，传闻是陈述人并非在审判或听证时作证时作出的，作为证据提供用以证明所主张事项之真实性

---

〔1〕　参见陈瑞华：《刑事审判原理论》（第 3 版），法律出版社 2020 年版，第 205 页以下。

〔2〕　［德］托马斯·魏根特：《德国刑事诉讼程序》，岳礼玲、温小洁译，中国政法大学出版社 2004 年版，第 184 页。

〔3〕　［德］托马斯·魏根特：《德国刑事诉讼程序》，岳礼玲、温小洁译，中国政法大学出版社 2004 年版，第 185~186 页。

〔4〕　参见陈瑞华：《刑事审判原理论》（第 3 版），法律出版社 2020 年版，第 207~208 页。

的陈述；除这些规则、联邦最高法院根据国会制定法授权制定的其他规则或根据国会立法另有规定外，传闻不具有可采性。[1] 这意味着，证人必须以出庭的方式提供证言，并在庭审中接受质证；除法律另有规定外，以其他方式提供的证言被视为传闻证据，不具有可采性。当然，《美国联邦证据规则》也规定了传闻证据规则的二十余种例外情形，比如记录的回忆等，[2] 在这些情况下庭外证言笔录可以不被视为传闻证据，该庭外证言笔录具有可采性而被法庭采纳。

根据以上分析，虽然大陆法系国家的直接言词原则和英美法系国家的传闻证据规则在性质、内涵、适用范围、诉讼模式等方面存在很大差别[3]，但是针对证人作证方式的规范而言，两者却具有相同的要求，即证人作证必须以出庭作证为原则，庭外笔录仅在法律规定的例外情况下才可使用。

综合以上分析，通过对理论基础的分析和比较法视野的考察可以发现，证人作证方式的一般原则为：证人出庭作证为原则，使用庭外证言笔录为例外。

二、立法中的证人作证方式：出庭作证与使用庭外笔录并重

以上分析主要从理论和一般原则的角度考察证人作证的方式，那么我国立法对于该问题有哪些规范？法律规范对于证人出庭作证和庭外证言笔录的关系如何定位？本部分将对 2018 年《刑事诉讼法》、2021 年最高人民法院《关于适用〈中华人民共和国刑事诉讼

---

〔1〕 ［美］罗纳德·J. 艾伦、［美］理查德·B. 库恩斯、［美］埃莉诺·斯威夫特：《证据法：文本、问题和案例》（第 3 版），张保生等译，高等教育出版社 2006 年版，第 454 页以下。

〔2〕 ［美］罗纳德·J. 艾伦、［美］理查德·B. 库恩斯、［美］埃莉诺·斯威夫特：《证据法：文本、问题和案例》（第 3 版），张保生等译，高等教育出版社 2006 年版，第 549 页以下。

〔3〕 具体论述参见宋英辉、李哲：《直接、言词原则与传闻证据规则之比较》，载《比较法研究》2003 年第 5 期。

法〉的解释》（以下简称"2021 年《刑诉法解释》"）中对证人作证方式的规定依次进行分析，提出立法中的证人作证方式，并简要分析证人作证方式从"出庭作证为原则、使用庭外笔录为例外"的一般原则，演变到我国立法中"出庭作证与使用庭外笔录并重"的原因。

对于证人出庭作证和使用庭外笔录的要求和范围，2018 年《刑事诉讼法》规定得非常模糊。第 61 条规定了证人证言的审查判断问题，"证人证言必须在法庭上经过公诉人、被害人和被告人、辩护人双方质证并且查实以后，才能作为定案的根据。"这意味着，证人证言成为定案根据的前提条件是，证人亲自出庭，当庭提供口头证言，直接接受控辩双方的询问和质证。从理论上讲，证人如果没有亲自出庭作证，而是通过提供书面证言或者证言笔录的方式进行作证，那么他所作出的证言是不能作为定案根据的。[1] 然而，2018 年《刑事诉讼法》对庭外证言笔录在庭审中的使用同样作出了授权式的规定。例如，第 195 条规定："公诉人、辩护人应当向法庭出示物证，让当事人辨认，对未到庭的证人的证言笔录、鉴定人的鉴定意见、勘验笔录和其他作为证据的文书，应当当庭宣读。"这为庭外证言笔录在庭审中的使用打开了合法化之门。而且，2018 年《刑事诉讼法》并没有明确规定两种方式的使用范围。

在 2018 年《刑事诉讼法》修正之后，公检法机关基于办案的需要，分别制定出台了各自的法律解释。2021 年《刑诉法解释》对证人作证的方式延续了《刑事诉讼法》中的授权规定，其中第 87 条规定："对证人证言应当着重审查以下内容：①证言的内容是否为证人直接感知；②证人作证时的年龄，认知、记忆和表达能力，生理和精神状态是否影响作证；③证人与案件当事人、案件处理结果有无利害关系；④询问证人是否个别进行；⑤询问笔录的制作、修改是否符合法律、有关规定，是否注明询问的起止时间和地点，首次询

---

〔1〕　参见陈瑞华：《问题与主义之间——刑事诉讼基本问题研究》（第 2 版），中国人民大学出版社 2008 年版，第 341 页。

问时是否告知证人有关权利义务和法律责任，证人对询问笔录是否核对确认……"该规则对证言笔录的使用提供了法律依据。[1]

对于证人当庭证言与庭前证言笔录的采信，以及证人应当出庭而未出庭的后果，2021年《刑诉法解释》第91条作出了规定："证人当庭作出的证言，经控辩双方质证、法庭查证属实的，应当作为定案的根据。证人当庭作出的证言与其庭前证言矛盾，证人能够作出合理解释，并有其他证据印证的，应当采信其庭审证言；不能作出合理解释，而其庭前证言有其他证据印证的，可以采信其庭前证言。经人民法院通知，证人没有正当理由拒绝出庭或者出庭后拒绝作证，法庭对其证言的真实性无法确认的，该证人证言不得作为定案的根据。"

从以上规定可以解读出对证人作证问题的几点要求：其一，法院对于证人是否出庭仍然享有较大的自由裁量权。其二，证人没有正当理由拒绝出庭或者出庭后拒绝作证的，书面证言并非一律不能作为定案根据，只有"法庭对其证言的真实性无法确认的"，才不能作为定案根据。其三，未出庭作证证人的庭前证言笔录与当庭证人证言矛盾的，只有不能作出合理解释，而庭前证言笔录没有其他证据印证的，才不能作为定案根据。换言之，即使证人不出庭，只要庭前证言笔录能够与其他证据相互印证，且作出合理解释，其仍然可以作为定案根据。其四，出庭证人的证言与庭前证言笔录相互矛盾时，需以能否相互印证作为判断的标准，两者都不具有优先适用的效力。

可以说，以上法律和司法解释对证人作证问题的规定，典型地体现出我国立法对该问题的态度和基本规范，即对庭外证言笔录和证人出庭作证两种方式的运用采取了授权式规范，将证人是否出庭

---

〔1〕 即使最高人民法院制定的《人民法院办理刑事案件第一审普通程序法庭调查规程（试行）》对《刑事诉讼法》规定的证人出庭作证条件进行了调整，但仍然给予法官较大的自由裁量权。其第13条规定，控辩双方对证人证言、被害人陈述有异议，申请证人、被害人出庭，人民法院经审查认为证人证言、被害人陈述对案件定罪量刑有重大影响的，应当通知证人、被害人出庭。

作证的决定权授予法官，而且两种方式都不具有优先适用的效力；同时，相关诉讼主体对于证人是否出庭问题缺乏实质性的参与和救济途径；在证人是否出庭及庭外证言笔录证据能力的判断过程中，证言内容的真实性被置于主导地位，"证据相互印证"是判断证人证言是否可采的依据。

那么，与"证人出庭为原则、使用庭外笔录为例外"的一般原则相比，为何我国立法将出庭作证与使用庭外笔录两种方式置于同等的地位呢？笔者认为可从以下两方面分析：

在认识论的视野中，我国证据法的基本功能被定位为发现事实真相，这是我国上述立法变化的首要原因。按照我国传统的刑事诉讼理论，刑事诉讼过程即认识案件事实的过程，因此要以认识论作为基础理论，而辩证唯物主义认识论是关于认识一般规律的科学，因此我国刑事诉讼和证据理论应以辩证唯物主义认识论为理论基础。对于认识论的具体内容，按照学界的传统主张主要包括以下几点：一是可知论；二是实践是检验真理的唯一标准；三是追求客观真实。因此，我国证据制度的基本功能为发现事实真相。司法人员无论是收集证据，还是对证据进行审查判断，都必须尊重案件的事实真相，恢复案件事实的本来面目，因此很多学者提出我国的证据制度为"实事求是的证据制度"。[1]

既然证据制度的基本功能是发现事实真相，那么作为证据制度组成部分的证人作证制度自然也是为发现事实真相服务的。为了发现事实真相，证人出庭作证的方式一定优于使用庭外笔录吗？前文在论证证人出庭作证的理论基础时已经涉及该问题，从准确认定案件事实的角度来说，很难区分两种方式的优劣。因为证人出庭接受控辩双方的质证，这固然是"辨伪"的最佳方式，但它未必是"求真"的最好途径。在这种思路的指导下，上述关于证人作证方式的立法并没有对两种方式的适用顺序进行规范，而是意图通过证据之

---

〔1〕　参见陈瑞华：《从认识论走向价值论——证据法理论基础的反思与重构》，载《法学》2001 年第 1 期。

间的相互印证达到发现事实真相的目的。因此，2021 年《刑诉法解释》将"证据印证"作为判断两种证人作证方式发生冲突的依据，在这种理论基础中能够得到合理的解释。

与此相对应，我国刑事诉讼制度设计缺乏对程序正义价值的尊重，因此证人是否出庭作证成为可有可无的制度选择，使用庭外证言笔录并未受到法律的制约。如前所述，证人应当出庭作证的理论基础主要包括实现程序正义、保障质证权以及防止错误定案，其中前两者是重要的理论依据和制度基础，它们为证人出庭作证提供了正当性和必要性依据。反观我国，程序正义理论虽然目前已经被学界所接受，但是在刑事立法中还未获得应有的认可和体现，程序正义理念并未成为刑事诉讼制度设计的理论依据。[1] 虽然我国《刑事诉讼法》确立了控辩双方在庭审中对证人进行询问、质证的权利，但控辩双方的对质权并没有在法律中获得规定，证人是否出庭作证仍然只是法庭查清案件事实的手段，并非保障被告人权利的制度要求。[2] 由此可见，证人出庭作证理论依据和制度基础的缺失，是我国立法将证人出庭作证和使用庭外笔录置于同等地位的又一重要原因。

三、司法实践中的证人作证方式：使用庭外笔录为原则、出庭作证为例外

对于证人出庭作证还是使用庭外笔录问题，我国立法规范没有给出强制性规定，并赋予法官很大的自由裁量权。而在司法实践中，绝大多数刑事案件中的证人不出庭，庭外证言笔录成为证人作证的主要方式，证人作证方式呈现出"使用庭外笔录为原则、出庭作证为例外"的格局。

---

〔1〕 对此问题的详细分析，参见陈瑞华：《问题与主义之间——刑事诉讼基本问题研究》（第 2 版），中国人民大学出版社 2008 年版，第 353 页以下。

〔2〕 对此问题的详细分析，参见易延友：《证人出庭与刑事被告人对质权的保障》，载《中国社会科学》2010 年第 2 期。

根据研究者的统计，我国司法实践中绝大多数证人不出庭，庭审中证人出庭作证的比例基本不会超过 10%。[1] 尽管证人不出庭，但并不意味着法院在审判中不使用证人证言。我们浏览一下中国法院制作的刑事判决书就会发现，作为定案根据的"证人证言"仍然出现在绝大多数判决书中。深入考察我国的刑事审判就能发现，庭外证言笔录作为证人出庭的替代方式，出现在大多数案件的庭审过程中，普遍通过宣读案卷笔录的方式对证人证言进行法庭调查，法院在判决书中甚至援引侦查人员制作的案卷笔录，将其作为判决的基础。[2] 这种现象意味着，使用庭外笔录已经成为证人作证的主要方式，出庭作证反而成为例外。

对于我国司法实践中证人普遍不出庭、庭外证言笔录普遍适用的问题，研究者从很多方面提出了富有意义的解释理论，包括证人出庭作证的条件、后果、保障措施等。笔者以为，这些理论可以从某些方面解释证人不出庭作证的原因，但可能尚缺乏更具穿透力的分析。其实，在刑事庭审过程中采取证人出庭作证，还是使用庭外证言笔录的方式，是涉及各诉讼主体切身利益的问题，是法官、检察官、辩护方和证人基于各自利益相互博弈的结果。我们与其从制度、模式等抽象角度分析，不如将现行制度中涉及诉讼主体利益的关系梳理清楚，这或许能够更为真切地触及问题的内核。

从法官的角度来说，他们在诉讼过程中处于主导地位，对于大多数情况下的证人出庭问题享有裁量权。这意味着，在法律规范强制要求证人出庭作证的情形之外，法官享有决定证人是否出庭的自由裁量权，而且其判决不会因为证人不出庭而被上级法院撤销原判、发回重审，这保障了其使用庭外证言笔录的正当性。那么从法官的角度来说，哪些利益因素会影响他们选择证人作证的方式呢？选择证人出庭作证或者使用庭外证言笔录会对法官带来哪些利益影响？笔者认为，选择出庭作证还是使用庭外笔录，关键是对法官自身利

---

〔1〕　胡云腾：《证人出庭作证难及其解决思路》，载《环球法律评论》2006 年第 5期。

〔2〕　陈瑞华：《刑事诉讼的中国模式》，法律出版社 2008 年版，第 109 页。

益的影响。从法官考核的角度来说，可能主要涉及两方面因素：对准确认定案件事实的影响和对诉讼效率的影响。

如前所述，准确认定案件事实是我国证据法的基本功能定位，那么法官对于证人作证方式的选择，必然首先考虑对认定案件事实准确性的影响。一般认为，证人出庭作证对于证言真实性具有一定的保障作用，因为证人出庭作证需要就如实作证进行保证，其证言会受到控辩双方的当庭质证、交叉询问，庭审中证人受到的外部压力较小，更可能根据自己的感知进行作证，而且法官可以当面对证人进行审查，这些对于准确认定案件事实都是有利的。然而，庭外证言笔录在保障证言真实性方面也有自己的优势。因为证人在案发后不久即作出陈述，受到利害关系的影响较少，且其不是直接面对被告人进行作证，不太担心受到报复，其证言内容的真实性反而可能更高。[1] 也有学者对中国司法实践进行考察，通过实证分析认为，"证人出庭作证对于发现案件真实很重要的命题至少在现有资料基础上不能得到确认。"[2] 尽管该学者的研究对象为民事诉讼中的证人证言问题，但是它对于分析刑事诉讼中的问题同样具有意义。可见，出庭作证或者使用庭前笔录对于认定事实准确性的影响难以明确。

既然证人出庭作证在认定案件事实准确性方面没有绝对优势，那么影响法官选择的因素就转变为诉讼效率。显而易见，证人出庭作证必然带来审判时间的延长、诉讼成本的提高；在我国诉讼资源有限、审判任务非常重的情况下，法官当然会选择使用庭外证言笔录。有论者提出，证人出庭或者不出庭作证，对司法资源的需求大有差别。在司法资源匮乏的国家，证人不出庭作证或许是一种无奈的选择。[3] 而且，在我国司法实践中，法官的审判任务通常较重，很多法官一年审理案件的数量在数百件，这种情况下法官当然会选

---

〔1〕 参见龙宗智：《刑事庭审制度研究》，中国政法大学出版社 2001 年版，第 278 页以下。

〔2〕 参见王亚新：《民事诉讼中的证人出庭作证》，载《中外法学》2005 年第 2 期。

〔3〕 胡云腾：《证人出庭作证难及其解决思路》，载《环球法律评论》2006 年第 5 期。

择使用庭外证言笔录，以减少证人出庭带来的庭审周期延长，降低个案中的工作量。需要说明的是，法官基于诉讼效率的考虑而选择使用庭外证言笔录，还有一个制度原因，即我国刑事诉讼中的程序分流机制不够完善。认罪认罚从宽制度等为提高诉讼效率提供了制度保障，但是审判案件数量的激增、员额制改革的影响等，使得法官在审判案件方面仍然需要重点考虑诉讼效率问题，这同样是法官选择使用庭外证言笔录的重要原因。

从检察官的角度考虑，选择证人作证的方式关键是确保指控成功、提高指控效率。从这两个角度来说，在庭审中使用庭外证言笔录指控犯罪符合检察官的自身利益。对于检察官的成功指控而言，庭外证言笔录主要在两方面具有保障功能：一方面，检察机关使用庭外证言笔录进行指控能够得到法院的认可，这是其选择庭外证言笔录的前提保障。检察机关指控活动的目的是获得法院的认可，那么其如何指控、使用何种形式的证据当然要考虑法院的态度。从前文分析可以了解，法院对于证人作证的方式享有较大的自由裁量权，法官可以要求证人出庭，也可以选择使用庭外证言笔录；通过利益分析，法官在审理过程中倾向于使用庭外证言笔录，并且会接受以此方式提交的证据。在这种情况下，法官和检察官对于证人是否出庭的态度基本达成了一致，检察官当然会无顾忌地选择使用庭外证言笔录。另一方面，庭外证言笔录更为稳定，能够确保指控目的的顺利实现。对于检察官的指控活动而言，使用庭外证言笔录能够非常明确地支持其指控目标，而且在庭审中出现变数的概率较低。如果证人通过出庭的方式作证，因为各种各样的原因其可能会全部或者部分更改其证言，比如在辩护人的质证下，证人当庭证言与庭外证言笔录很可能会发生变化，若该证人为指控犯罪的关键证人，则对检察机关的指控必然产生影响。两相比较，使用庭外证言笔录肯定是检察机关的最优选择。

从指控的效率来说，使用庭外证言笔录也是检察官趋利避害的选择。在司法实践中，证人出庭作证影响指控效率可以体现在以下方面：一是如果要求证人出庭作证，必然会有交通、误工等成本，这势必会占用一部分诉讼资源、影响诉讼效率；二是证人出庭作证后，控辩双方会进行交叉询问，有些案件中还会进行多轮次的质证，这也会增加庭审的时间以及检察官的指控成本；三是如果证人出庭作证后改变证言，检察官需要进一步调查、核实证据，甚至在特定案件中还需退回补充侦查，那么即使公诉机关的指控最终仍然能够成立，但是相对于庭审中念念笔录即可完成的工作而言，证人出庭作证必然会影响指控的效率。可见，在指控成功的案件中，要求证人出庭作证会增加检察官的很多工作量，提高指控成本，降低指控效率，那么检察官习惯于使用庭外证言笔录就顺理成章了。

再来看辩护方的态度。在刑事诉讼中，被告人和辩护人对于证人出庭作证问题往往持积极态度，这同样是其利益需求的体现。对于大多数被告人而言，与证人当庭对质是有效参与审判活动、发表意见的重要机会，也是影响案件定罪量刑的重要途径；而对于部分不承认犯罪的被告人而言，与证明自己有罪的关键证人进行质证，是被告人实现辩护目的的救命稻草。对于辩护律师而言，在庭审中对出庭证人的质证是有效辩护的重要途径，是维护被告人合法权益的关键环节。特别是在我国司法实践中，辩护律师的庭外调查取证权受到诸多限制，以至于存在巨大的执业风险，使得绝大多数刑事辩护律师不在庭外单独询问证人、调查取证，而是在庭审中通过申请证人出庭作证、当庭质证，发现有利于辩护的证据。另外，对出庭作证的证人进行当庭质证，也是辩护律师向被告人及其家属展示自己水平、能力的重要机会，让被告人觉得代理费没有白花。[1] 由此可见，从被告人和辩护人的利益需求来说，他们非常希望证人能够出庭作证，而不是使用庭外证言笔录加以替代。

对于证人作证的方式选择，还需分析证人的态度：证人是否想出庭作证，出庭给他们带来了哪些利益影响？刑事诉讼的证人可以分为有利于控诉的证人和有利于辩护的证人，他们在诉讼中的利益

---

[1] 陆而启：《叶公好龙：刑事证人出庭的一个寓言》，载《证据科学》2008 年第 1 期。

影响既有相同方面也有不同方面，需要分别进行讨论。对于两种证人在诉讼中的相同利益影响因素，主要包括证人因作证而带来的人身安全影响、社会关系影响及经济利益影响。证人因作证可能受到人身安全的威胁甚至伤害，这在司法实践中已经屡见不鲜；控方证人可能受到来自被告人亲友的威胁、伤害，而辩方证人则面临来自被害人亲友的人身安全隐患。这种因作证而带来的安全影响，使得证人作证时顾虑重重。在社会关系方面，我国长久以来形成的人情社会，使得人与人之间的社会关系非常复杂，特别是在中小城市及乡村，证人与被告人或者被害人常常具有千丝万缕的联系。在这种情况下要求证人出庭作证，往往意味着要求证人主动去破坏与被告人、被害人及其家庭的关系，这是很多证人不能接受的利益冲击，同样影响着他们是否出庭作证的决定。在强制证人出庭作证的法律规则不健全的情况下，证人出庭作证会影响自己的诸多利益，这种情况下他们当然会权衡出庭与不出庭的利弊，并最终不出庭。

除了所有证人都会面临的人身安全、社会关系的影响外，有利于辩护的证人还会面临来自检控方的恣意追诉，可能导致证人"不敢作证"。[1] 有研究者提出，一些公安机关、检察机关对于出庭作证的证人，动辄采取刑事追诉的行为，使其随意遭受拘传等强制措施。可见，证人因作证可能受到来自检控方的追诉，这同样是影响证人出庭作证的不利因素。

综合以上对法官、检察官、辩护方、证人等诉讼主体需求的分析可以发现，法官、检察官和证人基于各自的利益需求，均倾向于不要求证人出庭作证或者不出庭作证，而代之以使用庭外证言笔录；辩护方具有要求证人出庭作证的主观要求，两种态度和观点在诉讼过程中发生冲突，相关的利益主体进行了博弈。辩护方期待证人能够出庭作证，通过行使诉权的方式向法院提出申请；而检察官不希望证人出庭作证，通过积极行使追诉权，反对甚至阻碍证人出庭作

---

〔1〕　此处的有利于辩护的证人，既包括辩护方提供的证人，也包括控方提供但其证言有利于辩护的证人。

证；法官认为通过审查庭外证言笔录足以定案，通常会行使审判权以驳回辩护方的诉权申请；证人出于趋利避害的选择，即使在法庭要求其作证的情况下也可能不出庭，更不用说法庭不予通知的情况了。可见，在诉权与控诉权、审判权的博弈中，辩护方的诉权必然无法与审判权、追诉权相抗衡，辩护方希望证人出庭作证的愿望势必落空。即使辩护人将证人带到审判法庭的门口，法官仍然可能将证人拒之门外；即便辩护人找到对被告人有利的证人，他们在检察官追诉权的威胁下也不得不放弃要求证人出庭作证的意愿。可见，在诉讼主体的博弈之下，证人出庭的方式必然呈现"使用庭外笔录为原则、出庭作证为例外"的形态。

四、证人出庭作证的未来课题展望

以上对于证人作证方式的逻辑演变问题进行了梳理和分析。根据理论推演和比较法考察，规范证人作证方式的一般原则应为"出庭作证为原则、使用庭外笔录为例外"；而在我国立法中，该一般原则演变为"出庭作证与使用庭外笔录并重"；在我国司法实践中，"使用庭外笔录为原则、出庭作证为例外"成为司法现状的准确描述。对于我国立法和司法实践中证人作证方式演变的原因，包括证据法的功能定位、缺乏程序正义、对质权的基本理念及制度保障，以及法官、检察官、辩护方、证人在该问题上的利益追求和博弈。笔者认为，从该逻辑演变过程可以了解到证人出庭作证在证人作证方式中的定位，即出庭作证在我国立法中并未受到应有的重视，在司法实践中更是被使用庭外笔录所替代，证人不出庭成为必然；而该逻辑转变的原因，实际上即为证人不出庭作证的原因。可以说，在证人不出庭的逻辑演变过程中，很多制度、原则、体制在发挥作用，它们都是解决证人不出庭问题需要面临的课题。

（一）关注证人出庭作证的理论基础问题

如前所述，我国证据法的理论基础是认识论，证据法的主要功能是为准确发现事实真相服务。在这种理论体系中，证人出庭作证不具有必然的正当性，因为庭外证言笔录在准确性方面是否比出庭证人证言差，是难以证明的问题。同时，我国刑事诉讼缺乏对程序正义价值的尊重和对质权的基本保障，使得证人出庭作证失去了正当性基础。那么，我国要解决证人不出庭问题，首先需要树立对程序正义价值的认可，以及对控辩双方对质权的保障。同时，我们应重新审视证据法的基本功能，实现从"保障发现事实真相"到"约束发现事实真相"的转变。只有这样，保障证人出庭作证的制度、规则才具有坚实的基础。

（二）法庭审判中诉讼主体的利益需求

首先，从法官的利益需求视角推进证人出庭作证。从法官的角度分析，证人不需要出庭作证基于以下几个原因：证人出庭作证的条件不够清晰，法官对于证人是否出庭作证的自由裁量权过大，且不受限制；庭外证言笔录在庭审中的运用未受到应有的限制，它可以成为证人出庭的替代品；以庭外证言笔录为基础的判决得到上级法院的认可；诉讼程序的分流功能不足，导致需要证人出庭的案件量过大，法官不堪重负。

因此，从法官利益需求的视角考察证人不出庭问题，需面临以下三方面改革课题：一是约束法官的自由裁量权。法律中对于证人出庭作证的条件应当进一步明确，且将证人是否出庭作证的决定权交由控辩双方；对于符合法定条件的情形，且控辩一方提出申请证人出庭的案件，法官应当要求证人出庭作证，而不再自由裁量。二是严格规定应出庭证人不出庭的后果。鉴于在很多案件中，证人不出庭是法官选择的结果，而法官使用庭前证言笔录不会受到任何不利影响。因此，如要解决证人不出庭问题，法律需规定法官违规使用庭外证言笔录的制裁措施，如以违反规定使用庭外证言笔录为裁判基础的一审判决，应当被二审法院撤销原判、发回重审，辩护方有权以此为由向上级法院寻求救济等。三是进一步完善简易程序，实现程序分流，减轻法官负担，确保存在争议的重要证人出庭作证。目前，简易程序还不够完善、案件数量激增及员额制改革导致法官人数减少，导致法官没有足够的时间和精力安排证人出庭作证。为了缓解证人出庭作证带来的诉讼资源压力，我国的诉讼程序分流机制还需进一步完善，使更多的案件通过多层次的简易程序审理，实现"简易程序更简易、普通程序更规范"；同时，通过完善员额制，提高员额法官的辅助制度和审理能力，为普通程序中的证人出庭提供资源保障。

其次，从检察官的利益需求视角推进证人出庭作证。在证人不出庭作证的原因方面，检察官利益的考察主要涉及两个方面：检察官可以使用庭外证言笔录成功进行指控，而不会受到法律的任何规制；检察官对证人的任意追诉，导致证人不敢出庭。基于这两方面原因，证人出庭作证需要考虑以下两方面课题：一是庭外证言笔录的证据能力问题。法律中应当对庭外证言笔录在审判中的使用范围作出严格限制，超出范围的庭外证言笔录应不具有证据能力，在庭审中予以排除。二是检察官对证人的任意追诉问题，应当严格规范案件进入审判阶段后控辩双方对于证人的庭外询问和调查程序，并对证人伪证罪的调查主体、诉讼程序、证据规则等作出特殊规范，以保障诉讼过程中证人"敢于"出庭作证。[1]

再次，从辩护方的利益需求视角推进证人出庭作证。在庭审程序的诉讼主体中，证人出庭作证符合辩护方的利益，被告人及辩护人支持证人出庭作证。然而，诉讼过程中的力量博弈导致辩护方的需求无法转化为证人出庭作证的现实，审判权对诉权的完全控制，以及公诉权对辩护方诉权的超强势地位，导致辩护方的诉权在证人出庭问题上基本无法发挥作用。

从此角度分析，为解决证人不出庭问题，需要调整诉讼中的权利（力）配置与关系：一方面，调整诉权与裁判权的关系。在刑事审判活动中，应当改变裁判权完全控制诉权的格局，形成诉权对裁判权的有效控制；特别是对于审判中的程序事项，裁判权应更多地尊重诉权，当控辩一方要求证人出庭作证并符合法律规定的条件时，法官应当传唤证人出庭，这是诉权制约裁判权、裁判权尊重诉权的

---

〔1〕 具体论述参见陈瑞华：《法治视野下的证人保护》，载《法学》2002 年第 3 期。

体现。另一方面，需要调整辩护方诉权与公诉权的关系。在审判程序中，控辩双方应当是平等对抗的主体，公诉权对于辩护方诉权的超强势地位，将使得法庭审判失去其应有的意义和功能。在证人出庭作证的问题上，控辩双方应当享有同等的申请权，而且法律应禁止公诉方任意追诉辩护方的证人。

最后，从证人的利益需求视角推进证人出庭作证。证人在诉讼过程中担心人身安全、经济、社会关系受到影响，法律强制证人出庭作证的措施难以奏效，证人畏惧检控方的追诉而不敢作证，这些是影响证人出庭作证的重要原因。因此为了推进证人出庭作证，应有针对性地解决证人的需求。除上面已经论述的检控方追诉问题外，还包括以下课题：一是使《刑事诉讼法》规定的证人人身保护、经济补偿、强制出庭作证等规则真正发挥作用。对于法律已经作出的相关规定，需要从制度、执行主体、经费保障、强制措施等角度进一步细化，解除证人出庭作证的后顾之忧。二是证人社会关系的修复问题。证人因作证可能会影响其社会关系，这也是很多证人拒绝出庭作证的原因之一。然而法律对此问题难有应对之策，可从加强法律宣传、提高全民法律意识等角度来淡化此方面的影响。

第十章

刑事法官庭外调查活动的初步研究

一、问题的提出

刑事法官的证据调查活动包括庭审中的证据调查和庭外证据调查两类。[1] 其中，法官庭外调查活动与证明责任的分配、诉讼构造的转变等问题关系密切，因此备受学界和立法、司法实务界的关注。目前，学界对于法官进行庭外调查活动的正当性存在较大争议，部分学者对此持否定态度。[2] 然而，我国立法对法官的庭外调查活动作出了授权性规范，2018 年《刑事诉讼法》第 196 条延续了 2012 年《刑事诉讼法》、1996 年《刑事诉讼法》对庭外调查权的规定。[3] 在司法实践中，法官进行庭外调查活动的情况并不少见。那么，法官的庭外调查活动在我国呈现为何种形态？法官进行庭外调查活动的原因何在？应当如何进行理论解读？其未来前景如何？针对这些问题，本书拟展开描述、解释和分析。

首先，我们来分析一个司法实践中的案例。

---

〔1〕 本书讨论的对象是刑事法官的庭外调查活动。为行文的方便，后文不再一一标明刑事法官的庭外调查活动，而代之以法官的庭外调查活动或者庭外调查活动。

〔2〕 参见黄文：《法官庭外调查权的合理性质疑》，载《当代法学》2004 年第 2 期。

〔3〕 与 1996 年《刑事诉讼法》的规定相比，2012 年、2018 年《刑事诉讼法》的相关规定仅增加了"查封"这一种庭外调查的方式，除此之外没有变化。

1997 年 3 月 18 日，湖南省永州中院公开审理王某东故意杀人案。在庭审前，主审法官审查案卷后发现，王某东在公安预审阶段就开始翻供，称其未犯罪，原来所作的三次有罪供述都是在刑侦人员对其刑讯逼供、诱供的情况下作出的。为慎重起见，主审法官组织案发当天与唐某（同案犯，在侦查阶段已自杀）打过照面的村民胡某对王某东进行混合辨认。胡某指认王某东就是案发当天下午与唐某一起到过九江村的那个男青年。庭审中，王某东推翻了自己之前的有罪供述，提出自己过去的交代都是在受到刑讯逼供、诱供的情况下作出的。但是，经合议庭评议，法庭当庭宣判王某东犯故意杀人罪，判处死刑，缓期二年执行，剥夺政治权利终身。王某东不服一审判决，以"没有作案，过去所作的供述是公安人员刑讯逼供所致"为由，向湖南省高级人民法院提起上诉。

案件移送到湖南省高院后，主审法官发现一审法院认定王某东作案的主要证据有三个：一是村民胡某的辨认笔录，二是同案人唐某的供述，三是王某东自己的供述。唐、王二人的口供与现场勘验结果几乎如出一辙，且相互印证。但是，主审法官在审查案卷时发现，唐某自缢身亡后，公安、检察机关的尸检报告记载：唐某双侧前线至背部、双上肢、双下肢有分布不均、大小不等呈块状或条状或中空性的皮下瘀血区。据此推论，唐某受到过刑讯逼供。另外，王某东的二审辩护人向高院提交了王某东的同监人犯所书的证实王某东进看守所时伤势严重，经过一个多月的治疗才痊愈的证言。为慎重起见，主审法官提审了王某东。他发现王某东的右眉弓、左手掌、双手腕及腿上均有明显的伤痕。随后，主审法官又调查了看守所医务人员及王某东的同监人犯，得以证实公安机关在审讯时对王某东有过刑讯逼供行为。更为关键的是，主审法官发现唐某、王某东口供中存在明显漏洞。从这些漏洞可以看出，唐某、王某东的有些口供是在诱供的前提下作出的，已经查证唐某作了假供的地方，王某东也"作"了同样的供述。另外，主审法官对于胡某的辨认也提出了重大质疑。鉴于这种情况，本案二审合议庭形成一致意见，在与公安机关、检察机关进行沟通后，以"事实不清、证据不足"

发回永州中院重审，后该案以永州市人民检察院决定撤回起诉终结。[1]

这是一起法官进行庭外调查的典型案例，一、二审法官为了查明侦查人员是否对被告人实施过刑讯逼供这一程序性争议，进行了庭外调查活动，从中我们能够大体了解法官开展庭外调查活动的实践做法。

在适用条件方面，本案的一、二审法官均是在经过阅卷认为可能存在刑讯逼供，对被告人口供的真实性存在疑问时，进行庭外调查活动。例如，基于王某东对侦查讯问中存在刑讯逼供、诱供的指控，一审法官进行庭外调查活动；二审中，同案被告人的尸检报告显示其受到过刑讯逼供，且有同监舍犯人的证言，在对刑讯逼供存在重大疑问的情况下，法官开展庭外调查活动。该案中启动庭外调查活动的条件与立法要求基本一致，均是"合议庭对证据有疑问时"。

为确定被告人是否曾经受到过刑讯逼供，其口供是否真实，本案中一审法官安排目击证人进行辨认，以此推翻被告人否认实施犯罪行为的辩解。在二审中，主审法官为了查明是否存在刑讯逼供，提审了被告人，并调查看守所的医务人员及王某东同监舍犯人。可见，本案法官进行庭外调查活动时，采取了辨认、讯问被告人、调查证人等方式。根据1996年《刑事诉讼法》的规定，庭外调查活动只能采取勘验、检查、扣押、鉴定和查询、冻结这六种方式。显然，该案中法官采取的调查方式已经超出了法律规定的范围。

在调查程序方面，该案中一审、二审法官均是在阅卷后、开庭审理之前自行启动庭外调查活动，虽然被告人提出自己受到了刑讯逼供，但是报道中并未提及被告人提出进行庭外调查活动的申请。从报道来看，本案中一、二审法官应当是单独进行庭外调查活动，并搜集相关证据，控辩双方并未参与其中。关于庭外调查所得证据的使用，根据报道中二审法官对一审判决认定证据的分析，一审法

---

〔1〕 参见文裴：《刑讯逼供的惨痛代价》，载《南方周末》1998年11月27日，第5版。

官庭外调查所得的辨认证据被认定为定案根据，但其是否经过庭审质证，报道中没有提及；二审法官庭外调查所得的证据同样成为其作出裁定的依据，在二审不开庭审理的情况下，控辩双方应该没有机会进行质证。

从法官庭外调查活动的运行现状来说，该案例能够大体反映司法实践中的运作现状。当然，这仅是法官进行庭外调查的部分情况。例如，从调查对象来说，法官的庭外调查活动还可能针对定罪问题和量刑问题。[1] 司法实践中，当涉及罪与非罪的关键证据存在疑问时，或者对丁被告人量刑问题的证据存在争议时，法官也可能进行庭外调查活动。即使在由最高人民法院复核死刑的案件中，当影响定罪量刑的关键证据出现疑问时，法官为了确保复核死刑裁判的准确性，也会进行庭外调查活动。[2]

另外，该案例只是体现了案件审理时的庭外调查活动规则，近些年来关于该问题的法律规则又有了新进展。例如，《死刑案件证据规定》对庭外调查所得证据的使用问题作出了明确规范，其第 38 条第 2 款规定："人民检察院、辩护人补充的和法庭庭外调查核实取得的证据，法庭可以庭外征求出庭检察人员、辩护人的意见。双方意见不一致，有一方要求人民法院开庭进行调查的，人民法院应当开庭。"可见，对于庭外调查所得证据的使用，该法律解释确立了两步式的审查方式：其一，在庭外征求控辩双方的意见，如果控辩双方无意见，可以将该证据直接作为定案的根据；其二，如果控辩一方或者双方有异议，要求法院开庭调查的，法院应当开庭审查、质证。

对于法官庭外调查活动中证据的提取问题，2012 年《刑诉法解释》、2021 年《刑诉法解释》进行了调整："人民法院调查核实证据

---

　〔1〕　例如，最高人民法院、最高人民检察院、公安部、国家安全部、司法部颁布的《关于规范量刑程序若干问题的意见（试行）》第 12 条，对量刑问题的庭外调查活动作出了明确规定：在法庭审理过程中，审判人员对量刑证据有疑问的，可以宣布休庭，对证据进行调查核实，必要时也可以要求人民检察院补充调查核实。

　〔2〕　关于死刑复核程序中的庭外调查活动，参见陈虹伟、焦红艳：《死刑复核：对生命的慎重无止境》，载《法制日报》2007 年 3 月 18 日，第 1 版。

时，发现对定罪量刑有重大影响的新的证据材料的，应当告知检察人员、辩护人、自诉人及其法定代理人。必要时，也可以直接提取，并及时通知检察人员、辩护人、自诉人及其法定代理人查阅、摘抄、复制。"这意味着，法官庭外调查活动如果仅核实了证据，或者发现对于定罪量刑影响不大的新证据材料，可以自行提取；如果发现对定罪量刑有重大影响的新证据材料，原则上应当告知控辩双方进行提取。

随着以上规则的完善，法官庭外调查活动受到了一定程度的规制，但是总体来说，我国刑事法官进行庭外调查活动仍拥有较大的自由裁量权，这体现在多个方面。例如，对于法官庭外调查活动的启动，虽然法律中规定了法院依职权启动和依当事人申请启动两种方式，但是当事人启动庭外调查活动的申请是否能够发挥作用，最终要取决于法官的裁量。对于法官进行庭外调查活动时的控辩双方在场问题，2012 年《刑诉法解释》、2021 年《刑诉法解释》将决定权赋予了法官，只有在法官通知时，控辩双方才可能到场。再如，对于法官庭外调查活动中证据的提取，虽然 2012 年《刑诉法解释》、2021 年《刑诉法解释》对其进行了规制，但是"对定罪量刑有重大影响""必要时"等表述仍较为模糊，实际上仍然将决定权交由法院行使。

此外，尽管法律授予法官很大自由裁量权，对法官的约束性规则不多，但是法律中仅有的约束规则还会经常被违反。例如，对于法官庭外调查的方式，1996 年《刑事诉讼法》以列举的方式作出了明确的规定，但是在上述案例中，一审法官采用辨认的方式进行庭外调查，二审法官使用了讯问被告人、询问证人等方式，明显超出了 1996 年《刑事诉讼法》规定的六种庭外调查方式。对于法官开展庭外调查活动的时间，1996 年《刑事诉讼法》明确废除了开庭前的庭外调查活动，然而在上述案例中，一、二审法官实施的庭外调查活动均是在庭审前，这显然违反了前述法律的规定。

二、法官为何进行庭外调查活动？

通过以上分析可以发现，在法官对庭外调查活动拥有自由裁量权的情况下，其会主动进行庭外调查活动，甚至违反相关法律规定的各种限制，其原因何在？笔者认为需从以下三方面进行解释：

（一）法官自身定位的内在要求

综观世界各国的刑事诉讼理论和制度设计，对于法官的定位并不相同。在英美法系国家，法官主要依据证据规则，通过对诉讼律师的证明活动设立限制而控制审判过程，以实现结果的合理性、社会和道德价值及其效率，[1] 法官被定位为维护审判秩序的消极中立裁判者；而在大陆法系国家，刑事审判法官不仅是裁判者，还常常被赋予事实发现者的角色和地位，因此他们在刑事诉讼中会进行积极的事实发现活动，其审理和裁判的范围也会超出控辩双方的争论范围。[2] 在这种背景下，法官的庭外调查活动具有不同的存在空间。在英美法系国家，法官几乎不会进行庭外调查活动；[3] 而大陆法系的法官担负着查明事实真相的责任，因此往往具有较大的庭外调查空间。[4]

再来看我国的规定。在1996年《刑事诉讼法》修改之前，我国的刑事诉讼制度被划归为职权主义的诉讼模式，法官在诉讼过程中处于积极调查者的地位，其庭外调查活动受到的限制很少；1996年《刑事诉讼法》修改之后，我国的刑事审判方式从职权主义向当事人

〔1〕　参见［美］罗纳德·J.艾伦、［美］理查德·B.库恩斯、［美］埃莉诺·斯威夫特：《证据法：文本、问题和案例》（第3版），张保生等译，高等教育出版社2006年版，第101页。

〔2〕　如有的研究者分析了调查原则或者澄清义务，其法理基础在于发现实体真实。参见林钰雄：《刑事诉讼法》（上册），中国人民大学出版社2005年版，第50页以下。

〔3〕　参见陈如超：《刑事法官的证据调查权研究》，中国人民公安大学出版社2011年版，第78页。

〔4〕　例如，《德国刑事诉讼法》第165条、第166条第1项、第173条第3项、第244条第2项等多个法条规定了法官的庭外调查活动。参见《德国刑事诉讼法典》，李昌珂译，中国政法大学出版社1995年版，第83、87、101页。

主义诉讼模式转变，法律赋予控辩双方在庭审中更多的程序性权利，同时限制法官在庭审中的审判职权，意图将法官从积极的事实调查者向消极的中立裁判者转变，这种背景下的法官庭外调查活动必然会受到限制。

然而，仅仅立法调整无法转变法官的身份定位，审判方式改革并未触及一些深层次的问题。其中，实体真实探知主义的刑事司法传统仍然是确定法官在刑事诉讼中实质身份定位的主导因素。[1] 在这种诉讼传统中，发现事实真相是刑事诉讼活动的最终归宿，实事求是、有错必纠是该传统的基本要求，它们成为诉讼主体开展活动的主要目标，体现在刑事诉讼的各个方面。在这种背景下，法官在法庭审判中有权进行庭外调查活动，即使在死刑复核程序中，法官为查明事实真相仍然有权开展庭外调查活动。

在实体真实探知主义司法传统的影响下，我国一直将法官定位为积极调查者，这也是法官积极开展庭外调查活动的重要原因。在新中国的刑事诉讼发展史中，一直强调法官的积极调查者角色，对于马锡五审判方式的重视和推广是最典型的表现。该审判方式强调法官必须深入群众，进行调查研究。直到今日，该审判方式依然被最高人民法院所强调，[2] 由此可见我国对于法官定位的司法传统一直没有变化。在这种法官的身份定位中，明确要求法官深入调查研究，而法官积极进行庭外调查活动是其必然表现。

（二）法官为了避免可能受到的追究而作出的"趋利避害"式选择

实体真实探知主义的刑事司法传统，积极主动调查事实的身份定位，为法官进行庭外调查活动提供了制度前提，在这种背景下法官有可能进行庭外调查活动。然而，需要进一步讨论的问题是，法官为何必然要进行庭外调查活动？众所周知，目前法院审判案件的压力非常大，特别是在一些案件量大的地区，一名法官每年审理几

---

〔1〕 关于实体真实探知主义的详细论述，参加陈瑞华：《中国刑事司法的三个传统——以死刑复核制度改革问题为切入点的分析》，载《社会科学战线》2007年第4期。

〔2〕 例如，"案结事了"等要求不断在法院系统内被提出，参见龙光中、陈学权：《中国语境下的刑事证明责任理论》，载《法制与社会发展》2010年第2期。

百件案件的情况并不少见。在办案压力如此巨大的情况下，法官为何仍然要拿出时间、精力进行庭外调查活动呢？

笔者认为，法官可能受到的外部追究，是其进行庭外调查活动的重要推动力。其中，法官考评机制中的错案追究制度，对法官积极进行庭外调查活动具有最为直接的影响。尽管学界和司法实务界对于错案本身的理解有很多质疑，但是如果法官错误认定案件事实，例如将无罪之人认定为有罪的罪犯，或者遗漏了被告人的立功情节而错误核准死刑，或者将虚假口供作为定案的根据，最终错误认定案件事实，或者在案件事实不清、证据不足的情况下直接作出有罪裁判，事后被发现确实出现了"错案"，则极有可能受到追究。这种对法官错误认定案件事实的惩戒机制，将法官推到了必须进行庭外调查以避免错案、避免受到责任追究的境地。

一旦法官审理的案件被认定为"错案"，法院内部的考核机制往往带来"一票否决制"的后果。所谓"一票否决制"，是指发生"错案"后，法院即对法官的工作予以否定。具体来说，法院往往将错案责任与法官个人的工资、职务、升迁直接挂钩，有的法院规定只要发生错案，就要扣发有关人员当月、当季或当年的奖金；有的法院规定，错案导致法官不能参加评先评优。[1] 更为严重的是，错案还会带来"连带责任制"，法官个人的"错"将导致对其部门工作的否定评价，部门发生的"错"将导致对其单位工作的否定评价。[2] 可想而知，这种将"错案"与法官、部门、法院的利益直接挂钩的业绩考评机制，迫使法官不敢在事实不清的情况下贸然作出裁判。而法官为了避免被追究的后果，必然要在作出裁判前尽可能地核实证据、查清案件事实，积极进行庭外调查活动也就成为一种重要的选择。

---

〔1〕 参见黄欣：《中国法院绩效考核制度及其对刑事诉讼之影响》，上海交通大学2010年硕士学位论文；管丽琴：《现行法官考核制度的理性考量》，苏州大学2008年硕士学位论文。

〔2〕 参见黄欣：《中国法院绩效考核制度及其对刑事诉讼之影响》，上海交通大学2010年硕士学位论文。

例如，在前几年备受关注的赵作海案件中，当"被害人"赵振裳重新出现后，河南省高级人民法院迅速启动再审程序，宣告赵作海无罪。随后，当年审理赵作海案件的三名法官均被停职接受调查。[1] 该案中，赵作海在侦查阶段曾经受到过刑讯逼供，其在庭审过程中也提出自己受到过刑讯逼供，但并未受到法官的重视，导致错案的发生。按照法官考核制度的逻辑，假设法官当年能够进行必要的庭外调查，核实清楚是否存在刑讯逼供，则该起错案可能被避免，法官也不会因此受到制裁。

（三）控辩双方在诉讼中无法提供必要证据以及控辩双方力量悬殊的无奈选择

对于定罪问题，按照无罪推定的基本要求，控诉方应当承担证明被告人有罪的责任，如果其无法证明案件事实达到法定证明标准，法官应认定被告人无罪。然而，在我国司法实践中，对于控诉一方证据不足的案件，或者辩护一方对控诉证据提出了有力质疑的案件，法官很难完全依据证明责任的要求作出裁判。这意味着，控辩双方提交证据的不足，也会导致法官不得不开展庭外调查活动。

从控方角度来说，公诉人对于定罪证据往往比较关注，相关的证据材料在大多数情况下也比较充足。然而，一些特殊因素的存在，也可能导致控方提供的指控证据不足。例如，某些侦查机关搜集的证据无法满足公诉的需求，但是在媒体关注、被害人申诉、政法委协调等外部压力下，检察机关依然将案件起诉到法院，[2] 这种情况下法官想要准确认定案件事实、避免错判风险，往往会选择进行庭外调查。

虽然提交到法官面前的定罪证据会出现不确实、不充分的问题，但是与涉及量刑、程序性争议事项的证据相比，定罪证据通常还是比较完备的，至少从公诉人的角度来说会比较重视。在 2010 年颁布

〔1〕 参见《审理"赵作海案"的三名法官被停职》，载 http://news. cntv. cn/law/20100514/103104. shtml，最后访问日期：2022 年 8 月 10 日。

〔2〕 关于法官审判中面临的外部压力，可以参见《我们应当如何防范冤假错案》，载《人民法院报》2013 年 5 月 6 日，第 2 版。

《关于规范量刑程序若干问题的意见（试行）》（法发〔2010〕35号）之前，公诉机关对于量刑证据往往不太关注，因为能够成功定罪是公诉机关最关心的问题，而量刑证据的收集往往被忽视。上述文件的出台，对侦查机关、公诉机关搜集、移送量刑证据等问题作出了规范，这有利于量刑程序中法官对于证据的审查。尽管如此，与定罪证据相比，量刑证据的受重视程度仍然不够，特别是对于被告人有利的从轻量刑证据，要求处于控方的侦查人员、检察人员收集、提供，势必会有不小的障碍。在这种情况下，量刑程序中的证据出现争议时，很可能要由法官进行庭外调查。

对于程序性争议，审理过程中往往以诉讼一方提出异议为前提，相关证据的搜集情况很可能不充分。当庭审中控辩双方对于程序性事项发生争议时，经常会面临证据不足的问题，而控辩双方能否提供解决争议的必要证据，往往也存在疑问，最终调查证据的责任会落到法官身上。例如，对于刑讯逼供这种程序性争议，虽然《刑事诉讼法》规定了录音录像等保全证据的规则，以及警察出庭作证的制度，但是其在庭审中能否发挥作用，受到较多质疑，法官进行庭外调查可能还会是其重要选择。

从辩护方的角度来说，在庭审中可能针对定罪、量刑、程序性事项提出自己的主张，但是其搜集证据的能力不足。在我国刑事司法实践中，被告人在审判前往往处于被羁押状态，根本无法搜集证据，相反其口供往往成为指控证据。作为辩护的主体，辩护人是提出辩护意见、搜集辩方证据的主要人员。然而，辩护人在刑事诉讼中搜集证据的活动受到各种限制，其中最致命的是控诉方的任意追诉，《刑法》第306条的规定导致律师不敢调查取证。为规避风险，辩护律师往往在庭审中申请法院调取侦查机关、检察机关已经取得的、对辩护有利的证据，或者申请法院调取新证据，这就把调查取证的"球"又踢给了法院，而法院在必要时只能选择庭外调查。

另外，控辩双方在调查取证能力上的悬殊差异，也是法官进行庭外调查的重要原因。按照刑事诉讼的基本要求，控辩双方在诉讼过程中的对抗应当以"平等武装"为前提，只有在控辩双方具有平等对抗能力的前提下进行的审判活动，才被视为公正审判。而在我国刑事诉讼中，控辩双方搜集证据的能力差距巨大。侦查机关利用国家权力和资源开展刑事追诉活动，在搜集证据的能力上具有各种保障措施；而被告人即使再富有、辩护人即使再专业，与国家追诉机关相比仍然具有较大的差距。这就对法官的庭外调查活动提出了要求，他应该通过自己的庭外调查弥补辩护方调查取证能力的不足，为实现控辩双方的平等对抗提供保障。

三、解读庭外调查活动的三个理论问题

从以上分析可知，法官的庭外调查在我国立法中被明文规定，在司法实践中得到运用；法官的身份定位、可能受到的追责压力，以及控辩双方无法提供必要证据的现实，使得法官进行庭外调查活动成为一种必然。与之相对，刑事诉讼法学界对法官进行庭外调查活动的正当性争议较大。有的研究者明确主张应废除法官的庭外调查制度；[1] 而有些学者则认为该制度具有正当性。[2]

那么，面对理论与实践中的矛盾与冲突，我们应当如何解读法官的庭外调查活动？其中有哪些理论问题值得反思？笔者认为，在解读该制度的存在逻辑时，需要分析三个理论问题。法官开展庭外调查活动是否为承担证明责任？开展庭外调查活动与维护被告人利益的关系应如何协调？法官庭外调查程序应如何设计？

（一）证明责任，还是查明活动？

支持抑或反对法官庭外调查活动的学者，一个核心争议点在于其性质，即法官进行庭外调查活动是否为承担证明责任的体现？有些研究者认为法官在刑事诉讼中进行庭外调查活动是承担证明责任

---

〔1〕 参见黄文：《法官庭外调查权的合理性质疑》，载《当代法学》2004 年第 2 期。

〔2〕 参见卫跃宁、孙锐：《对法官庭外调查权取消论的质疑》，载《扬州大学学报（人文社会科学版）》2008 年第 4 期。

的体现，[1] 而更多的研究者则主张法官并不承担证明责任。[2] 如何定位法官庭外调查活动的性质，如何分析其与证明责任的关系，是解读该制度和相关实践时绕不开的问题。

根据证据法的基本原理，证明责任与四方面问题紧密相连：特定的诉讼主张、举证义务、论证待证事实的义务、败诉风险。[3] 具体来说，承担证明责任的主体应当提出一定的诉讼主张，为了证明该诉讼主张应提供证据、进行论证，如果其举证不能达到法定标准，需承担主张不能成立的败诉风险，只有符合上述条件的行为才是承担证明责任的行为。如果诉讼主体仅提供一些证据，但没有特定的诉讼主张，并不承担论证义务，更不负担败诉风险，那么该主体的活动不能被界定为承担证明责任的活动。

虽然法官在刑事诉讼中进行庭外调查活动，可能会调取特定的证据供诉讼中使用，但是法官本身在诉讼中并无主张，作为裁判者的法官没有、也不会在诉讼中提出主张；如果法官庭外调查所得的证据无法证明特定案件事实，根本不存在承担证明不能的败诉风险。需要明确的是，法官没有实现庭外调查活动的目的，可能因错误认定案件事实受到法院内部考核等追究，这种不利后果与承担证明责任的败诉风险是两回事，不能混同。

既然法官进行庭外调查活动并非承担证明责任，那么对该行为应当如何定位呢？有学者已对此问题进行了深入的研究，并提出了具有解释力的理论：对法官在法庭上进行的证据调查活动，我们应将其解读为一种对司法证明过程的积极验证活动，而对于法官在法庭之外进行的调查核实证据活动，我们可以不将其视为司法证明活动，而是带有对司法证明的补充和替代性质，属于法官主动发现事

---

[1]　参见陈光中、陈学权：《中国语境下的刑事证明责任理论》，载《法制与社会发展》2010 年第 2 期。

[2]　参见陈如超：《刑事法官的证据调查权研究》，中国人民公安大学出版社 2011 年版，第 55 页以下。

[3]　参见陈瑞华：《刑事证据法》（第 4 版），北京大学出版社 2018 年版，第 459~461 页。

实真相的查明活动。[1] 也有学者将此称为法官审判权以及审判权中所包含的事实查证权的一种表现。[2]

要区分承担证明责任与开展查明活动，应当首先明确证明和查明的差异。在刑事诉讼中，证明活动中的命题是已知的，其目的是对已知事实或者主张的真实性加以验证，因此带有回溯性；而查明的对象往往是未知的，是对未知事实和主张的积极发现活动，带有探知性。[3] 在审判活动中，一般的审理活动应当被界定为证明活动，因为法官的工作是验证控辩双方对于诉讼主张的论证是否成立，这种证明活动中的证据已经被控辩双方提出，论证方式是一种回溯式的当庭验证；而法官在审判过程中的庭外调查活动，则是在控辩双方未提出必要证据，或者所提证据存在疑问的情况下，针对特定问题展开的搜集证据、探知事实的查明活动。

（二）有利控方与有利辩方的庭外调查活动

从行为性质来说，笔者认为法官进行庭外调查活动，是其实施的积极的事实发现活动，属于查明的范畴，并非承担证明责任。因此，对于法官庭外调查活动的理论解读，既不能以法官不承担证明责任为由加以否定，也不能以承担证明责任是司法机关的责任为由论证其正当性。那么，如何评价法官的庭外调查活动？我们认为，是否影响法官地位的中立性，如何维护程序正义，是法官庭外调查活动的争议焦点，也是重要的分析工具和标准。从诉讼原理来说，作为裁判者的法官进行庭外调查活动，必然会带来程序正当性的质疑。然而，法官地位的中立性与维护程序正义是否应有适用的范围？对此，笔者认为需要进行更细致的分析。

有些研究者提出，法官进行庭外调查活动，所得的证据对诉讼一方有利，因此法官进行庭外调查活动后无法在控辩双方之间保持中立，进而影响裁判的公正性和可接受性，庭外调查活动不具有正

---

〔1〕 参见陈瑞华：《刑事证据法》（第4版），北京大学出版社2018年版，第478页。

〔2〕 参见龙宗智：《刑事庭审制度研究》，中国政法大学出版社2001年版，第383页。

〔3〕 参见陈瑞华：《刑事证据法》（第4版），北京大学出版社2018年版，第426页。

当性。笔者认为，这种观点的假设前提是控辩双方力量的实体平等。然而，如果控辩双方在诉讼中的实力不对等，法官通过庭外调查的方式为实力较弱的一方提供帮助，这实际上可以促进控辩双方的实质平等，那么法官的庭外调查活动是否具有了正当性呢？

如前所述，我国刑事诉讼中控辩双方的力量悬殊问题较为突出。在这种现实情况下，如果一味地强调控辩双方的形式对等，只能带来对辩护一方明显不利的实质不对等。在这种背景下，法官的庭外调查活动应当成为推动控辩双方实质对等的制度工具。具体来说，在诉讼过程中出现证据疑问时，如果该证据是有利于控诉方而不利于辩护方的，即能够证明被告人有罪或者罪重的证据，应当由控诉方承担证明责任、进行调查，法官不应在庭外对此类证据进行调查；如果对被告人有利的证据存在疑问，能够证明被告人无罪或者罪轻的证据需要调查核实的，在特定情况下法院应当启动庭外调查活动进行取证。

例如，当被告人提出正当防卫等积极抗辩事由，或者提出量刑从轻的辩护意见，或者提出对自己有利的程序性主张时，法官在进行初步审核后，如果认为辩护方的主张有其合理性，即使没有达到法定的证明标准，法官也可以对待证事实进行必要的调查核实活动，而不应轻易以证明责任未达到法定标准为由，拒绝辩护方的诉讼请求。这种情况下，法官不应简单地坚持中立立场，而应秉持"平等武装"和"天平倾向弱者"的理念，对于被告方的证明活动实施积极的协助和干预，这也就是进行庭外调查活动的正当性空间。[1]

在前文所举的案例中，法官对刑讯逼供问题进行庭外调查，如果能够调取证据证明存在刑讯逼供，侦查阶段的被告人口供笔录要被排除，被告人是否构成犯罪需要重新审查，这对被告人而言显然是有利的，此种庭外调查活动就具有了正当性。当然，需要说明的是，本书所引用的案例表明法官的庭外调查活动对被告人有利，但

---

〔1〕　参见陈瑞华：《刑事证据法》（第4版），北京大学出版社2018年版，第478~479页。

这并不代表司法实践中的情况都是如此。有学者总结，实践中，凡有利于证明犯罪、追诉犯罪的事项，法官的补充调查、补充举证就显得较为积极、主动；而凡是有利于辩护，尤其是涉及辩护方提出的某一程序性辩护的事项，法官的补充调查、补充举证就较为消极、被动。[1] 这种情况下，从诉讼主体力量差异的角度解读法官的庭外调查活动，对于进一步的规制将具有重要的指引意义。

（三）法官庭外调查活动的程序设计

将法官的庭外调查活动定位为查明，为其存在奠定了理论基础；对于有利控方、有利辩方的庭外调查活动进行区分，能够为其正当性论证及未来的制度构建提供空间。那么，在分析法官庭外调查活动的基本理论后，庭外调查活动的程序应如何设计，是随之而来的问题，这对庭外调查活动的正当运作同样具有重大影响。

需要明确的是，前一部分从所涉利益主体的角度分析法官的庭外调查活动，提出所涉不同利益主体的法官庭外调查活动，在正当性方面存在区分；而本部分分析法官庭外调查活动的程序设计，对其正当运作同样具有影响。但是，两者是不同层面的问题。即使在对被告人有利的情况下，法官的庭外调查活动也必须遵守特定的程序规则，否则将难以保障其正当运作。

那么，法官庭外调查活动的程序规则应当如何设计？我国立法中的相关规则是否完善？根据前文的分析，我国立法中对法官庭外调查活动的程序规则主要包括两方面内容：一是调查程序，二是所得证据的使用程序。在调查程序中，法律对程序启动、[2] 在场制度和证据提取问题作出了规范；在所得证据的使用程序中，法律规定

---

[1] 参见陈瑞华：《问题与主义之间——刑事诉讼基本问题研究》（第2版），中国人民大学出版社2008年版，第371页。

[2] 2021年《刑诉法解释》第275条规定：人民法院向人民检察院调取需要调查核实的证据材料，或者根据被告人、辩护人的申请，向人民检察院调取在调查、侦查、审查起诉期间收集的有关被告人无罪或者罪轻的证据材料，应当通知人民检察院在收到调取证据材料决定书后三日以内移交。虽然该条款没有明确说明是针对庭外调查问题，但从中可以解读出法官庭外调查活动启动的两种方式：一是由法院主动调查，二是根据诉讼当事人的申请调查。

了两步式的审查要求：庭外征求意见与当庭质证。对于法官庭外调查活动程序规则的完善，控辩双方参与调查活动的"庭外质证式"改造方案，得到了学界和司法实务界的支持，[1] 这一点也大体获得了立法的认可。然而，对于维护法官庭外调查活动的正当性而言，笔者认为有两个核心问题亟须完善。

1. 法官自由裁量权的制约

前文分析立法规定时曾经提出，有关法官庭外调查的规则赋予法官过大的自由裁量权，控辩双方无法有效约束，由此会带来程序的正当性质疑。例如，法官庭外调查活动的在场制度中，"必要时"的表述实际上授权法官决定控辩双方能否在场；在证据调取时，法官有权决定调取的主体，当事人在此过程中完全处于被动状态；对于所得证据的使用，法律中授权法官"可以"庭外征求意见，这种模糊的表述为自由裁量权的行使提供了空间。如何有效限制法官的自由裁量权，将是程序设计中必须解决的一个课题。

2. 控辩双方权利受到侵犯的救济问题

我国立法中对于庭外调查活动的程序规范，采取了正面表述的方式，而对于控辩双方的权利受到侵犯后如何救济的问题，法律中没有规定。例如，控辩双方在诉讼过程中申请法官庭外调查证据，如果法官没有进行调查，对其申请没有回应，法律中是否应当有救济措施？对于庭外调查所得的证据，法官没有在庭外征询控辩双方的意见，也没有经过庭审质证即作为定案根据，控辩双方同样缺乏救济途径。可见，控辩双方的权利救济问题没有得到法律规定，这是庭外调查活动程序规则中的缺陷。

综合以上分析，在法官庭外调查活动的程序设计方面，立法中应当重点关注两大理论问题：法官自由裁量权的制约、控辩双方权利受到侵犯的救济。在具体制度设计方面，通过加强控辩双方的权利制约法官的自由裁量权，通过完善程序性制裁手段和裁判机制保

---

[1]　参见张军等：《刑事诉讼：控辩审三人谈》，法律出版社 2001 年版，第 325 页；黄文：《法官庭外调查权的合理性质疑》，载《当代法学》2004 年第 2 期。

障控辩双方的权利，尤其是辩方的权利，将是基本的完善路径。

四、法官庭外调查活动的未来展望

以上对法官庭外调查活动的存在原因和理论解读进行了分析。展望未来，笔者认为上述原因分析与理论解读对于法官庭外调查活动的发展将具有决定性的影响。

（一）法官庭外调查活动的性质界定是决定其未来发展的基础性问题

在现代刑事司法理论中，在无罪推定原则的约束下，对于定罪问题，法官不承担证明责任，只有控辩双方才是承担证明责任的主体，这一点已经成为多数人的共识。在这种理论体系中，法官的庭外调查活动如果被界定为承担证明责任的活动，将与现代刑事司法的基本理念相悖，没有可以讨论的空间；如果被界定为积极的查明活动，与承担证明责任没有关系，对于法官庭外调查活动的各种讨论和分析才可能具有正当性的基础，这是决定法官庭外调查活动未来发展的基础性命题。

（二）所涉利益主体与程序设计决定着庭外调查活动的未来发展空间

法官的庭外调查活动不是承担证明责任，而是一种查明活动，这种性质定位为庭外调查活动提供了空间，但这并不意味着所有的庭外调查活动均具有正当性。无论如何理解法官的庭外调查活动，其最终的结果是法官通过调查取得或者核实了证据，这必定会有利于诉讼一方。按照控辩对等、平等武装的基本要求，考虑到我国司法实践中控辩力量失衡的现状，诉讼制度的设计应当有利于保障控辩双方的实质对等。在这种背景下，法官通过庭外调查所得或者核实的证据应当有利于辩护一方，以推进控辩实力的平衡。如果法官进行庭外调查是为控诉方提供武器，其结果只能是使本已失衡的实力天平进一步向控方倾斜。因此，法官庭外调查活动的适用范围在未来发展中应当从利益主体角度加以限制，只有在有利于辩护一方的证据存在疑问时，即为了辩护方的利益需要，法官才能进行庭外调查活动；为了公诉需要的法官庭外调查活动应当原则上被禁止。

法官庭外调查活动的程序设计，决定了该制度在司法实践中能否正当运作。即使被定位为查明活动，即使被限定为有利于辩护方的庭外调查活动，如果没有正当程序作为保障，所有的庭外调查活动都将面临正当性质疑。因此，构建维护法官庭外调查活动正当运作的程序，也是决定法官庭外调查活动未来发展空间的重要因素。根据前文的分析，在未来的制度构建中，如果立法中能够赋予控辩双方对于庭外调查活动更多的参与权，由控辩双方、而不是法官更多地控制庭外调查活动的程序事项，控辩双方的权利受到法官侵犯时拥有有效的救济途径，庭外调查活动的正当运作将得到更多的保障。

（三）法官自身定位、可能受到的追究、控辩双方取得证据的能力决定着法官庭外调查活动的未来发展趋势

法律制度在司法实践中的运行状况受到各种实践因素的影响，正如前文分析的法官进行庭外调查活动的原因。法官积极调查者的身份定位，实体真实探知主义的司法传统，使得法官具有开展庭外调查活动的内在动力；法院内部的考评机制，特别是因错误认定案件事实而追究法官责任的错案追究制，成为法官开展庭外调查活动的外在压力；控辩双方在诉讼过程中取证能力的不足，迫使法官不得不采取庭外调查活动。

从法官庭外调查活动的未来发展来说，这些因素不仅将继续发挥作用，而且这些因素的变化，将在某种程度上决定法官庭外调查活动的发展趋势。例如，随着我国刑事诉讼制度和模式的变化，法官的身份定位也在调整，从积极行使证据调查权的职权角色向消极中立裁判者的角色转变，其庭外调查活动也随之发生转变，调查的范围受到限制、调查程序逐步规范等。尽管法官的角色定位会受到多种因素的影响，但可以预见的是，随着法官角色定位的转变，庭外调查活动的立法设计和司法实践也将随之变动。

再来看法官可能受到的各种追究。在法官的考核机制中，刑事

裁判中认定案件事实的准确性是对法官的基本要求之一，这不会发生太大变化。然而，如何理解认定案件事实的准确性，如何定位法官在认定案件事实准确性中的作用和责任，目前存在很多争议。可以想见，未来在法官认定案件事实的责任考核方面必然会有变化，而这些外部的压力将成为法官是否开展、如何开展庭外调查活动的指挥棒。

控辩双方取得证据的能力，与法官是否进行庭外调查活动紧密相关。控辩双方的取证能力受到多方面因素的影响，包括法律规则、技术手段、证据资料来源的保障等，而这些因素正在发生重大的变化，并将影响法官庭外调查活动的开展。随着法庭科学技术的不断发展，日益完善的技术手段能够为审判提供更为丰富和准确的证据资料；对于辩护方调查取证活动的不合理限制，或许会随着相关法律的完善而取消，辩护方的取证能力将得到加强；法律制度的完善，还能够提供更多的证据资料来源保障。这些影响控辩双方取证能力因素的变化，能够为法庭审判带来更为丰富的证据资料，不断压缩需要法官进行庭外调查的空间，这也注定会影响法官庭外调查活动的未来发展。